ブルック・ハリントン

ウェルス・マネジャー　富裕層の金庫番

世界トップ1％の資産防衛

庭田よう子訳

みすず書房

CAPITAL WITHOUT BORDERS

Wealth Managers and the One Percent

by

Brooke Harrington

First published by Harvard University Press, 2016

Japanese translation rights arranged with
Harvard University Press through
The English Agency (Japan) Ltd., Tokyo

ＡＣＨへ、愛をこめて。

ウェルス・マネジャー　富裕層の金庫番　目次

第5章　ウェルス・マネジメントと不平等　171

第6章　ウェルス・マネジメントと国家　207

第7章　結び　241

第1章　はじめに

「物言わぬ受託者として知られる一族の出として、その自信から生まれる神秘的な後光に包まれていた」[1]。チャールズ・ディケンズの作品の登場人物のなかでもとくに忘れがたい、『荒涼館 *Bleak House*』の悪役タルキングホーンは、作中でこのように描写されている。タルキングホーンは信託と相続を専門とする弁護士で、英国貴族の私生活の内情に通じていた。複雑な法律を熟知し、感情を表に出さず、表情が読めないタルキングホーンは、依頼人の秘密と財産を守る人物として高く評価され、依頼人の間で評判を得ていた。

貴族たちに雇われているとはいえ、タルキングホーンは依頼人の生活をひそかに管理する力を行使していた。小説に登場するほかの大勢の専門家や召使とは、その点において一線を画する。貴族に仕える主治医や執事、家庭教師とは異なり、貴族一家の深奥の動きを知っているために、タルキングホーンのほうがある意味一家の主人となる。家族の私生活と、法律や市場という公的な世界の境界で、大きな資本の流れを管理する役割を担うことを考慮すると、このような「内部を知る部外者」は、これまで以上に検討を加えるべきである[2]。わたしは本書で、この部外者に関する知識の溝を埋めたいと考えている。

『荒涼館』は解釈次第で、貴族に対する専門家の勝利、富に対する知識の勝利の物語として読むことができる。タルキングホーンを「大邸宅の謎を熟知する者」としたディケンズの描写は、マックス・ウェーバーがかつてペルシア王の宮廷の会計官について記した、次の文章を彷彿とさせる。不明瞭さを用いることで自分たちの力を確固たるものにし、王を自分たちに依存させるために、「会計官たちは予算技術の秘密の教義を作り、秘密の脚本まで用いている」[3]。これは、エリート専門職の一つの特徴とも言える。とりわけ、現在「ウェルス・マネジメント」として知られる分野で、この特徴が顕著である。ウェルス・マネジメントとは、法律と金融の専門知識を駆使して、富裕層とその家族の財産を守るビジネスのことだ。言わば、タルキングホーンの現代の継承者である。

ウェルス・マネジャーを本書の中心的テーマとするのは、彼らの仕事が、フランスの人類学者マルセル・モースが「全体的社会的事実」と呼ぶもの、すなわち社会の主要な諸制度を総合した現象だからである[4]。彼らに与えられた任務は、専門的かつ社会的であり、財政や家族、ならびに国家や組織の役割にも関連する[5]。そのうえ、不平等や課税、グローバリゼーションなど、現在論じられるさまざまな問題にも影響を与える。ある評者はウェルス・マネジャーを、「金融または政治に関わる分野でもっとも複雑な役割」と表現した[6]。

ウェルス・マネジャーという職業とその起源

ウェルス・マネジメントは、「まとまりつつある、体系化の途上にある専門職の世界」である[7]。職業として認識されるようになったのは、18世紀半ばの『荒涼館』の時代になってからだった。この職業の中心的代表団体である、ソサエティ・オブ・トラスト・アンド・エステイト・プラクティショナーズ（略称ＳＴＥＰ）が、ロンドンを拠点に創立されたのは、１９９１年だった。ウェルス・マネジメントに関する学位や資格取得制度は、最近まで存在しなかった。[8] そのため、労働力のプールを別の分野に頼っているのが現状だ。現在プラクティショナーとして仕事をしている者は、タルキングホーンのような弁護士が多く、会計士も大勢いる。[9] ほかにも、アカデミックな世界や環境活動など、多様な背景を持つ者がいる。組織の観点から言えば、ウェルス・マネジャーはプライベート・バンクや信託会社などで、またファミリー・ビジネスや個人事業主からも、幅広く雇用される可能性がある。[10]

ウェルス・マネジメントが職業として確立されたのはごく最近なので、職域の境界線をいかに定めるか、プラクティショナーにどのような名称を用いるかなど、まだ基本的な問題をクリアしていない。「ウェルス・マネジメントに関して一般に受け入れられた標準的な定義は存在しない」とみなす研究もわずかながらある。だが学者やプラクティショナーの間では、「その基本的定義は、裕福な顧客、なかでも主に個人顧客とその家族に提供する金融サービス」であるということで、広く意見が一致している。[11] 名称に関しては、受託者の任務という封建時代の慣行との歴史的結びつきを強調するため、職能団体の創設者は、「トラスト・アンド・エステイト・プラクティショナー〔信託と財産のプラクティショナー〕」と呼ぶことにした。[12] だがこの呼称では、複雑な活動内容に次第に釣り合わなくなっているように思われる。STEPは今や、95か国に2万人を超える会員を有する。現在の業務には受託者の任務だけではなく、ファミリー・ビジネスの監視、世界各地における多種多様な資産の調整、かつてないほど重要になった所有と商取引に関する税効果の検討まで含まれる場合が多い。

業務内容の複雑さを完璧に示そうとして、風変わりな名称（「財務の錬金術師」）や、実用性を前面に出した名称（「取引プランナー」）、政治面を強調した名称（「所得防衛事業」）で呼ぶ者もいた。[13] けれども、多くのSTEP会員をはじめとする人々の間では、「ウェルス・マネジメント」という用語で合意ができつつあるようだ[14]。仕事の領域が「顧客の資産とその他財務全般」にわたるとして、STEPのプラクティショナーこそ――弁護士やバンカー、その他競合する職業集団とは違って――「本物のウェルス・マネジャー」であると主張した『STEPジャーナル』の記事は、現に話題を集めた。「ウェルス・マネジャーは、投資や税金やその他さまざまな専門家の助言を一貫性のある計画にまとめる、包括的な役割と見られている」[15]。したがって、本書では「ウェルス・マネジャー」という用語を使用することにする。

信託と財産のプランニングを扱う仕事がいまだ専門職として完全に位置づけられていないのは、富の性質の変化にも要因がある。歴史を振り返ると、世界中どこでも、土地の所有によって莫大な財産が築かれてきた。アフリカとラテン・アメリカをはじめとする多くの地域では、土地所有は今なお莫大な富の発生源である[16]。そのような環境においては、専門家が介入することなく、血族間の結婚や長子相続制、限嗣相続制によって家族の富は守られる[17]。こうした戦略が不可能な場合、もしくは現実的ではない場合――たとえば、中世ヨーロッパの騎士が十字軍遠征に参加し、教会や国や敵対する貴族に対して自分の土地を無防備なままにせざるをえなかったときなど――は、資産を信託に預けるという慣行を利用する者もいた。これには、第三者の利益のために、財産の法的所有権を信頼できる血縁者か友人に移転することも含まれた。第三者とはたいてい本来の財産所有者の妻子である。彼らには財産所有の法的根拠がなかったので、所有権明け渡しの憂き目に遭いやすかったのだ。法的所有権と財産の有効利用とを切り離すこのような方法は、無償の受託者の利用と同様にきわめて効果的であり、財産保全の手段として広い用途があった[18]。19世紀に入ってしばらくたつまで、階級社会の強い結束のおかげで、この制度は専門家の手を介さなくても十分に保持されていた。

信託と財産のプランニングの職業化のきっかけは、表向きには、マサチューセッツ州最高裁判所が初めて受託者を知的職業階級であると認めた、１８３０年のハーバード大学対エイモリー裁判の判決だったとされる。[19] 新世界の特徴である新たな富の発展とこの職業化は、時期を同じくしていた。かつてないほど莫大な財産をアメリカで築き上げた人々は、農業ではなく海外貿易――とくに捕鯨、毛皮製品、繊維製品――によって財を成した。こうした事業は、莫大な現金とともに、投資の機会と助言の必要性を生み出した。有形の財産から商業資本へと富が新たな形をとるにしたがい、富の管理に関する専門家の助言もますます必要とされるようになった。言い換えれば、ウェルス・マネジメントという専門職は、資本主義の変化により登場したのである。

信託と財産のプランニングが職業となった第二のきっかけは、1960年代から80年代にかけて徐々に進んだ、オフショア金融の発展と国際的な通貨規制の緩和であった。[20] こうした変化が、資本の国際移動に課せられていた数々の制限を解き放った。金融的観点からすると、この変化のおかげで国民国家の境界を通過することが以前にも増して容易になり、裕福な一家や金持ちは、資産にもっとも有利な税制や規制、または政治情勢を、世界各地で自由に物色できるようになった。個人の富を自国の法域に呼び込もうと各国が競い合うので、こうした条件は絶えず変化している。そのため、一番のお買い得を探し出す業務は複雑化し、通常はウェルス・マネジャーに外部委託されることになる。法的、組織的、金融的に、どのような構造で資産を保有するのが最適か、その資産の拠点をどの地域に置くべきか、ウェルス・マネジャーに判断が任されるのだ。対象となる資産の種類（ヨットなのか、美術品のコレクションなのか、株式のポートフォリオなのか）と、顧客の目的にしたがい、ウェルス・マネジャーはその判断をくだす。

ウェルス・マネジャーの仕事

実のところ、複雑で多機能な構造物を設計するという点で、ウェルス・マネジャーの日常業務は建築家の業務といささか似ている。ノーベル賞を受賞した経済学者のロバート・シラーも、金融は「目標構造の科学——一連の目標を達成するために必要な経済調整を構築し、その達成のために必要な資産管理をすること」だ、と最近定義した。[21] この観点からすると、ウェルス・マネジメントはまさに金融の中核で営まれる職業と言える。

ウェルス・マネジャーが構築した金融アーキテクチャーには、人間ではなく資産が含まれ、レンガとモルタルの代わりに、信託や法人、財団などの、関連する組織的な実体から成る。この構造にはたいがい、節税、規制回避、ファミリー・ビジネスの管理、相続と後継計画、投資、慈善事業としての寄付などが含まれ、多くの目的が追求される。遺言書や信託証書など、法的拘束力をもつ文書が、こうした構想の青写真となる。

また、ウェルス・マネジャーは建築家と異なり、自分が作り出した構造の維持管理も担う。法律や金融状況、政治情勢が変わるにしたがい、顧客の資産管理に必要な戦略も変わる。こうした変化に遅れずについていくためには、複雑な技能が必要になる。だからこそ、自力で財を成した者であれ財産を相続した者であれ、多くの富豪は資産を自ら管理することが非現実的だと気づくのである。自分で管理する代わりに、富豪たちはウェルス・マネジャーを雇う。STEPの研修マニュアルに書かれているように、ウェルス・マネジャーは「弁護士と、税務顧問と、会計士と、投資アドバイザーとをひとまとめにした」役割を担わなくてはならない。[22] 一つの法域を対象にするなら、こうしたすべての役割の専門知識を習得する者もいるが、国際取引の場合には、ウェルス・マネジャーが顧問チームを集め、まとめる必要がある。その意味では、ウェルス・マネジャーは建築家というより、むしろ総合建設請負業者《ゼネコン》と似ている。顧客の戦略計画の遂行に責任を負うが、高度に専門化した業務については、下請業者のチームに頼ることになるからだ。

このような複雑な構造の正確な中身はめったに明らかにされないが、専門誌からそれをうかがうことはできる。次に紹介するのは、STEPの研修マニュアルに載っていた典型的な顧客モデルである。

> 委託者はブラジル国籍だが、過去15年間カナダに住んでおり、永住を考えている。受託者はケイマン諸島の信託機関、およびバハマ諸島を拠点とする専門の信託保護者が任命される予定だ。信託財産は、子会社二社の株式で構成されることになる。一社は、適用除外会社としてバミューダで法人化されている、ラテン・アメリカにある委託者の企業帝国の持ち株会社。もう一社は、株式のポートフォリオを保有する、BVI〔イギリス領バージン諸島〕で法人化されたインターナショナル・ビジネス・カンパニー（IBC）。裁量信託の受益者は、欧州と南米に居住する複数の人物。[23]

このモデルで注目すべきは、ウェルス・マネジメントの複雑さを示す三つの点である。一つ目は、顧客が国際的な状況に置かれている点だ。この資産保有構造には、受益者（ウェルス・マネジメント計画により経済的恩恵に浴する人々）が居住する欧州と南米各地以外にも、六か国とその法律が関係する。担当するウェルス・マネジャーは、税法やその他規制の変化についていくために、各法域で専門家と連携する必要がある。（たとえば産業の国有化、インフレや税率の大幅な上昇などが引き金になって）顧客の利益に好ましくない状況が訪れた場合に備え、ウェルス・マネジャーは、どの法域からもいつ何時でも、資産を移動する準備を整えておかなくてはならない。二つ目は、複雑な顔ぶれが含まれる点である。専門家——ケイマン諸島の受託者や、バ

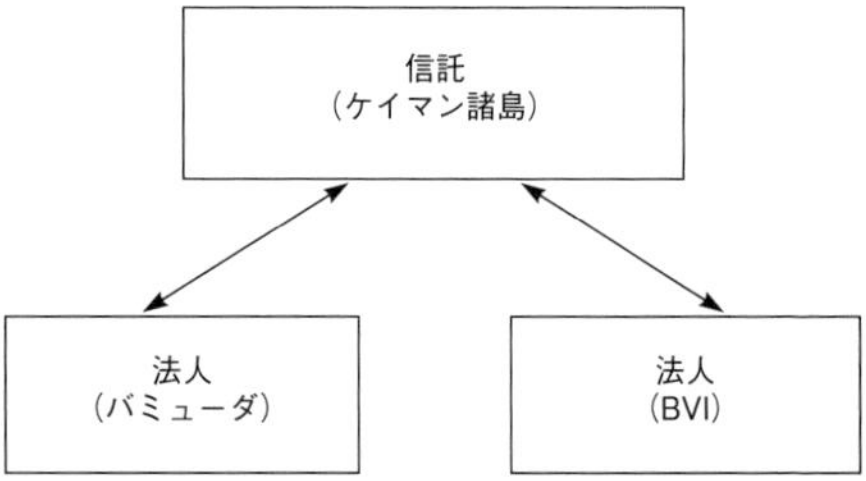

図 1-1　信託と子会社を結びつける資産保有構造

ミューダのインターナショナル・ビジネス・カンパニーの責任者など――に加え、顧客（委託者）と受益者たちも含まれる。

最後に三つ目は、構造が入り組んでいる点だ。信託の保有株式が複数の子会社に置かれる信託・法人の形態――これについては第4章で説明する――により、「とてつもない詐欺」とされる仕組みの中で、資産はあちこちに移転が可能になる。[24] この「詐欺」の目的は、租税と債権者と相続法の回避である。下部構造の関係を図1－1で簡単に示した。

この仕組みの中で法域を越えて資産の移動を続ければ、ほとんど摩擦なしに国民国家という規制機構をすり抜けることができる。この場合の「摩擦」とは、主に税務当局や法廷、その他統治機関を指す。法を犯さずに国家の目的の裏をかくことは、「所有権という側面を操る」ための「ごまかし」だと、法学者は指摘している。[25] 信託や財団、法人などの手段を巧みに利用することによって、手品師さながらの「ほら消えました」のトリックを、ウェルス・マネジャーはほぼ際限なく続けられる。その一部でも欲しい税務当局や債権者、相続人やその他誰にも触れさせず、顧客の富を増えるままにして。

本書の主要テーマ

本研究は、ウェルス・マネジャーがどのような仕事をしているのかに加え、なぜこの仕事が重要なのかという点にも光を当てようとするものだ。したがって著者は、ウェルス・マネジャーが主要社会構造に与える影響、およびウェルス・マネジメントからうかがえる、組織と個人生活の変化についても検討する。

経済的不平等　中世イギリスにその端を発して以来、ウェルス・マネジャーが拠りどころとする慣行は、関連する二つの目的にかなっている――家族の財産の保護と、エリートの再生産である。その過程でウェルス・マネジャーが果たす中心的役割を明らかにすることによって、本書は階層化研究における大きな理論的課題に取り組む。すなわち、「誰が、どのようにして、事態を維持させているのか突き止めること」である。[26] 職業と不平等に関連性があるとする他の研究とは違い、著者がとくに注目するのは、世界的な階層化のプロセスに「必須」で「代替不能な」新興アクター群と、顧客の富を守るために彼らが使用する方法についてである。[27]

ウェルス・マネジャーの持つ影響力は、ヨーロッパ封建時代に遡る世襲財産との深い歴史的結びつきを抜きには語れず、法律と金融で革新的手法を用いたことと相まって、この職業を現代の国際金融の最先端に据えている。一般的に言って、ウェルス・マネジャーはすでに財を築いた顧客のために仕事をするので、顧客の資産価値を増やすというより、税務当局や債権者、相続人の手によって資産が消失するのを防ぐことが、その任務となる。この守りの姿勢のために、本来なら貪欲に利益を追求するとされる金融業界において、ウエルス・マネジメントは特異な立場にある。[28]

100年前のウェルス・マネジャーの顧客は、もっぱら北米と欧州に住んでいた、おそらく数千人ほどの「有閑階級」と総称される集団だった。[29] 昨今、「世界はさらに豊かになりつつあり、その富のほとんどは、昔から豊かな国ではなく世界各地に存在する」ので、彼らの顧客は当時と比べてはるかに多様化している。[30] よって、現代の顧客基盤には、最低でも3000万ドルの運用可能残高を保有するとされる、世界の「超富裕層」16万7669人が含まれる。[31] かつてその座を占めていた有閑階級とは違い、このエリートは世界中に広く散らばっており――ウェルス・マネジャーという専門家の介入もあって――「世界的資本の支配的要素」となっている。[32]

近年、世界の富が記録的水準――推定241兆ドル――にまで増大するに伴い、不平等も拡大し、世界人口の0・7パーセントが資産の41パーセントを所有するという事態が生じている。[33] これは富の流動性の低下と連動しており、要するに、世代が変わっても金持ちは代々金持ちのまま、貧者は代々貧者のままということになる。[34] この点は重視すべきである。最近所得の格差に注目が集まっているが、実際には富の分配のほうがはるかに不平等で、はるかに深刻な結果をもたらすからだ。[35] 所得は変動するが富は固定化するので、それが、教育や労働市場、結婚、財産所有権、政治力にいたる、ほぼあらゆる領域において、チャンスのつかみやすさに影響を与えている。[36]

租税回避を促す――相続税を払わずに家族の財産を世代間で移転するなど――ことにより、ウェルス・マネジャーは世界的に不平等を拡大させるパターンの一因となってきた。最近の研究が示すように、「こうした専門家は不可欠な存在である。おそらくは、税金や規制の回避目的で考案された、ありとあらゆる法的イノベーションに、彼らの存在があった」。[37] 具体的に言うと、ウェルス・マネジャーは、個人資産の最大21兆ドルの移転を指示したと推定され、その結果として、世界で毎年約2000億ドルの税収入が失われたとされる。[38] 彼らは実質的に、課税し規制を加えたい国家から資産を引き離し、その所有者と同様に、「国境を越えた」「過度に移動性のある」資本形態を生み出したのだ。[39] 「国境をまたぐ金の足跡を人為的に操作することにより」、ウェルス・マネジャーは、資産保有および租税回避の構造に加え、国境を越えた新構造も作り出し、それが抑制と均衡という民主的プロセスの外部で拡大している。(40) STEPの刊行物は、会員の仕事にこうした側面があることを認め、それを国家による「没収も同然の」略奪行為に対する、資本家の防衛だと定義している。(41)

社会におけるウェルス・マネジャーの役割　ウェルス・マネジャーの日常の業務の大半は、「倫理的にグレーの領域」で発生する——つまり、形式上は合法だが、社会的には認められない活動領域のことだ。(42) これには、租税回避のみならず、信託やオフショア法人の利用、顧客が債権者への支払いを回避したり、家族に遺産の法定相続分を渡さないようにしたりする場合に役立つ、その他手段も含まれる。(43) 租税や規制を逃れるために法人もその多くを利用しているが、このような戦術には、世間の耳目と非難が集中する一方であり、ウェルス・マネジメントの仕事を脅かし、「市民社会との衝突」に追いやっている。(44)

確かに、租税回避やマネーロンダリング、世界に広がる富の不平等を懸念する各政府当局から、この仕事は槍玉に挙げられている。たとえば、経済協力開発機構（OECD）は2006年のソウル宣言で、租税回避行為に対して新たな法的制裁を提案し、「違反に関連する法律事務所や会計事務所、その他税務顧問、金融機関」が国際法において果たす役割について、ことさら言及した。(45) アメリカ上院議員のカール・レビンは、顧客の資産を外部からわかりにくくする目的でウェルス・マネジャーが作り出した資産保有構造に対し、不満を表明している。「その大半は複雑すぎて、煙に巻く類の目論みだ。こうしたでっち上げを作る者たちは、複雑にすれば詮索や世間の怒りから逃れられると思っている」(46)

一例として、総資産150億ドルとされるアメリカ有数の裕福な一族、シカゴのプリツカー家を検討してみよう。彼らの資産は60の企業と2500の信託に保有されているが、普通なら裕福なエリートをもちあげ

「こりゃいいね、今風だ。気に入った」

図 1-2　地域によっては、ウェルス・マネジメントのイメージは否定的だ。出典：www.CartoonStock.com

る『フォーブス』誌が、珍しいことに倫理的な嫌悪感をうかがわせる調子で、彼らの資産構造と戦略について、「いかがわしいし……外部調査を阻止するように構築されている――しかも、税法の抜け穴を見事に利用して」と述べている。[47] 彼らの複雑な資産保有構造は、プリツカー家ではなく、その弁護士や会計士、租税専門家、投資顧問が作り出したものだ。こうした専門家たちは富を税金逃れさせるうえに、富の本当の所有者を突き止めることを（不可能ではなくても）困難にさせる、ペーパーカンパニーや信託を利用して、「経済力の集中を覆い隠す」手助けをしている。[48] とくに信託が多用されているのは、ほとんどの法域で信託登録をする必要がないからだ。たとえ受託者の登録が必要な数少ない法域でも、委託者と受益者の身元は明かさなくてもいい。一方で、法人を利用する際には、多くの法域で公的登録をする必要があるが、所有権は、名義人《ノミニー》株主および取締役を用いることで、容易に隠蔽できる。ノミニーとは、財産に法的責任を有する者と、その財産から実際に利益を得る者との間にワンクッションを置くために雇われた、第三者のことである。

結果として、かつては悪評などまったくなかった地味な――タルキングホーンに象徴される――職業に、図1－2で風刺されるような否定的イメージがつきまとうことになった。ウェルス・マネジャーは、自分たちの評判を危険にさらすこうした脅威と、さまざまな局面で闘っている。たとえば、個々の顧客との交流、誠実な仲介者としての評判を築き維持するための会社を挙げての努力、メディアや政治家や世間の見方に影響を与えようとする職能団体（STEP）の取り組みなどだ。顧客や市場、仕事の管轄を拡大する機会は評判により得られるので、ウェルス・マネジメントが生き残るためにはこうした労力が不可欠となる。ある研究によれば、「評判資本は、専門市場で複雑な商品を販売するには最高の資本である」という。(49)

反対に、職業的評判を維持できなければ、ブラックリストに載せられ、莫大な罰金が科され、競争相手に法域を奪われる羽目に陥りかねない。道徳に則り法律を順守した行動をしているという評判を保つことは、認められたばかりの職業にとってはとくに肝要になる。プラクティショナー自身の正当性について、「その仕事が社会と公共の福利にとって特別な重要性」があることについて、まだまだ証明する必要があるからだ。(50)STEPが政府機関省庁に働きかけ、メディアで積極的な広報活動を続けてこの問題に取り組む一方で、ウェルス・マネジメント企業やウェルス・マネジャーは、仕事に絡むさまざまな法律や社会規範の範疇に留まりつつ、超富裕層に贅沢なサービスを提供するべく競争的需要を導き、顧客一人一人に対処する必要がある。(51)

組織化された三本柱――家族、国家、市場　ウェルス・マネジメントの当初の目的は、次世代へと不動産を円滑に――課税と抵当権なしに――移転することだった。莫大な財産を家族間で移転するための資産保有構造を作ることは、大半のウェルス・マネジャーにとって今なお主力業務である。だからこそ、ウェルス・マネジメントの職能団体STEPの名称には、「エステイト・プラクティショナー」（財産のプラクティショナー）が含まれるのだ。チャールズ・ライト・ミルズが「収奪機構における戦略的位置を子どもたちに受け継がせる「こと」」と称したこの業務は、私有財産と個々の家族の対人関係を越えたところにまで影響を及ぼす(52)。何世代にもわたりリソースを堅固にすることにより、この業務は世襲の富を作り出し、それが次に、政治のパワー・エリートを活気づける。パワー・エリートとは、ミット・ロムニーやジョージ・ブッシュなどに代表される新しい上流階級であり、彼らがアメリカ大統領選に立候補できたのも、相続財産や多数の信託ファンドを保有していたことが大きい(53)。こうした家族資産が他人に売却されないように——また、課税により再分配されないように——することで、ウェルス・マネジャーは市場から流動性を奪い、その成長を妨げているのだ(54)。

　家族や国家や市場は、社会における重要な制度である(55)。ウェルス・マネジャーの仕事はこの三つの領域に及ぶもので、ときに対立しときに相互に強化するような方法で、これらをまとめている。たとえば財産の相続は、幅広い社会科学者——新石器時代の部族を調べる考古学者から、現代の親子関係を研究する経済学者にいたるまで——から、家族の結束とアイデンティティの維持に不可欠な要素とみなされている(56)。資産が世代を越えて代々一つの家系の下に所有されるようにすることで、ウェルス・マネジャーはその家族の安定、さらには家族よりも大きな社会構造の安定に寄与するのだ。

　一方で、ウェルス・マネジャーは知らず知らずのうちに、その結束の崩壊を牽引する役目も果たしている可能性がある。その崩壊の過程で、遺産は——マルクスとエンゲルスによれば——「家族関係を金銭だけの関係に帰する(57)」。家族を結びつけていた財産がその結びつきを壊す場合もあるのだ。たとえば、前述したプリッツカー家では、一家のウェルス・マネジャーが不公平な利益分配を行ったとある相続人から糾弾され、訴訟で法外な要求をされて相当額の財産を失った[58]。家族間紛争が現在多発していることは、職能団体のSTEPがこのテーマに関し、さまざまな形でサポートや研修を会員に提供していることからもわかる。たとえばSTEPには、「論争を呼ぶ信託と財産」というスペシャル・インタレスト・グループ〔特定の知識や技術を深めようとする、ある組織内部のコミュニティ〕がある。さらにSTEPは「信託争議」と「調停」に関する上級修了証明書を発行している。最近の『STEPジャーナル』には、債権者と税務当局が家族の富に与える脅威に加えて、「内なる敵」についても考慮する必要があるという記事が載った。単刀直入に言えば、家族が自滅するのをいかにして止められるかということだ[59]。ウェルス・マネジャーは、家族の自滅を止めることはできないかもしれない。なぜなら、彼らには遺言書と信託証書を忠実に守る法的義務があり、彼らが作り出し管理する仕組みは、これらの書類にもとづいているからだ。この義務により、ウェルス・マネジャーは、死後久しい家父長（家母長であることはほとんどない）の生きた代理人となる場合があり、家父長が相続権に課した制約（たとえば、きょうだいの間で不平等な遺産分配を要請するなど）が、のちの世代に激しい恨みを生むおそれもあるのだ[60]。

　ウェルス・マネジャーは国民国家に対しても、同じように相反する立場に置かれている。オフショア金融センターの重要な法律を作成し、職業の権限についてオンショアの議会（英国議会など）の顧問を務めるなど、彼らはある領域では国家の建築に携わっている[61]。その一方で、彼らの仕事は、現代の租税国家の経済基盤と法的権限を著しく傷つけている[62]。「専門的な破壊」は、彼らの常套手段だ[63]。これは主に、抜け道や「規制の穴」を見つけ出し利用すること、および多数の法域の法律の不一致を利用することによるものであり、それもすべては、国家権力の束縛から顧客が逃れる手助けをすることが目的となる[64]。国家を掘り崩すことに関しては、ウェルス・マネジャーと規制官との対立よりも、エリート間の提携のほうが複雑かもしれない。最近の研究が示しているように、一部の国（とくにアメリカ）の政治エリート、経済エリート、専門職エリートが結託してきわめて複雑な税制を構築しており、この税制がウェルス・マネジャーの仕事を成立させ、その顧客を国会議員の政治活動に寄与できるほど裕福にしている。国家は数十億ドルの税収を失うが、ウェルス・マネジャーの仲介により、エリートの利益のあいだの「微妙なバランス」は保たれる。犠牲になるのはたいてい民主主義への参加と国民主権だ。[65]

市場に関して言えば、何世代にもわたり――これは次第に永久になりつつある――一家の財産に関わることで、ウェルス・マネジャーは資本主義の力学と対立する。[66] 一般的に、時間がたつにつれて家族の財産は自ずと消散するものであり、この現象は世界各地の文化や言語において、たとえば「売り家と唐様で書く三代目」のようなことわざに集約されている。[67] ウェルス・マネジャーはこのプロセスを阻止しようとする。だが資本主義は、シュンペーターが述べたように、安定よりも変化に依存する。[68] 早くも啓蒙主義の時代には、市場の発展のためには富の自由な循環が必要だと認識され、信託や限嗣相続、その他「資本配置の市場独立的な形式」に対し反論の声が上がった。[69] 19世紀に世界貿易が発展すると、ジョン・スチュアート・ミルのような哲学者は、「過去の「死手」譲渡が自由経済の成長を妨げた」と述べた。[70] このような批判は現在でも見受けられ、せめて財産の一部でも経済に再分配されるように相続税を維持すべきだと主張する、ウォーレン・バフェットのような富豪による動きもある。[71]

ウェルス・マネジャーの意図が保守的であっても、顧客の財産に安定性を与えようと彼らが革新をはかった手法は、結局のところ、市場に壊滅的な影響を与える可能性がある。たとえば、顧客の資産保護のために彼らが洗練した金融ツールや法的ツールの多くが、サブプライム住宅ローン危機の組織的構造も作り上げた。このような構造は「特別目的事業体」においてとくに顕著である。この事業体はオフショア金融の耐火金庫の役目を果たすもので、リスクから資産を防護する目的のためだけに設計された資産保有構造である。子会社を特別目的事業体に入れておけば、子会社は破綻や債権者、訴訟当事者から守られる。現在、民間資産の多くが企業資産と関係していることから、資産を特別目的事業体に入れることが、金融システム全体に新たなリスクをもたらすことになった。莫大な財産を企業のバランスシートから取り去り、規制者や監査人の目の届かないところに置くことになるからだ。(72)

本書の構想

次章からは次のような内容で進めていく。

第2章は、職業としてのウェルス・マネジメントの起源と発展について概略を述べる。この仕事の軌跡を歴史的に眺めると、目を惹く点が二つある。一つは、国家の管理から自由であること、もう一つは、何世紀もの間、ウェルス・マネジメントはエリートがエリートのために行う無償の事業だったことだ。ウェルス・マネジメントの世界で最近になってようやく正式な制度——資格認定プログラムなど——が確立したことは、職業化に対して、階級を基盤とした抵抗や葛藤が強かったこと、および有閑階級間の取引に商業的基準が入り込んだことを示している。ウェルス・マネジメントがいかにこの変遷を切り抜けたのか、現在の業務において、その発展の歴史がこの職業をどのように方向づけているのかが、第2章のテーマとなる。

第3章は、顧客との関係と、ウェルス・マネジャーがエリート顧客層に抱く見解について述べる。ウェルス・マネジャーはほかの職業とは異なり、顧客の生活のほぼすべての面を徹底的に掘り下げ、顧客ときわめて親密な関係を築く。いったんこのような関係が構築されたら、顧客が亡くなるまで、または数世代にわたり、一つの家族に仕えることが多い。けれども、このような関係を築くために彼らはまず、非常に疑り深く、利用されることを警戒する顧客——それにはもっともな理由があるのだが——の信頼を得る必要がある。グローバル経済においては、顧客の信頼を獲得するために、文化や言語、宗教の壁を越えなくてはならない。このような難しい状況で、ウェルス・マネジャーがいかに顧客を獲得し維持するかが、第3章のテーマである。

第4章では、ウェルス・マネジャーが富を保護する目的で用いる金融と法律のイノベーションを、詳細に考察する。ウェルス・マネジメントの基本的手段——信託、法人、財団——を概説し、顧客が持ち込む典型的な問題を解決するために、その手段がどのように用いられるのかを示す。彼らが持ち込むのは、租税回避をはるかに超える問題である。顧客の出身国によっては、腐敗した政府役人や誘拐、根拠のない訴訟から一家の財産を守る必要もある。また、単に自分の負債から逃れたいだけの顧客もいる。オフショア金融センターが富の保護と法的回避に果たす役割を詳細に検討し、付録ではさらに、彼らが利用する基本的な法的・金融的構造について、初歩的内容を紹介する。

第5章では不平等の問題を詳細に取り上げ、ウェルス・マネジャーの仕事が、顧客だけではなく社会経済組織の大きな趨勢に与える、経済的、政治的影響を検証する。富の不平等について分析するとともに、よく知られた社会的成層の形態である所得格差と比較した場合に浮き彫りになる、富の不平等の深刻さについて説明する。この章ではさらに、個人の余剰所得を富の再生の「永久機関」に変える技術を用いて、ウェルス・マネジャーが不平等に与《くみ》する三つのプロセスのモデルを紹介する。最後に、経済の世界的不平等を深刻化させる自分たちの役割を、ウェルス・マネジャーがどのように考えているか、その不平等が職業の評判に与える課題にどう対応しているかについて取り上げる。

第6章は、オフショア金融センターの新植民地主義的力学も含め、ウェルス・マネジャーと国民国家の複雑な関係について述べる。国家当局からの独立性——第2章で取り上げる——を保つことで、ウェルス・マネジメントは現代世界で独特な立場を獲得している。ウェルス・マネジメントは税収を減少させ、顧客にとって不便な法律を回避させるなど、多くの点で国家に損害を与える。だが一方で、それが可能なのも、ひとえに国家主権が存在するおかげなのである。もし国家主権が存在しなければ、ウェルス・マネジャーが利用できる法律（または抜け穴、もしくは法律の抵触）も存在しないだろう。よって、ウェルス・マネジメントを職業とする者は、機に乗じてある法域の法律を自ら書く（あるいは書き直す）こともあるが、同時にその職能団体であるSTEPは、立法機関に積極的に働きかける役割を担っている。このようなウェルス・マネジャーと国家との多面的関係は、彼らが管理する世界的な資本の流れにとってきわめて重要なオフショア金融センターで、現に目立ってきている。ウェルス・マネジメントがなぜ、ある点では国家を築く力となりながら、別の点では国家を破壊する力となるのか——それにどんな結果が伴うのか——が、第6章のテーマである。

第7章では、政策や研究に及ぼす影響と、この職業の将来についての所見を示し、本書を締めくくる。

付録　本書の研究はどのように行われたか

ウェルス・マネジャーは、金融・法律のイノベーションと、莫大な私有財産というめったに検証されない世界とをつなぐ、比較的新しい職業であることから、実に魅力ある研究テーマとなる。法律や政治、巨大な国際的資本フローにウェルス・マネジャーが与える影響を考えれば、彼らがすでに広く認められた研究文献の主題になっていてもおかしくない、と思われるかもしれない。ところが、最近発表された数件の記事と、20年以上前に刊行された書籍の一部で紹介されている以外、この職業は学者の間でほとんど知られていない[73]。関心が持たれなかったからではなく、情報の入手が困難なせいである。次に、その困難について、著者がそれを解決するために採用した異例の方法について述べたいと思う。

接近を阻む障壁

富豪と権力者に関する研究は難しいことで知られている[74]。プライバシー問題、地理的遠隔性、彼らを部外者から守る手強い門番役などの多様な要因のせいで、エリートは「多くの点で手が届かない。彼らのほうも研究の対象にされたくないと考えている[75]」。ウェルス・マネジメントはこの領域の中に存在し、その職業的規範と専門的特色のために、研究者の前にさらなる障壁を設ける。この仕事はペルシア王の会計官さながら、自らの有効性を示すために、複雑さと機密性に頼っている[76]。さらに、この仕事には受託者の裁量に対する責任がある。つまり、顧客の富とその保全方法に関し、厳重なプライバシーを保つよう求める行動規範がある[77]。結果として、職業の知名度はこれまで低いままだった。近年、ウェルス・マネジャーをマネーロンダリングと脱税の代理人だとするOECDのような団体の非難にさらされて、こうした傾向が際立ってきている[78]。世間からこのようなレッテルを貼られたせいで、かなりの反感と部外者に対する疑念が、一部のウェルス・マネジャーの間で生まれているのだ。

彼らに近づくために著者が講じた異例の戦略——次に詳しく説明するが、ウェルス・マネジャーとして認定を受けるために全研修プログラムを受講した——のおかげで、このような疑念は本研究の最後まで、正確に言えば、本研究に基づく2本の論文を発表した時点まで、データ収集にあたって大きな問題とはならなかった。その時点までは、著者と話したがらないウェルス・マネジャーは、インタビューの依頼を無視するか丁寧に断ってきた。およそ6年を費やした著者の研究結果が発表されるようになると、誰もが敵意を露わにして著者に対応するようになった。ここでとくに言及に値する一つの事例を紹介する。一部のウェルス・マネジャーが世間のウェルス・マネジメントの評判に抱く不満と、自分たちの活動の影響を調べる者に仕事の話をすることをしぶる姿勢を、如実に物語る事例だからだ。

２０１３年8月にイギリス領バージン諸島（ＢＶＩ）で、イギリス出身でバンカーだった60代の白人男性に、あらかじめ予約していたインタビューを行った。彼は開口一番、著者が発表したばかりの、このプロジェクトに関する2本の論文を読んだこと、その内容が「左寄り」で、「この〔ウェルス・マネジメント〕業界と裕福な人々の行いを非難するものだ」と述べ立てた。さらに、「ＢＶＩのＳＴＥＰコミュニティの全員が、あなたがここで何をしているのか訝しんでいる」とも。彼はこちらの質問に丁重に答えてくれたが、著者の「検討課題」のテーマについてはけりがつかなかった。インタビューの最後に、彼は腕を組んだまま椅子の背にもたれかかり、ウェルス・マネジャーと顧客が「世間の人々が考えるほどの税金を納めていない」とされ、「社会倫理に反する」として「あしざまに言われている」、と怒りを露わにした。彼は続けて、ＢＶＩの「ＳＴＥＰコミュニティのメンバー」は、ウェルス・マネジャーについて書いた「あなたの論文を理由に、あなたをこの島から追い出すべきだ」と提案しているとも言った。

彼の発言と敵意に面食らったわたしは、危険な状況を和らげる手段として多くの女性が身につける、丁寧に敬意を示す差し障りのない態度に立ち戻ることにした。[79] そこで、それ以上学究的な質問を投げかけるのはやめて、時間を取ってインタビューに応じてくれたことを感謝し、握手を交わして、宿泊するホテルのバーに行って一杯飲んだ。実は当時、自分とよく似た前例があることを知らなかった。その2年前、別のタックス・ヘイブン（チャンネル諸島のジャージー島）は、島の違法行為について調べていた『ニューズウィーク』誌の記者を拘束して強制送還し、最終的に入島禁止にしたことがあった。記者が調べていた違法行為は金融サービスとは無関係だったが、エリートが財産を置いておく静かで探知されない場所という定評を脅かし、島に悪い評判をもたらすのではないかと危惧したからだ。驚いたことに、ジャージー島の金融当局は有力なパイプを駆使し、その記者が再び島に入ることばかりか、イギリス全土に足を踏み入れることまでも禁止した。[80] この話を知ったあと、わたしはBVIのバンカーとのインタビューを新たな視点で見直した。少なくともオフショアについては、ウェルス・マネジメントの仕事と国家権力とが複雑に絡まるさらに大きな構図と、彼の話とが一致することに気づいた。そのおかげで、第6章で示したウェルス・マネジメントと国家についての分析の一部が明確になった。

実際的な面では、本研究に「没入」方式を採用した価値も、この経験から浮き彫りになった。[81] 著者が2年間を費やしてウェルス・マネジメントの研修プログラムに参加していなければ、このとき以上に大きな敵意と疑念を経験したのではないかと思う。研修のおかげで、著者が部外者であるという印象は、研修を受けなかった場合と比べて和らげられた。没入型の方法――時間、労力、金銭の面で大きな負担がかかるので、現在の社会学における一般的な戦略ではない――は、秘密主義的でガードが固いか、社会の主流から外れていて部外者が近づけない集団を研究するには、やはり有効な方法である。このアプローチを採用するにあたり、ウィリアム・フート・ホワイトとジョン・ヴァン＝マーネンなどによる、著名な研究からヒントを得た。[82]

とくにヴァン＝マーネンは良い手本となった。彼も著者と同様に、「左寄り」の研究者に対しとくに疑念を抱く職業集団について調査したいと考えていたからだ。彼のテーマは警察だった。時宜に恵まれなかったので、研究は非常に困難を来たした。ヴァン＝マーネンがその企画を実行に移したのは、ワッツ暴動が南カリフォルニアを震撼させてまもない、1970年代の反権威主義が頂点に達した時期だった(83)。彼は当初、この地域の警察を研究したいと何度か申し入れたのだが、依頼を断る手紙は20通を超えたという。ところが、ヴァン＝マーネンは現実的で実行可能なテーマに乗り換えるのではなく、この拒否をなおさら接近を要求すべき理由だと解釈した。博士課程の学生という自由な身分を最大限に活かして、彼は警察学校に入学し、警察官養成の全研修課程を経験し、最後にはパトロールに出たりもした。彼はこの手段を用いたおかげで、画期的研究を実施するために必要な信頼と協力をようやく勝ち得たのである。

ヴァン＝マーネンと同じように、著者も学校に入るという手段を用いて研究に着手した。2007年11月、2年間のウェルス・マネジメント研修プログラムに参加したのだ。このプログラムを修了すれば、現在プラクティショナーの世界標準規格として認められているTEPという資格、すなわちトラスト・アンド・エステイト・プランニングの資格証明書が得られる。この資格取得には、専門能力の中核となる信託法、会社法、投資、金融、会計の五つのコースに合格することが条件となっている。スイスとリヒテンシュタインでこの五コースを受講したとき、著者には三つの目標があった。内部からこの分野について学び、確かな情報に基づくインタビュー戦略を開発すること、自ら観察したウェルス・マネジャー、交流、環境について、中身の濃い記述データを収集すること、そして長時間のインタビューに参加してくれるウェルス・マネジャーを見つけることだ(84)。

取得した資格をウェルス・マネジメントの仕事をするために用いたことはないが、優秀な成績でプログラムを修了したおかげで、この職業に近づきがたくしていた手強い障壁を乗り越えられるほどの内部者になることができた。これは正当性と実用性の両方に関わる問題であった。ウェルス・マネジメントの資格保有者であること、または資格取得コースの参加者であることは、職能団体の会合出席に際し正式に求められる必須条件だったからだ。そうした会合で本研究の協力者を最終的に見つけた。この資格がなかったら、本書の基本となるインタビューの実行は難しかったか、不可能であっただろう。

このような接近戦略の遂行に必要な時間と費用への投資は、莫大だった――これはエリート研究によくある、近づきがたい障壁となっている。[85] ヴァン＝マーネン（とホワイト）とは異なり、わたしは当時、たっぷり時間のある博士課程の学生ではなかった。しかし、ありがたいことに、マックス・プランク社会科学研究所とアレクサンダー・フォン・フンボルト財団から、リサーチ・フェローシップの支援を受け、費用のかさむこの研修課程を受ける資金を得ることができた。さらに、大多数のウェルス・マネジャーのように、著者も白人で、英語を母国語とし、上流中産階級の習慣の持ち主であることも幸いした。[86] エリートを研究する際にふさわしい「口調」、ふさわしい「身振り」、「適切な言葉遣い」の必要性については、これまでも数多く報告されていたので、これが（資格とともに）ウェルス・マネジャーたちに近づく際に役立った。[87]

なぜエスノグラフィーか？

エリートが設けた接近を阻む数多くの障壁と、ウェルス・マネジャーの研究に伴うさらなる難問のため、エスノグラフィー〔行動観察〕は、彼らを研究する方法としては数少ない実用的方法の一つだった。ウェルス・マネジャーに関する過去の調査が不足しており、ウェルス・マネジメントの最新情報が欠如していたので、有効性のある質問事項を作成することができず、調査研究の実施は難しかった。納税申告や法人登記簿などの記録文書のデータの使用では、限られた効果しか得られない。綿密な分析結果によれば、こうしたデータは誤解を招きやすく、意図的に誤解を招こうとする場合もあることがわかっていたからだ。[88] とくにウェルス・マネジメントの文書記録は、研究者にとって価値が乏しい。信託（その存在と受益者は、公開登録されていない）と法人（本当の所有者を隠すために、ノミニーの取締役と株主を用いる）の利用が、データ収集の努力を阻む手強い障壁を作り出している。

本研究のアプローチは結局のところ、マックス・ウェーバーの研究に由来する独特の科学哲学に基づいている。ウェーバーは社会学を「社会的行為の解釈的理解 Verstehen に関わる科学」と定義づけた[89]。この解釈の重視は、歴史や人類学の分野と共通するが、物理や化学などの自然科学のアプローチが説明 Erklären を重視するのと対照的である。説明志向の研究が普遍的有効性のある因果関係の法則を明確にしようとするのに対し、解釈的理解を志向する研究の目的は、歴史的背景に当てはまる行為の類型を作り出すことである。調査設計に対する両者の異なるアプローチは、このように異なる目的に端を発している。「理解の重視は、さらに帰納的な調査設計を促し、マクロレベルの発展がそのミクロレベルの根拠に関連する形で説明されるように求める」[90]。このような目的を達成するためには、エスノグラフィー的研究の実施が必要だった。

エスノグラフィーの構成要素については学者の間で意見の相違があるが、こうした研究は一般的に、インタビューや（参加者または不参加者の）観察により収集したデータ、文書および研究対象者にとって重要な物などを含む、物質文化によるデータに基づく[91]。分析においては、意味や解釈、相互作用に焦点が置かれる。研究の相互作用的側面はとくに重要だ。なぜなら、グローバリゼーションに関する有力な見解、すなわち、「世界政体」アプローチや国家と階級の間に構造的関係を与える諸理論は、専門家の日常活動の大半を占める交渉活動を見逃しているからだ[92]。結果的に、こうした相互作用が世界的な規範、政策、専門的活動とどのように関連するかについて、この有力な見解からわたしたちが得られるものは少ない[93]。

対照的に、エスノグラフィーは具体的で相互関連的で、当事者に焦点をあてた方法論をとる。インタビューや観察を通して集めたデータ以上に、直接対面して築いた信頼やラポール〔親密な信頼関係〕があれば、価値ある新たな情報源への扉が開かれる。別の情報提供者を紹介してもらえたり、入手できなかった文書やそれまで知られていなかった文書を提供してもらえるのである。このような意味で、エスノグラフィーは「他所では記録されていない情報、（まったくではないにせよ）一般にはまだ手に入らない情報」を利用できる。[94] この方法をとれば、めったに垣間見ることのできない、「部外者を慎重に遮断し……内部者にしか知られていない」、エリート専門家の仕事の「舞台裏」に迫ることができる。[95] ウェルス・マネジャーの活動の大半も、彼らのエリート顧客の財産に関する情報も、この保護された舞台裏にあることを考えると、以上の点は、本研究の目的にとってとくに役立つ特色である。

なぜＳＴＥＰか？

ウェルス・マネジャーが所属する職能団体は、ＳＴＥＰだけではないかもしれないが、競合する団体はほとんど存在しない。信託と財産を管理するプラクティショナーのために、弁護士協会が長年スペシャル・インタレスト・グループを提供しているが、職業に関する一貫性、またはＳＴＥＰが築いたような制度（資格認定プログラムなど）を生み出すにはいたっていない。ウェルス・マネジメントを中心とする職業分野を代表しようという意欲があるという点で、ＳＴＥＰにもっとも類似する団体は、米国信託・財産法律相談協会（ＡＣＴＥＣ）である。同協会は１９４９年の創立で、ＳＴＥＰよりはるかに歴史があるが、会員資格と目的はＳＴＥＰと比べて大幅に制限されており、北米の弁護士だけで構成されている。したがって、ＳＴＥＰの会員数が2万人なのに対し、同協会の会員数は２６００人にとどまる。

ＳＴＥＰのプログラムと同じような知的領域を対象とした資格を認定する団体はほかにもあるが、業界全体を代表する団体だと謳っているわけではない。たとえば、ファイナンシャル・プランニング協会は、認定ウェルス・マネジメント・アドバイザー養成の研修を行っている。ビジネス・ファイナンス研究センターでは、公認信託・財産専門家という名称を授与する。米国財務管理学会には、信託・財産公認プランナーの資格が取得できる研修プログラムがある。[96] このどれもが、STEPのトラスト・アンド・エステイト・プラクティショナー（TEP）の資格のような、業界標準の地位を獲得してはいない。[97] STEPは世界的規模でウェルス・マネジメントを代表しており、その達成のために組織的構造を築いてきた。そのおかげで、また多数の会員がいることもあり、STEPは業界で優位な位置を占めるにいたり、ウェルス・マネジャーの研究にうってつけの場となっている。

協力者の観察

ウェルス・マネジメントの資格取得の講義は、非常に厳しくやりがいがある。五つのコースを修了するのに、それぞれ2か月ほどかかる。300―400ページある教科書を中心に数週間自習をしたのち、12人から20人の受講生が1週間にわたり講義を受け、最後に試験を受ける。こうした懸命の努力からある種の仲間意識が生まれ、著者の研究戦略の一助となった。わたしたち生徒はコースに合格するために必死に勉強し、食事や休憩時間、講義後などかなりの時間を一緒に過ごした。教材を用いて議論を交わすなかで、世界各地の富裕層の文化的違いやキャリアの道のり、規制逃れの最新技術なども含めて、この仕事の「苦労話」を知るようになった。受講生たちの人種や性別、彼らの自己表現方法を観察することも貴重なデータとなり、後日行うインタビューの構想に役立った。

こうして研究の参加者を観察する段階で、ほかの受講生はわたしの正体とコース受講の目的を知っていた。「覆面捜査」を行う必要性はなく、ウェルス・マネジャーたちに守秘義務を犯すようなことをさせる必要もなかったからだが、そのいずれも社会学の研究倫理に反する行為だろう。[98] わたしは本名と所属機関を偽らずに全コースに登録し、あらゆる行事に参加した。そのせいで、著者の身元とコースの参加理由について質問を浴びることになったが、話の口火を切るにはかえって好都合だった。研究者としての立場と目的を公表していたおかげで、著者と話をしようという気になった協力者もいた。彼らによれば、著者と仕事で競合しないことや、彼らの裕福な顧客という社会環境に著者がいないことがわかっていたからだという。これが匿名性の保証と相まって、著者に何を語ろうとも、自分の仕事の評判や専門知識の独占が脅かされることはないと踏んだのだ。

彼らの協力を得られたその他の理由は、単に情報に通じながら脅威を与えない聞き手が目の前に現れた、ということにすぎなかったのかもしれない。専門性の高い複雑な仕事に就く者の多くは、仕事について他人に打ち明ける機会があまりない。家族や友人は仕事内容を理解できないだろうし、同僚となると、機密情報が漏れる懸念がつねにつきまとう。著者ならば、この種の危険をもたらすおそれがないうえに、彼らの話に十分ついていけるほど仕事を理解しているという強みもあった。著者と話すことはウェルス・マネジャーにとって、長時間のフライトで旅行者同士が話を分かち合うのに似ていたのかもしれない。話を終えたら立ち去り、二度と会うことはないと双方ともわかっているので、誇らしいこと、気まずかったこと、複雑に思うことなどを、安心して吐露したり語ったりできたのだろう。

インタビューは事前に半分しか構想を組まない

2008年から2015年にかけて、18か国で65人のウェルス・マネジャーに英語でインタビューを実施した。(99) スイスやリヒテンシュタイン、香港、シンガポール、モーリシャス、およびガーンジー島やジャージー島、イギリス領バージン諸島、ケイマン諸島といったイギリスの王室属領と海外領など、世界の名だたる金融センターでインタビューを行った。さらに、セーシェルなど、比較的新しく有望な金融センターで、急成長を遂げるアジアの富のために働く人たちにもインタビューした。図1-3はデータ収集の地域分布である。

インタビュー時間はたいてい1時間半ほどだったが、20分の場合もあれば、ときには3時間以上続いたことも

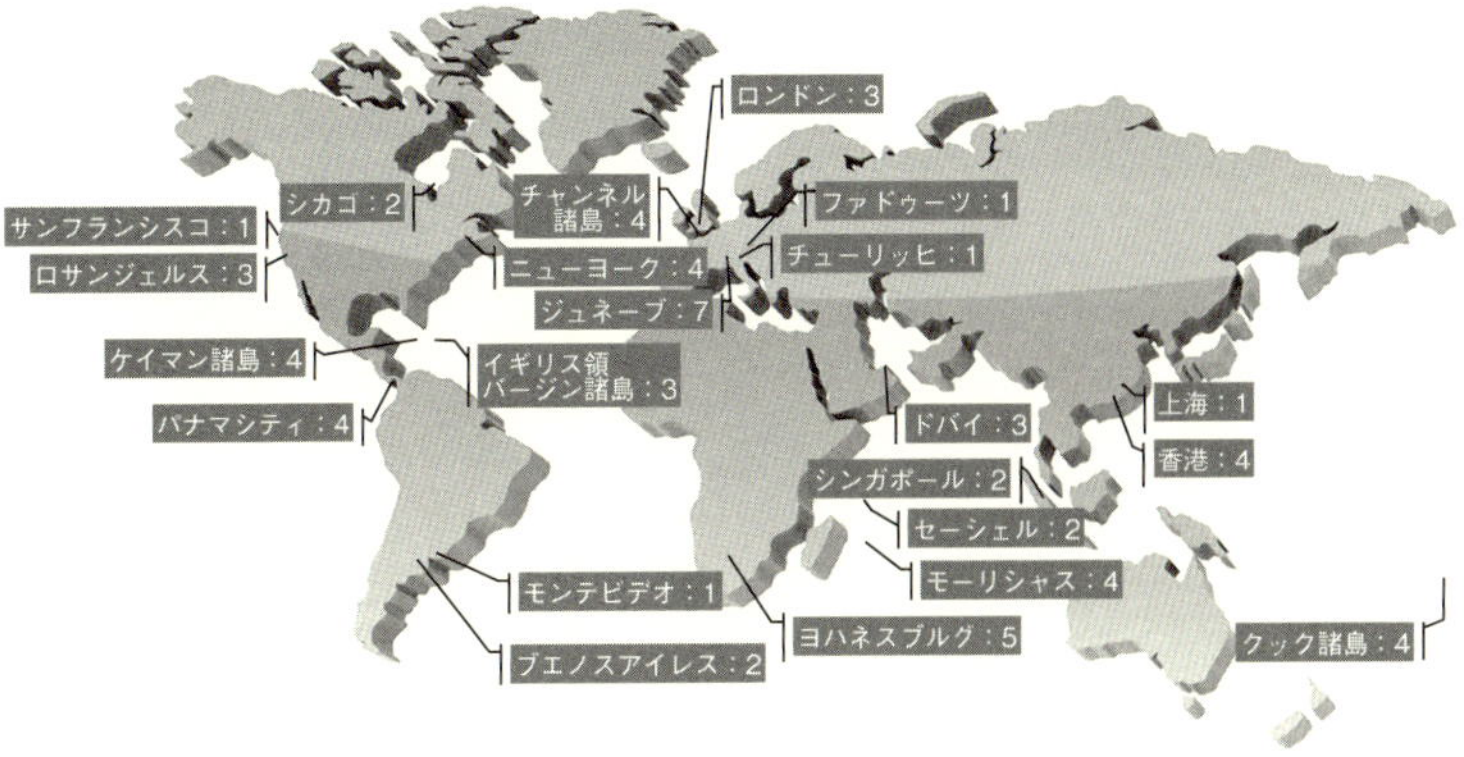

図 1-3　ウェルス・マネジャーとのインタビュー場所とその回数

あった。インタビュー総数の8割以上は、著者がその場で回答をキーボードで入力し、ワープロソフトに記録した。それができない場合は、手書きでメモを取り、その後24時間以内にワープロで打ち直した。質問事項は顧客との関係が中心で、ほかには富に対する文化的姿勢、顧客の資産を守るための法的・金融的テクニック、この仕事で成功するための重要なポイントなどである。

表1－1はインタビュー参加者の人口構成を示している。出身国は19か国、年齢は20代後半から60代後半までと、かなりの多様性が見られる。しかし、その他専門職の領域と同様、性別や人種またはエスニシティに関しては、ほとんど多様性が見られない[100]。参加者の大半にあたる71パーセントが男性で、参加者の70パーセントがヨーロッパ出身の白人だった。この数字は、法曹家の人口構成を追跡する、イギリスのバリスタ評議会およびアメリカ法曹協会が公表する数字と、おおよそ一致する。ウェルス・マネジャーの大半は弁護士の資格を持っているので、この比較は有効である[101]。

本書では、インタビュー参加者の名前は仮名だが、彼らがウェルス・マネジメント業務を実施している地名は紹介する。文

表 1-1　インタビュー参加者の人口構成

特徴	人数	割合
性別		
女性	19	29
男性	46	71
年齢層		
20 代	1	2
30 代	21	32
40 代	21	32
50 代	13	20
60 代	9	14
人種またはエスニシティ**		
白人	46	70
黒人	6	9
インド人またはパキスタン人	5	8
東アジア人	3	5
ラテン・アメリカ人	5	8
職歴		
法曹	25	39
プライベート・バンキング	20	31
コーポレート・ファイナンス	6	9
会計職	6	9
その他	8	12
STEP 会員		
会員	44	68
非会員	21	32

＊　人を人種やエスニシティで分類することには問題があると、本研究は認識している。たとえば、この表の「黒人」の分類には、アフリカ系アメリカ人、アフリカ系カリブ人、セーシェル人、モーリシャス人、二つまたはそれ以上の人種的背景を持つ者が含まれる。この意味で、人種・民族によるグループ分けは、不正確で還元主義的ということになる。だが、ここで示す幅広い人口構成表においては、人種とエスニシティに関する情報が役立つ可能性がある。とくに、ウェルス・マネジャーと顧客との間に信頼を築くうえで、文化とアイデンティティが重要な役割を果たすと、インタビュー参加者の大半が言っていたからだ。専門家と顧客の間で認識される、人種および民族の類似の重要性については、最近の研究でも実証されている。とくに次を参照のこと。Becky Hsu, Conrad Hackett, and Leslie Hinkson, “The Importance of Race and Religion in Social-Service Providers,” *Social Science Quarterly* 95 (2014): 393-410.

脈上必要な場合は、彼らの国籍も紹介する。研究参加者の仮名の一覧表を作成して、年齢、国籍、エスニシティ、その他の人口学的特性を提示することも検討したが、参加者が特定されやすくなると判断して断念した。とくに、小規模の法域で数人のプラクティショナーと一緒に仕事をしている参加者の場合、二、三の特徴だけで人物の識別には十分なので、そのような事態を招くことを懸念したからだ。

第2章

職業としてのウェルス・マネジメント

本章では、数世紀にわたり素人により行われてきた一連の活動が、現代の国際政治および世界金融に影響を与える職業へと発展した経緯について探究する。早くも1930年代に、知的専門職はいずれ世界を変える力があるとみなされていた。20世紀を代表する社会学者の一人タルコット・パーソンズは、このような専門知識を備えた仕事を、家族とも官僚社会とも異なる、社会生活を構成する新たな様式として認めたのである。(1)早い時代に現れたこの楽観的な見方では、知的専門職は基本的に進歩的で、現代社会を円滑に機能させるために必要不可欠だとみなされた。経営者でも労働者でもなく、財産はなくても並外れた専門知識を備えているこの種の人々には、組織や市場、政治を善意で改革する力があると考えられていた。(2)

これより一世代ほど下ると、知的職業人は「社会的受託者」——公益の守護者——の役割から利潤の追求者に変化したとする、批判的な見方が現れるようになった。(3)ウェルス・マネジメントの軌跡と世間の評判は、多くの点でこの傾向を実証している。しかし、社会的受託者としての任務は利潤追求に取って代わられてはいないことが、著者の研究結果から明らかになる。それどころか、この二つの役割は互いに不穏な緊張を保ちながら共存し、現在の知的専門的職の業務に独特の形を与えている。

ウェルス・マネジメントが職業として登場した経緯をたどると、中世から近代にかけていくつか連続性があることがわかる。これは、「彼らの役割は中世のギルドの役割と大して違わない[4]」とする、現代のエリート専門職についての洞察と一致する。ギルドは14世紀後半から15世紀初期にかけて発生した。近代のウェルス・マネジメントの基となった、信託と受託者任務が生まれた時期とほぼ同じである。それは偶然ではない。信託もギルドも、自己組織化した自治組織として国家権力に挑んだのである[5]。さらに、ウェルス・マネジメントの影響——富を課税と規制から守ることに成功したこと——は、「過去へと、封建制度の世界の価値観と社会へと、わたしたちを引き戻している[6]」とみなす者もいる。一方で、世界のウェルス・マネジメントの最先端となったミニ国家の多くは、ウェストファリア的政治秩序が成立する何世紀も前の、公爵領と公国から生まれた領土と主権を持つ「封建時代の残存」だとする者もいる。チャンネル諸島のジャージー島とガーンジー島——ノルマンディー公国領の名残の地であり、かつてウィリアム征服王の支配下にあった——や、ルクセンブルク、リヒテンシュタイン、マルタなどが、これに含まれる[7]。封建時代の名残のなかでもっとも重要な場所は、まぎれもなくシティ・オブ・ロンドンである。イギリスの首都ロンドンに囲まれているが、そのロンドンとは異なる1マイル四方《スクエア・マイル》の自治都市のことだ。英国以外で生じた推定1兆1000億ドルの私有財産——世界中の民間オフショア金融業の11パーセント——が、千年の歴史を持つこのシティを通過し、文字通りここを「資本を象徴する中世コミューン」にしている[8]。

　以上の点にも関連するが、わたしがここで述べたいのは、現代のウェルス・マネジメントの仕事を定める慣行と基準に関する具体的な内容である。インタビューしたプラクティショナーの多くは、中世の騎士道を想起させる倫理が彼らの仕事を律すると考えていた。つまり、巨万の富の集中をよそ者の攻撃から献身的に守ろうとする、奉仕や忠誠、名誉に基づく貴族的行動規範のことである。かつて莫大な富は主に領地から成り、武力によって守られていた。現在、富は主に金融資産であり、ウェルス・マネジャーが用いる武器は、法的手段と組織的手段である。とはいえ、彼らの活動の目的と成果は驚くほど一致する。すなわち莫大な私的蓄財を保全して、高度に階層化した社会構造を維持することである。

富の保護が職業になる過程は、主に二段階に分かれる。一つ目は、富が代替可能になるにしたがい、それを保護する仕事が受動的活動――土地所有権の保持――から能動的活動に変わったことである。この進展が可能になったのは、「専門職とみなされる階級」の出現を承認した内容に法律が改正され、ウェルス・マネジャー（当時は受託者として知られていた）の仕事に報酬が支払われ、顧客の資産投資に対しさらなる自由裁量の行使が彼らに認められたからだ。[9] 二つ目は現在も進行中だが、制度の構築――たとえばSTEPの設立、大学でウェルス・マネジメント分野の学位課程が設けられたことなど――や、法域の決定と保護を求めるロビー活動など、ウェルス・マネジャー側の集団行動が特徴となっている。[10]

親族と奉仕者

第1章で触れたように、現在のウェルス・マネジメントは受託者の任務というイングランドの封建制度の慣行から発展し、これが広まって国際金融に不可欠のツールとなった。14世紀、領主は一族の財産を危険にさらす問題にいくつか直面した。領主の兵役期間中、とくに十字軍遠征中の土地の強奪が問題となったのだ。その一方で、当時の領主は現代にも見られる二つの問題に直面した。税金と相続である。土地所有の移転に厄介な税金が課せられ、土地譲渡の合法的手段として遺言が認められなかった時代、一家の不動産は家父長の死で消滅するおそれがあった。[11] 本来の土地所有者の存命中に、その権利を成人男子の友人または親戚に引き渡して、資産を信託にした場合、すべての問題はいっぺんに解決した。それは一つに、不動産を譲る相手が受託者であれ相続人であれ、権利所有者が存命するかぎり納税の義務はなかったからだ。もう一つの理由は、本来の土地所有者に成人男性の跡継ぎがいなくても、一家が財産を維持できる解決策（たとえば結婚など）が見つかるまで、地主の未亡人や娘や未成年男子のために、受託者が財産を保持することができたからだ。所有権の二つの形式――受益所有権と法的所有権――を一つの財産に適用するというこの画期的戦略により、信託は「英米法でもっとも華々しい成果」となった。[12]

また信託は、受託者という独特の社会的、文化的立場を生み出したが、これは封建制の慣行と密接な関係があった。たとえば、受託者になるという行為の中核をなすのは、財産の移転ではなくある約束をすることにあった。すなわち、土地を個人の利益のために使用しないという誓約、委託者の死後にその意思を尊重するという誓約である。この慣習は、保護を受ける代わりに騎士が主君に忠勤を誓う、封臣の誓いという儀式から生まれた。この誓いの儀式は往々にして、聖遺物などの神聖な物体を前に誓約が交わされた。こうすることで、神の権威により、取り消すことのできない確実な永遠の約束となったのである。[13]

この儀式と同様に、中世の財産移転はほとんど、あるいはまったく文書に依拠せずに口頭で行われた。[14] 土地やその他貴重品の譲渡は、特別に指名した証人たちの前で、財産所有者が自分の希望を声に出して述べるという、「行為遂行的譲渡」によって実行された。[15] この形式を踏むことにより、所有者の発言に法的効力が与えられた。信託はこのような背景から発生したので、口頭の約束は、それを成立させ拘束力を持たせるのに十分だった。つまり、土地の受託者となることは、中世の生活で営まれていたいくつかの「言語行為」の一つだったのだ。封建時代の典型的な発話のもう一つの例は、「そなたを騎士に任ずる」である。[16] 封臣の誓いのように、資産を信託で保有するという誓約は、宗教的に神聖なものとみなされていた。した

図2-1　11世紀のバイユーのタペストリーの一部。ハロルド・ゴドウィンソン（ハロルド2世）――聖遺物箱に手を置く右側の人物――がノルマンディー公ウィリアムに誓う場面が描かれている。© Reading Museum Reading Borough Council . All rights reserved.

がって何世紀にもわたり、信託にまつわる争いは世俗の裁判所ではなく教会裁判所で裁かれた。[17] 信託は騎士道と同様に、中世社会を構築し、それを精神的領域に結びつけた「誓約の網目」に不可欠な要素だった。[18] この時代を専門とする歴史家が述べたように、「自らを信託するという行為は、かくして封建制にとって重大であった」[19]

もちろん、誓いが破られることもあった。なかでも有名なのは、ハロルド・ゴドウィンソン（図2－1に描かれた人物）が、ノルマンディー公ウィリアムに対する忠誠の誓いを破ったとされるもので、これが1066年のヘイスティングスの戦いを招いた。[20]「不誠実な封土受領者」――誓約を破り、委託された土地を自己の利益のために用いた受託者――に対する不満は、早くも1390年に記録が残されている。[21] だが、宗教裁判所という明示的な権威に支持され、恥と不名誉により強化された非明示的な規範や価値観にも支えられ、信託制度は維持された。土地を委ねる者はかなりの程度まで、「文字通りの信用と共同体の意見に頼って、受託者に確実に義務を果たさせなければならなかった」[22]。驚いたことに、19世紀に入ってしばらくたつまで、英国や米国、およびコモンローを採用するその他の国々において、この慣行は富の保護に非常に効果を上げた[23]。

階級の結束も、この名誉システムを揺るぎないものにするうえで役立った。受託者の役割を引き受けた者は、彼らの奉仕を求める土地所有者と敵を共有していた。すなわち、世襲財産を消散させるおそれのある法律である。受託者は、委託者ならびに受益者と「同じ社会階級に属する友人か親戚」の場合が多かった[24]。実際、20世紀に入りしばらくたっても、「ほぼすべての金持ちは受託者だった」という[25]。このようなエリートにとってとくに悩みの種だったのは、封建的付随義務（その多くが土地移転に関する一連の課税で、領主が騎士や封臣に課すことができた）と、長子相続制であった。前者は一家の財産を脅かすほど厄介な条件である。後者は、地主が死亡した場合、一家の長男以外は財産相続できないという制度だ（ジェーン・オースティンの『高慢と偏見』などの小説にこの不運が描かれている）。信託の制度化は、直接的、暴力的対峙によってではなく、回避を通して遂げられた一種の集合行為だったのである。この階級の連帯の根拠について、信託史の権威はこう概括する。「高齢の受託者は無償で請け負っていた。彼らはつまり、譲渡手続き［土地移転］計画に自分の名前や名誉を貸す、一族や共同体の長老格だったのである」[26]

統治権力に対してエリートの財産権を主張することは、当時も現在と同様に衝撃的だった。中世のイングランドにおいて騎士は、領主がほぼすべての富を私物化し、「中央制度よりも権力を持つようになった」社会の構築に重要な役割を果たした[27]。社会における個人の地位が財産所有権に依拠していた時代に、彼らは土地を所有するエリートの利益を守った。受託者は同じ階級の仲間を助けて、かつては絶対であった国王の課税権と裁判権を奪ったのである[28]。

図2-2　『STEP ジャーナル』の 2014 年 11 月号に掲載された、顧客の財産保護に関する記事のイラストより（「あなたの資産に甲冑を」）。

こんにちのウェルス・マネジャーは、現代の金融資産の分配に関してほぼ同じ立場にいる。つまり、富の集中を維持し、統治制度から自治の確立を図るエリートの社会経済的地位を守るという任務を帯びている。ただ、こうした制度には、今や国家官僚組織や経済協力開発機構（OECD）などの国際機関も含まれ、戦いの場は世界に広がっている。[29] ウェルス・マネジャーにとって、「その「原料」は資本であり……その戦域は地球なのである[30]」

　封建時代と現代の間には明らかな相違が数多くあるので、騎士と受託者の社会経済的役割における共通点を見逃しがちになる。現在、ウェルス・マネジメントは有償の職業だが、名誉、無私の奉仕、思慮分別、誠実さなど、不可欠な規範として求められること――実際には破られることも多いかもしれないが――は、封建時代の貴族との関係にさかのぼる原点と、多くの点で変わっていない。現代のウェルス・マネジャーが自分自身と仕事に抱くビジョンに、このような騎士の倫理は大いに健在である。図2－2に示す、最近描かれたイラストを参照してほしい。

　さらに言えば、誓約とエリート間の結束は、社会経済制度が機能するうえできわめて重要であることにも変わりはない[31]。封建社会の構造と富の分配が「誓約の網目」によって結び付けられたように、「商業時代における富は、主に誓約から成る」と現代資本主義の研究者は記している――この誓約には、ウェルス・マネジャーという知的専門職階級が取り決め、履行する契約も含まれる[32]。こうした関係者の行動規範はかつて儀式で述べられ、その光景は『ローランの歌』や『カンタベリー物語』などにも描かれているが、現在は判例法と職業倫理規定に記されている[33]。

職業の行動規範の発展においてとくに重要な意味を持つのは、フィデューシャリー〔信認義務を負うこと、または者〕の行動を管理する法律の登場だった。「フィデューシャリー」とは、受託者と受益者のみならず、弁護士と依頼人、執行役員と株主との関係に用いられる一般的な用語である。すべてのタイプのフィデューシャリーは、忠実さ、誠実さ、正直さ、信頼性、透明性をもってふるまい、自らの利益よりも依頼人の利益を重視することが求められ、いかなる私的取引も避けなくてはならない[34]。しかし、こうした表現（実質的に騎士道を理想としている）以外に、フィデューシャリー・デューティー〔他者の信認を得て、一定の任務を遂行すべき者が負っている幅広い役割や責任の総称〕に適用される一律の規則はない。それどころか規範は現場から生まれて、制定法ではなく個別の事例に基づき法的に強制される。プリンシパル＝エージェント理論の言葉を用いれば、このような関係は、「特殊化と監視のコストがきわめて高いことが特徴となる。忠義の義務は詳細な契約条項に置き換わる[35]」

ウェルス・マネジャーにとっては、フィデューシャリー・デューティーが、顧客に対して彼らが行使する力と、顧客の富とのバランスをとる。たとえば、ウェルス・マネジャー自身が豊かになるために、顧客の意図した受益者を犠牲にして、信託財産の法的所有権を悪用することを防ぐ[36]。フィデューシャリーの任命は本来非常に厳格だったので、受託者がその役割に対していかなる報酬を受け取ることも禁じられていた。ただし、委託者が対価を規定し、それが信託証書に記入されている場合は例外だった。18世紀後半に執筆された法学に関する論文にあるように、「衡平裁判所は、信託を名誉職とみなし、委託された人物［受託者］の名誉と良心に課された責務とみなすので、金銭目当ての動機でこれを請け負うべきではない[37]」。これが、職業として確立されるうえで厄介な、しかも意図的に設けられた障壁となった。

米国の統一プルーデント・インベスター法などの制定法で正式に定められているように、フィデューシャリーの注意義務として、受託者は「適切な注意、技術、用心」をもってふるまい、「慎重な投資家《プルーデント・インベスター》のごとく信託財産を管理する」ことが求められる[38]。信託管理に必ずリスクと不確実性が伴うからこそ、その基準には意図的に広範で多様な解釈の余地が残されている。これには投資によるリスクと損失だけではなく、幾世代もの財産移転に伴い長期間にわたり生じる未知の事柄も含まれる。これは、中世の騎士が領主の財産を守る際に直面したリスクや不確実性と必ずしも同じではないが、両者の類似点は、奉仕の規約が特定または標準化できないことを意味する[39]。

この規範に関する見解でもっともよく知られているのは、当時ニューヨーク州高位裁判所判事で、のちに合衆国最高裁判所判事に就任したベンジャミン・カードーゾ判事が、１９２８年に発表したものだろう。カードーゾはメインハード対サーモン裁判の多数派の意見として次のように書いた。「受託者は、市場の倫理よりも何か厳しいものを持つとされている。ならば、誠実さのみならず、もっとも繊細な名誉の細部の厳守が行動基準となる。……フィデューシャリーのふるまいの水準は、庶民が足を踏み入れる水準よりも高い水準に保たれてきた[40]」。これはまさに中世の騎士に帰する特徴である。つまり、細部の厳守（形式や礼儀の尊重）、名誉、正直さ、庶民より上位にあるという感覚、「市場の倫理より厳しい」義務への拘束である。実際これはまるで、チョーサーの『カンタベリー物語』に登場する、「騎士道、真実、名誉……最大の礼儀正しさを愛した」巡礼の騎士の、最新版の人物像に聞こえる[41]。

中世が現代に

とはいえ、こうした歴史的継続性から疑問も湧き上がる。封建制の条件に適応していたものが、なぜ中世以後にも存続したのか？　つまり、封建時代の課税と相続の制約が取り除かれたのに、土地を所有するエリートはなぜ信託と受託者を必要としたのか？　17世紀が終わりを迎える頃には、土地を「遺贈する」ことが可能になっていた。つまり、死亡時に履行するよう文書に記すことによって、（金銭や物品だけではなく）不動産を相続人に移転することが合法となったのである。[42]その後、オフショア金融センターが発展したおかげで、たとえばカリブ海諸島などを拠点とする法人が、かつて信託が提供していた租税回避機能の大部分を提供できるようになった。この二つの要因から、資産を信託に預ける慣習は、自動小銃の時代に大げさな刀を使用するのと同じくらい、時代遅れになったように思われる。

けれども、信託はウェルス・マネジメントにとって、富裕層にも企業にも人気の――さらに言えば、なくてはならない――ツールである。それに信託には受託者が必要である。言い換えれば、エリートが信託との関係を継続させたことが、受託者の必要性を永続させてきた。しかし、信託財産の種類の変化（これについては第4章で詳述する）に応じて、受託者の役割と義務も変化を遂げており、ウェルス・マネジメントが職業として登場する道が開かれることになった。

何世紀にもわたり、受託者の責任はきわめて単純だった。つまり、財産に対する法的所有権を保有する（または場合によっては移転する）ことだった。しかし、産業資本主義の影響により19世紀に富の構造が変化するにしたがい、受動的な役割ではその立場を維持できなくなった。金融資産を管理するようになると、受託者は能動的役割を担う義務を負った。信託が、「土地を委譲する仕組みでなくなり、金融資産のポートフォリオを支える仕組みとなった」とき、「……管理信託を必要とする富の性質の変化が、同時に受託者の役割に変化をもたらした」[43]。財産が金融資産に取って代わられ、富が以前と比べて代替可能になるにしたがい、信託は、契約や法人化では簡単に真似できないコントロール手段をエリート層に与えた。これが、無償の受託者の需要をどのように変え、専門職としてのウェルス・マネジメントの発展につながったのかについては、次項で説明する。

第一段階――奉仕者から専門職へ

大航海時代以降の経済史で進行してきた一連のプロセスは、19世紀、貿易による巨万の富をヨーロッパと北米にもたらした。富の基盤は間違いなく土地から資本へと移った。資本は、不動産とは異なる種類の注意と維持が必要とされる、代替可能な富である。イングランドでは、19世紀に泡沫会社禁止法が撤廃されたおかげで、企業――と企業投資――がかつてないほど盛んになった[44]。受託者はにわかに巨額の現金を管理し、投資対象となる数百ものジョイント・ストック・カンパニーを抱えることになった。しかし、信託証書で特別にその権利が与えられていないかぎり、受託者にはそうした有価証券に投資する権利はなかった。「不誠実な封土受領者」から受益者を守るために、大半の信託証書はそのような力を受託者に付与していなかったので、受託者は単に不動産の権利保有者として、受動的役割を担うにとどまった。

専門職に向けて大きく前進したのは、法廷が介入して投資に関する受託者の権限が拡大されたときだった。信託法を編み出したイギリスは、1889年の受託者投資法が成立してようやくこの方向に向けて踏み出した。受託者投資法により、信託証書に投資の権限が付されていなくても、受託者による英国債、またはイングランドの土地への投資が認められたのだ。投資の機会が拡大するにしたがい、司法や立法府によって認められた信託資本を働かせる選択肢が、受託者に与えられるようになった。このようないわゆる適法投資リストは、一般的に地元の不動産か国債に制限されていた。この制限は予想されたほどの衝撃を与えなかった。1720年の南海泡沫事件が信託金融に依然として暗く長い影を落としていたからだ。たとえば、「仮に権限があったとしても、受託者が信託資金を株式市場の普通株に投資することは軽率だと、信託管理人は主張した」[45]。したがって、19世紀になり株式投資の特別権限が認められても、受託者はたいてい適法投資リストの株を避けて、定番商品、つまり不動産や債券のほうを好み安全策をとった。英国の法廷が受託者に対し、資産の実質所有者であるかのように株式投資できる完全な自由裁量を与えるまで――2000年の受託者法まで――1世紀以上を要したのである[46]。

このような受託者の自主性の制限は、信託に生じた全損失に対し、個人が全面的に補償責任を負うことが求められたせいだった。つまり受託者は、自らの行為や決断による信託の価値損失を、個人の資産から返済することが法律で定められていたのだ――たとえその損失が、思いがけない事故によるものでも、誠意から生じたものであってもである[47]。受託者は報酬を受けることも、意思決定を会計士のような専門家に委ねることも認められないと法廷が判断していたので、自己破産を恐れた多くの受託者は株式投資を避けていた。

社会学の用語を用いれば、受託者の役割は、補償の論理ではなく贈与の論理で律されていた[18]。確かに、信託は本来、法的には贈与の概念に端を発するので、契約を結ぶための「報酬」（たとえば支払いなど）という通常の要件は、適用されなかった[49]。したがって、委託者と受益者の利益になるように尽力しても、それに対する謝礼を受け取ることは禁じられており、受託者は「経済的禁欲」を守った[50]。これが、全損失に対する完全補償という重荷と投資裁量の制限と相まって、専門職の仕事とは対照的な倫理的義務と奉仕主義に基づいた、「個人的関係としての信託の伝統的体系」を維持するうえで役立った。[51]

受託者が最終的に知的専門職階級として認識され、のちにウェルス・マネジメントが独特な職業として登場するにいたる道筋は、１８３０年にアメリカでつけられた。マサチューセッツ州最高裁のハーバード大学対エイモリー事件の判決によって、「慎重な人《プルーデント・マン》」のルールが確立し、これがきっかけとなり、このような当事者の専門知識は法的に承認され、投資における自主的決断が彼らに認められたのである。[52] とはいえ、「ボストン社会の上流階級の事業家」の行為の観点から、法廷により「慎重《プルーデンス》」が定義されたので、このルールは単に上流社会の結束というそれまでの非公式の慣行を体系化しただけだと言えた。[53] だがその一方で、この判決は確かに、州が受託者を承認するという実質的な歴史的進歩も示していた――これはあらゆる職業の成立にとって不可欠な要素である。[54]

受託者がこの時期にこの場所で、新興の専門職集団として初めて公式に認識されたことは、偶然ではなかった。大英帝国やヨーロッパ大陸と違い、アメリカ北東部には世襲貴族階級が代々引き継ぐ大土地制や、プランテーション農業といった歴史がなかった。それどころか、この地域は捕鯨や、織物やラム酒や奴隷などの世界規模の貿易によって豊かになっていた。こうした事業は巨万の利益を生み出すと同時に、どんな家族でも一世代では使いきれないほどの手元資金を譲渡する際に、誰かに助言を求める必要性も生み出した。

言い換えるなら、信託《トラスト》と相続計画《エステイト・プランニング》に関する職業は、資本主義の変化とともに登場したのである。19世紀に名門家に雇われた受託者は、階級の結束の維持など、いくつかの点で中世の受託者たちと目的と動機を共有していた。一般的に、受託者は自らが仕える一家と同じ階級にいるだけではなく、「安定した資本家階級の制度的統合」に影響を与えるのにも役立った。[55]

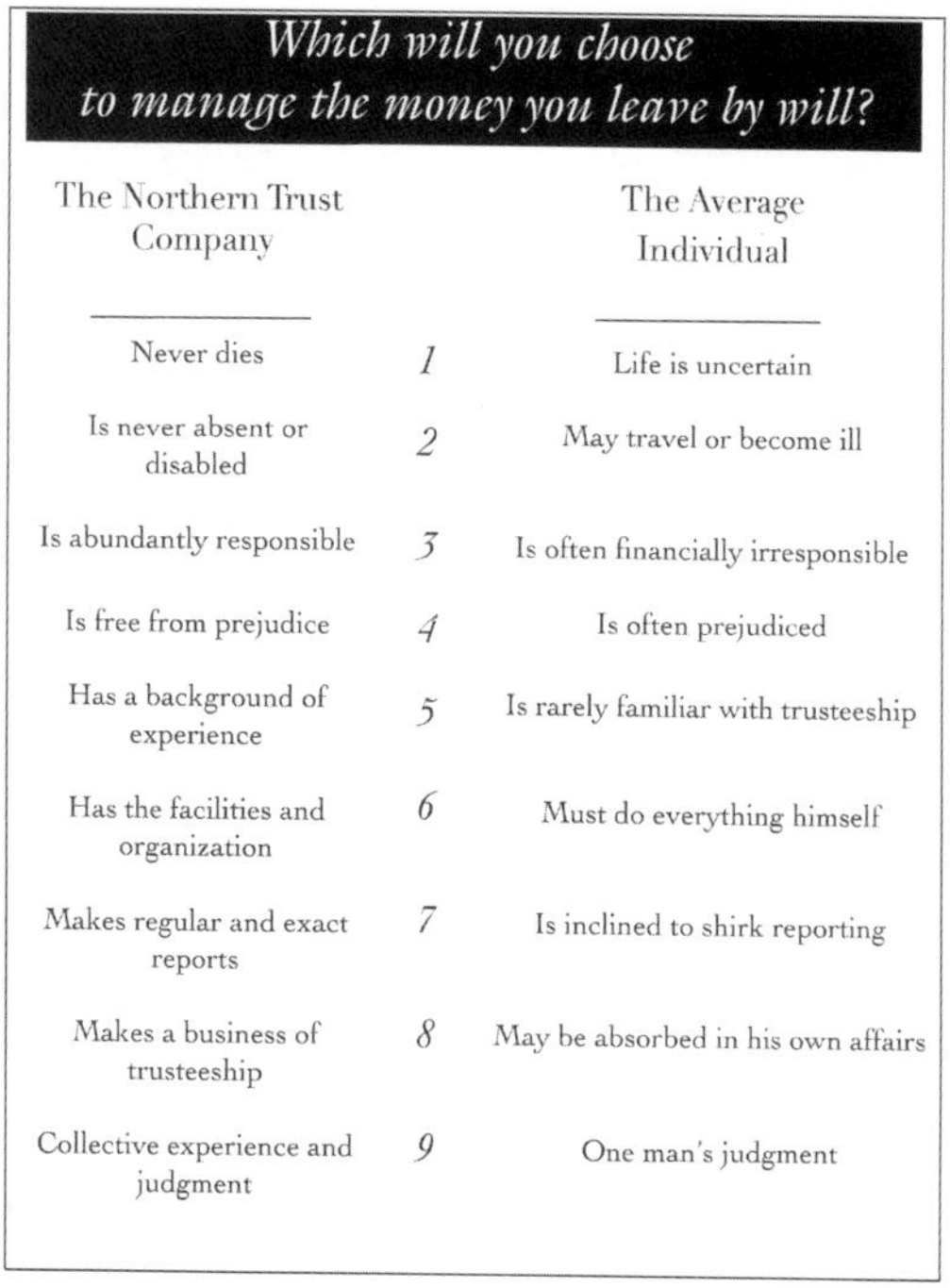

Which will you choose to manage the money you leave by will?

The Northern Trust Company		The Average Individual
Never dies	1	Life is uncertain
Is never absent or disabled	2	May travel or become ill
Is abundantly responsible	3	Is often financially irresponsible
Is free from prejudice	4	Is often prejudiced
Has a background of experience	5	Is rarely familiar with trusteeship
Has the facilities and organization	6	Must do everything himself
Makes regular and exact reports	7	Is inclined to shirk reporting
Makes a business of trusteeship	8	May be absorbed in his own affairs
Collective experience and judgment	9	One man's judgment

図 2-3　1917 年のノーザン・トラストの広告。ウェルス・マネジメントの専門家を利用する利点を示す。出典：ノーザン・トラスト・カンパニーの 1917 年の年次報告書。

遺言で残す金銭の管理をどちらに任せますか？

ノーザン・トラスト・カンパニー（決して死にません／留守にすることも、業務不能に陥ることもありません／十分に責任を負います／偏見とは無縁です／経験豊富です／設備と組織があります／定期的に正確な報告を行います／受託者の仕事をしています／組織としての経験と多角的判断）

普通の人（人生は不確実です／旅行に行ったり病気になったりするかもしれません／ほとんどの場合、経済的に責任を負いません／往々にして偏見を持っていることがあります／受託者の任務についてめったに熟知していません／何もかもひとりでしなくてはなりません／報告の義務を怠りがちです／自分のことに気を取られるかもしれません／ひとりだけの判断）

ところが、目的は同じでありながら、産業資本主義の下で受託者は新たに重大な要求に直面した。有形財産から商業資本へと富が新たな形をとるにしたがい、富の管理に専門家の助けを得る必要性も増した。その専門家の仕事には、従来のように無償で請け負う不動産の受託者に求められたものをはるかに上回る、時間と専門知識が必要だった。この必要性に応えて、１９０４年に『トラスツ・アンド・エステイツ』誌が創刊され、ウェルス・マネジメントに関して専門家が公的言説を提示する場が初めて設けられた。これは実践分野の輪郭を明確に描く大切な一歩だった[56]。

このように、旧来の封建経済制度の残滓が富の創造の新形式に道を譲るにともない、受託者の仕事はそれまでとは非常に異なる種類のものとなった。何世紀もの間変わらなかったのに、たった数十年のうちに大きく変わった。「ビクトリア朝末期の典型的な受託者は、ビクトリア朝初期の受託者とはまったく異なってい た。一家の不動産の守護者ではなく、資金や、投資のポートフォリオの管理者となっていた。……それは利益に対して責任を負う、熟練を要する仕事だった[57]」。職業の進展におけるこの変曲点は、１９１７年に発表された、ノーザン・トラストというシカゴを拠点とした信託管理専門組織の広告に見て取れる（図２－３参照）。この広告の目的は、友人や家族ではなく専門家にウェルス・マネジメントを頼むようにと、裕福な人々を説得することだ。

20世紀初めにこの広告が制作されて以来、エリートの投資や租税回避戦略、資産保有を目的とする組織的構造がいっそう複雑化することで、ウェルス・マネジメントは変貌を遂げてきた[58]。とりわけ、過去20年から25年の間――ＳＴＥＰの創設と奇しくも一致する――に、税務当局やその他規制当局から富を守ることは、「事業として多角化しグローバル化してきた[59]」。同時期に、数多くのウェルス・マネジメント小規模専門機関や個人のプラクティショナーに加えて、銀行や法律事務所、会計事務所、保険会社など、富裕層の生活を保

障する商品やサービスを提供するさまざまな事業の間で連携する機会が著しく増えた。(60)

このような世界的規模の拡大と連携には、ウェルス・マネジャーが仕える資本や顧客と同じくらい「国境を越え」かつ「超移動性のある」、新たな種類の専門知識が必要となる。(61) ある研究が指摘したように、受託者が「法とマネーの抽象的機能が具体的人間として肉体化した存在」だとするならば、資本の国際化が職業の変化を促進することは、おそらく不可避だったのだろう。(62) 受託者の役割が封建国家に応じて登場したように、ウェルス・マネジメントは、世界の最富裕層が創造して住まう超国家的な空間の副産物なのである。

第二段階——STEPの登場

初期のウェルス・マネジメントの専門家が次第に評価されるようになった19世紀から20世紀にかけて、ほとんどのウェルス・マネジャーは互いの交流もなく孤立したままで、彼らの仕事は、金融セクターにおける「高齢者と匿名者の避難先」とみなされていた。(63) リバプールの会計士ジョージ・タスカーは、1990年11月、この現状を非難する手紙を『トラスツ・アンド・エステイツ』誌の編集者に送った。創刊から86年を経ていた同誌は、その当時もやはり、ウェルス・ストラクチャリングとウェルス・マネジメントに従事する多様な専門家集団を結びつける唯一の刊行物だった。彼の手紙には何百人もの読者から反響があり、読者同士で集まって経験とベスト・プラクティスを共有すべきだとの声が多く上がった。1991年初頭、82人のプラクティショナーが、ロンドン中心部で開かれたソサエティ・オブ・トラスト・アンド・エステイト・プラクティショナーズの発足式に出席した。1年後、STEPの会員は1000名に達した。

発足当初から、この職業に利するように、裕福な顧客のためになるようにと、制度構築活動や政治に積極的に働きかける活動が数多く発生した。ソサエティの初期の会員であるニック・ヤコブ――1991年10月入会、現在は理事の一人――によれば、本来は単にイギリス国内向けの組織を意図していたという。ところが2、3か月もたたないうちに、プラクティショナーの主導でその他法域にSTEPの支部が作られ、他国でも入会する会員が現れた。世界各地で、年間572件ものイベントがSTEP会員により自主的に企画されており、平均して平日に2件以上のイベントが開かれている計算になる。(64)

さらに、STEPはロビー活動と法律制定に大変積極的に取り組むようになった。イギリス国内では、STEP会員のような専門家に業務を限定することにより、アマチュア――いわゆる「カウボーイ」――の遺言作成代行業者の営業を停止するよう、STEPは議会に働きかけた。(65) また、オフショアの財政法立案のために会員が定期的に選出議員に協力するなど、オフショア法域でも積極的に活動している。(66) 世界の最前線においては、経済開発協力機構（OECD）によるブラックリスト作成に対してタックス・ヘイブンが繰り広げてきた戦いで、STEPは主要な役割を果たしてきた。STEP会員の作戦で論戦を制し、いくつかの法域で制裁を提案していたOECDに撤退を余儀なくさせた。(67)

会員数の増加にともない、STEPは専門領域の正規の境界設定にも力を入れるようになった。信託計画や不動産計画を実践する人の大半は別の専門職も兼ねているので、富裕層の顧客を専門に仕事をしている人を示す、トラスト・アンド・エステイト・プラクティショナー（TEP）という認証制度を創設したのだ。会計士にとっての公認会計士（CPA）のように、TEPはこの職業における事実上の業界標準資格となり、世界的に認められている。

この分野の求人広告には通常、応募者にTEPの資格が必須であるか、有資格者が望ましいと明記されている（本章の付録を参照）。また雇用主はたいてい、会社のステイタスと仕事の信頼性を高めるのに役立つとして、自社スタッフにTEP資格を取得させるために受講費用を負担する。ほかの資格と比べて、TEPのほうが信頼性向上に資するようである。イギリス領バージン諸島のウェルス・マネジャーのシャーマンはこう言っていた。「CTA〔勅許税務アドバイザー〕かSTEPの免許を取得する必要がありました。STEPのほうがはるかに需要があったので、2年ほどかけてこの資格を取得したんです。勤務会社が支援してくれたし、とても重要な職業資格だと認めてくれました」

さらにTEPの資格は、世界中の同業者を結びつける象徴的役割も果たす。世界中のSTEP会員が広範なバックグラウンドを持つことを考えると、このような結びつきは間違いなく必要とされる。資格取得のために参加する5週間のセミナーは、知識を伝えるシステムであると同時に、社会化の過程でもあるのだ。

ウェルス・マネジメントにおける職業と高等教育の結びつきは今も進められているところである。この職業に必要な専門知識を「中心に教える講座があるなど、現代の大学教育と関連している」が、ウェルス・マネジメントの正式な学位取得課程は、最近確立されたばかりである[68]。信託法専門の講座は数十年前からロースクールにある。だが、大学がようやくウェルス・マネジメントに特化した学位を授けるようになったのは、2011年の秋だった。2013年の春、マンチェスター大学はSTEPと提携して、信託と不動産の管理における理学士の称号を初めて授与した。これは、ウェルス・マネジメント職業化の過程における新たな節目となった。

その社会的役割の拡大とともにSTEPが急速に世界に広がったことを考えれば、一部の研究者が職能団体のことを、最重要でありながらもっとも研究されていない世界的な制度変化の源とみなすのもわかる[69]。資格証明書の発行や学位取得課程、刊行物（機関誌『STEPジャーナル』など）を通して、STEPは研究者が「認識の共同体」と呼ぶものを創造した——すなわち、それぞれが異なる学問的背景を持ちながら、その知識や技能、世界観によって結びついた専門家集団のことだ。(70) 認識の共同体はグローバルな政治経済に多大な影響力を有し、法改正や政治改革、および専門業種の境界変更などにも影響を与える。

業務をグローバルな規範として確立することに、ＳＴＥＰはとくに成功を収めている。法律に関するロビー活動やコンサルティングを通して（オンショアとオフショアで）、また専門知識を広めるために制度──ＳＴＥＰの研修プログラムなど──を作ることによって、ＳＴＥＰは金融や法律のイノベーションのグローバル化に効果を上げてきた。たとえば、ＳＴＥＰのプラクティショナーが信託の概念を「翻訳」するという重要な役割を果たしたおかげで、かつては信託を認めなかった法域でその概念が用いられるようになった。ＳＴＥＰはさらに、特別な形態の信託の創設──イギリス領バージン諸島のＶＩＳＴＡ信託会社（第３章参照）──にも助力した。これはオフショアの世界にとって、競争優位の主な源泉になっている。特定の場所と時期で生じた慣行が世界標準になるという、この種の「グローバル化したローカリズム」は、国境を越えた制度変化の主な原因である。(71)

職能団体がグローバルな変化を生み出すもう一つの方法は、自分たちの仕事の領域を定義することである。ある職業が首尾よく成立したとしても、その環境はつねに競争にさらされ、絶えず変化し、「絶え間ない要求と反対要求」に見舞われる。(72) ウェルス・マネジメントのような新しい職業は、現在の専門領域を守り、領域拡大の機会を逃してはいけないという圧力につねにさらされている。ＳＴＥＰはこの点に関してはことさら戦略的である。遺言作成業務をＳＴＥＰ会員とその同僚に限定しようとイギリスで戦ったが、現在は世界を舞台にその戦いを繰り広げている。最近ニック・ヤコブにインタビューした際、「将来の発展のためにもっとも重要な分野」として、ヨーロッパ大陸や南米などの大陸法の国家における遺言作成と相続計画を挙げていた。「「大陸法の国の人間もコモンローの国の人間もみな同じように死ぬが、遺産の扱いには世界中で大きな違いがあります」と彼は言う。「こうした国々の法域の大半は公証人が取り仕切っており、彼らは自己防衛本能が強いので、そこに参入するのはかなり難しいのですが、わたしたちはやはり大きな役割を果たせるだろうと思います(73)」。本拠地であるイギリスで、「荒稼ぎする」遺言作成人に対して主導権を握ったSTEPは、今や海外に場を移し、現地を「取り仕切る」公証人と戦う構えである。

こうした異なる法域での戦いはこの職業にとって重要であるうえに、STEPやウェルス・マネジャーとの交流がない人々をはじめとして、世界中の人々の日常生活に影響を与える。たとえば、南アフリカでウェルス・マネジャーとして働いているチャールズは、母国での信託の高い不成功率——信託の85パーセントが裁判で無効とされる——は、主に職業基準と規制の欠如のせいだと言う。「無資格者が、自分の兄弟を受託者として信託を設立し、法廷で惨敗するのです」。この種の失敗は当事者にとって非常に高くつく場合が多い。訴訟代に加えて税金や、信託に預けたと思っていた資産に科せられる罰金も支払わなくてはならない(74)。チャールズは続けて言った。「だからこそ、STEPがこの国に来て、職業基準を築いてくれてありがたく思っています。信託が法廷で支持されるようになるからです。［信託と相続計画について］助言を与えるには、登録手続きをして規制当局による試験を受けなくてはならなくなります」。19世紀半ばに米国医師会が創設され、「もぐり」の医者や違法とみなされる施術者を締め出す基準を設けようとした実例と、ほぼ同じような根拠である(75)。南アフリカの事例が示すように、真に守るべき公共の利益は存在する。STEPが授ける解決策は、業務を営む権利を限定しようとするこの職業の利益とたまたま一致しているのである。

現代の業務

ウェルス・マネジメントが現代の知的専門職としていかに機能しているか説明するには、その他の職業集団と比較したポジショニングも含めて、独特な専門技能体系、より大きな社会構造との関係、そして「象徴的な領域」について述べる必要がある。地位をめぐる競争とは、より大きな社会環境の中でも、自分たちの集団の内部でも、専門家を定義しようとする行為である。前述したように、専門知識の境界を定めそれを守ることは、単に報酬獲得の問題だけではなく、ヒエラルキーにおけるポジショニングの問題でもある。[76] 地位をめぐるこの競争は、各職業が業務分野としてそれぞれの地歩を固め、「社会秩序の制度設計」に寄与する一つの方法である。[77] 現在のウェルス・マネジメントのこうした側面を探るために、本項では給与、仕事の満足度、ウェルス・マネジャーへの金銭以外の報酬について検証する。

評判、給与、社会的位置

現代の分業体制で生じたあらゆる分野のなかでも、金融はとりわけ、国境を越える活動範囲、金銭の流れや特権への影響を通して、多くの点で優位を占めている。[78] 給与は職業人の地位にとってつねに重要な一面を占めるが、金融ではとくに重視される。[79] その点からすれば、ウェルス・マネジメントはこの分野では中間の位置を占める。最低額の給与ではないが、最高額の給与にははるかに及ばない。ウェルス・マネジメントにおける平均給与は、六桁（数十万ドル）の年俸の中間かそれ以下にとどまり、この職務に求められる人的資本と比較すると、かなりささやかだと思われる。

たとえば最近、ジュネーブに拠点を置く「ＵＵＨＮＷＩ」（超・超・富裕層）の顧客がウェルス・マネジメント責任者を求める広告には、年俸25万ドルから35万ドルが提示されていた。応募者は、ウェルス・マネジメント事業の経験が少なくとも20年、ＴＥＰの資格取得者、多国籍の一族とその顧問団との間の連絡係を務める能力、「超重要人物と彼らに関する懸案事項の初期調整を確実に行う、並外れた外交手腕」という条件を満たす必要がある。同時に出されたチューリッヒのプライベート・バンクの求人広告は、信託マネジャー職に年俸20万ドルを提示していた。応募条件は、マルチリンガルであること、少なくとも10年の職務経験があり、「顧客に直接対応して、信託、法人、財団などの複雑なポートフォリオを全面的に管理すること」とある（以上の求人広告の全文は、本章の付録の資料を参照のこと）。

この給与は、ファイナンシャル・マネジャーの平均年俸17万5000ドルよりやや高いが、多くの投資会社の報酬体系よりかなり低い。(80) たとえば、非業務執行役員の基本給は、ゴールドマン・サックスで50万ドル、モルガン・スタンレーやクレディ・スイスでは40万ドルである。(81) この種の企業の年間平均賞与額は50万ドルだ。(82) 金融はグローバルな職業なので、このような超高給は何もアメリカに限った話ではない。ヨーロッパやその他地域でも、金融は高報酬の仕事の一つに挙げられ、どの業界よりも昇給が速い。(83)

こうした給与格差が示すように、ウェルス・マネジメントは金融サービスの世界で、評判に関する問題に悩まされている。多角経営の多国籍企業（つまり、ウェルス・マネジメントに特化せず、複数の金融サービスを提供する企業）に勤めるウェルス・マネジャーの多くは、「コストセンター」——企業内において、たとえばトレーダーが利益をもたらす一方で、コストがかかる薄利の仕事を扱う部門——と見られることに不満を抱いている。(84) 個人向けに限定されたサービス、たとえば富裕層顧客の要求などは、確かに費用がかさむ。スイスの投資顧問会社のエリカはこう説明した。「わたしたちの仕事には、とてつもなくお金がかかります。……手数料として獲得する1フランにつき、60から70セントを使うことは当然とされます。実際には、わたしたちが受け取る1フランにつき、たいていはおよそ72、73セントの費用がかかります。現在、わたしたちは顧客に費用をかけすぎています。正確な金額は申し上げられませんが、維持不可能な金額です」。彼女の説明は、世界中のウェルス・マネジメントに関するデータとおおよそ一致する。そのデータによれば、この職業の平均税引前利益率は23パーセントである——つまり1ドルあたり23セントの手数料が課されるということだ。[85] 全世界的に見て、これは金融資産管理の平均利益率の29パーセントより、20パーセント以上も低い。[86]

ある意味、この顧客サービスへの特化具合は、その他の職業集団との違いをはっきりさせるので、ウェルス・マネジメントの利益にもなっている。一般的に言って専門職の地位は、その仕事が「標準化、合理化……「商品化」できないという信念」に影響を受ける。[87] ウェルス・マネジャーが実行するサービス・モデルは、標準化や商品化とは正反対である。規格化された商品ではなく、各顧客の独自の仕様に適合するように設計された他に例のない構造を、彼らは作り出す。実際、この分野においては、「管理すべき財産の規模が増大するのに比例して、個別化……も増える」。[88] 個別化された商品および顧客との長期にわたる関係が、それ以外では現代の最先端を走る業界において、ウェルス・マネジメントをいささか時代錯誤なものとして際立たせる。[89] オートクチュールと同じように、低い利益率が仕事に対する高い社会的評判によって（少なくとも理論上は）相殺されるビジネスモデルに基づき、ウェルス・マネジメントは行われている。[90]

だが、ウェルス・マネジメントがより大きな職業体系で名声を享受する一方で、金融界の同業者からの評判はあまり良くない。オーダーメイドのサービスに加え、コンプライアンス・コストの上昇が、ウェルス・マネジメントの低利益率にいっそうの拍車をかけている。[91] コンプライアンス業務——組織の活動を統制するあらゆる規則や法律、規定の順守を確実にすること——は費用がかさむうえに、金融業界内部では嫌悪され、非難されることが多い。[92] ジュネーブを拠点とするウェルス・マネジャーのブルースは、金融サービスにおけるウェルス・マネジメントのイメージについてこう語った。「プライベート・バンカーも含めてバンカーというものは、自分たちの仕事を「顧客の資産を増やすこと」だと理解しています。それはつまり、銀行の利益を増やすことも意味します。彼らにとってコンプライアンスは邪魔者なのです。一方で、優秀なウェルス・マネジャーはコンプライアンスをつねに念頭に置いており、とても保守的です。彼らは自分の仕事を「顧客の資産を守ること」だとみなしています。だからプライベート・バンカーはたいてい、信託マネジャーを心の底から軽蔑しているのです」。ウェルス・マネジャーたちが法律順守に懸念を表明することから、「ビジネス阻止部隊」との嘲りを受けていることが、プライベート・バンキング業界に関する研究でわかった。(93)

バンカーは顧客との関係でフィデューシャリーではないが、ウェルス・マネジャーはフィデューシャリーである。この関係性の違いから多くの影響が生じる。それには、顧客を犠牲にして経済的合理性を重視してふるまう――日和見主義で、情報の非対称性により搾取的な――バンカーの能力なども含まれる。フィデューシャリー・デューティーがないため、金融サービス業界の多く（大半ではないにしても）は、莫大な利益を自由に稼ぎ、巨額の給与や賞与を得られる。ゴールドマン・サックスなどの投資銀行は、その最たる例だろう。同行のトレーダーは、不動産担保〔モーゲージ〕証券で顧客をだましたことを、メールで自慢していた。(94)その後開かれた議会公聴会で、米国上院議員のスーザン・コリンズがゴールドマン・サックスの経営陣に、「あなた方は顧客の最善の利益になるように行動する義務を負っていますか？」と質問を投げかけたとき、彼らはそれを肯定する回答ができなかった。(95)

ウェルス・マネジャーを束縛するフィデューシャリーの役割は、奉仕主義のみならず、贈与の概念にも起源がある。(96)これが、利他的に任務を果たし私利を動機としないとされるフィデューシャリーを、金融業界の規範と相容れない立場に追いやる。シカゴを拠点にするウェルス・マネジャーのフィリップは、給与問題と、フィデューシャリーの仕事を行うにあたり必要な特徴とを直接結びつけた。「一流の信託業務責任者の特徴の一つは謙虚さです。この仕事をするためには、他人［顧客］の利益を最優先する必要があるからです。顧客が自身について話すことに耳を傾ける必要があります。制度的な面でも、組織的な面でも、わたしたちが大勢と異なる心理状態にあるのは、それが一つの理由かもしれませんし、それが報酬の問題にも結びつくのかもしれません。金融業界には自分のことを手放しで自慢する人が大勢いますが、信託業務の責任者は違います。自分たちは奉仕しているということを心底理解しています」

　金融業界では比較的低額の給与であることもそうだが、顧客にためらいがちに請求をする一部のウェルス・マネジャーの態度にも、この奉仕志向と謙虚さは反映されている。ガーンジー島を拠点とするプラクティショナーのロバートは次のように語る。「専門家として長期の関係を築きたいのは顧客とであって、決して顧客の銀行口座とではありません。顧客に請求額を支払うように求めるのではなく、それを承認するように頼みます。そちらのほうが簡単です。というのも、支払われるのは彼らの金ではないことを強調するからです――それは信託の金です」

　この「利益世界に対する中立性」の倫理は、ウェルス・マネジメントの仕事の男女比が変化しつつあることと関係するかもしれない[97]。現在プラクティショナーの大部分を男性が占めるものの、インタビューに応じた大勢の協力者たちは、女性のフィデューシャリーが増える一方だと指摘していた。著者が受講した資格認定コースの参加者の大半も女性で、この傾向を裏づけていた。フィデューシャリーの役割の性差が報酬にどのような影響を与えるのか知るために、ケイマン諸島でウェルス・マネジャーとして働くアメリアの例を検証してみよう。「顧客が多大な損失を被る投資を避けるよう手を貸してきました。後日大損したヘッジファンドへの投資をある男性顧客に思いとどまらせて、およそ50万ドルの損失を防いだこともあります。［その顧客の口座の］70パーセントに当たる金額です。けれども、その大損の投資を思いとどまらせたからといって、特別な報酬は受け取っていません。その顧客は、わたしが損害を防いだことさえ知らないかもしれません」。この話にはいくつか特筆すべき点がある。第一に、顧客の財産を救ったからといって、アメリアには報酬も報奨金もなかったという点だ。つまり、彼女の行動は経済的合理性から生じたわけではなかった。もし彼女が顧客にその下手な投資をさせるままにしていたら――ゴールドマン・サックスのトレーダーならそうしていただろう――顧客もその顧客の支払う手数料もなくしていたかもしれないが、彼女の給与には影響を与えなかっただろう。[98] 第二に、損失を防止したことについて彼女は評価されなかった。防ぐことは単に期待されていただけなのである。この実例は、フィリップが指摘した奉仕と謙虚さを裏づける。

富を人間のニーズに役立たせることは、富を富のために増やすことに比べれば儲からないし、それほど名声も得られない。ウェルス・マネジメントに女性のプラクティショナーが増加しているとすれば、一つには、自主性と収入の減少にともない職業が男性多数から女性多数に移行する、よく知られた過程をたどっているからかもしれない。[99] これは医療をはじめその他分野でも起きている現象なので、金融のこの領域で起きても不思議ではない。コンプライアンス・コストの制限や顧客サービスの高需要が相まって、ウェルス・マネジメントが男性にとってあまり魅力的ではなくなってきており、女性がこの職業に参入する余地が広がったのかもしれない。次に紹介するのは、セーシェルで働くフィデューシャリーのガブリエルの発言である。「女性が事を起こすのです。……ポートフォリオ管理には男性がいますが、業務の大半が行われているフィデューシャリー部門にはいません。それに女性のほうが、要求の多い顧客に対応するのにふさわしい基準を満たしていると思います――男性よりも我慢強く、外交的ですから」

ウェルス・マネジメントは金融サービス業界の一部に属するが、職業成立の過程において、騎士の奉仕、忠誠心、控えめな態度といった倫理観と切っても切り離せないので、やはり業界のその他分野とは非常に異なる。だが、かつては騎士道の掟と結びついた男性的理想だったものが――いささか皮肉なことに――現在の業務においては、女性的な振る舞いと関連するようになっている。

時間と仕事の満足度

熟練した腕を持つ金融業界のトレーダーの大半より報酬は少ないが、ウェルス・マネジャーの仕事にはそれを補って余りある、金銭以外の報酬が数多くあると、この研究に参加した人々は述べていた。一つには、大半のウェルス・マネジャーの労働時間は週に40時間で、金融サービス業でその他の仕事に従事する人たちと比べるとかなり少ないことが挙げられる。(100) これは男女双方にとって魅力的に映る。イギリス人のウェルス・マネジャーのアリステアは、かつてケイマン諸島に住んで先物トレーダーとして働いていた日々を思い出して語った。「先物取引の仕事から足を洗ったのは、当時のライフスタイルをこれ以上続けられないと気づいたからです。ケイマン諸島の証券取引所は午前3時に開き午後7時に閉まります。顧客のほとんどがヨーロッパ人［スペイン人］だからです。それに、S&Pの取引は24時間続きます。本当にストレスがたまりました。……一生続ける仕事としては負担が大きすぎました。毎日午前2時にベッドから体を引きはがして仕事に行くのは、楽しいもんじゃありません」

ドリューはカナダの弁護士事務所の高給の共同経営者を辞して、ロンドンのウェルス・マネジメント企業に入社した。彼が転職したのも同じような動機だった。彼はさらに、家族と疎遠になっている富裕層の生活に身近に寄り添い、富の獲得と成長に腐心することで払う、マネジャーの個人的犠牲に敏感になるとも語った。ドリューには子どもが2人いる。比較的ペースがゆったりとした、以前より負担が少ないウェルス・マネジメントの世界に入ろうと決心した背景には、次のような出来事があった。「ある顧客がこんな話をしてくれました。嵐のように目まぐるしい出張を終えて、家で数日間過ごしていたときのことです。その朝、彼は奥さんと娘さんと一緒にリビングルームにいました。奥さんが娘に、「パパに挨拶しなさい」と言うと、その子は彼の前を素通りして受話器を取り上げ、「パパ、おはよう」と言ったそうです」。この話のあとにドリューはいたずらっぽい笑みを浮かべ、こんなコメントを残した。「わたしが辞めた弁護士事務所に、もし現在の職場の同僚たちが勤めたとしたら、仕事をする時間が少ないという理由で解雇されるでしょう。何しろそこの平均労働時間は週に65時間から80時間でしたから」

ウェルス・マネジャーのなかには、いいとこ取りをする者もいる。つまり、経済的不利益を被らずに労働時間を減らすのだ。低い税率または非課税の法域に移住すれば、それは可能である。海外での報酬が、自国で働いていたときの税引き後の給与と同じ（あるいはほとんど同じ）になるからだ。たとえば、フランス人のリュックは、所得税のかからないサウジアラビアに移り住んだ。彼によれば、パリではほぼ毎日のように朝8時から夜8時までオフィスにいたのに、「ここリヤドでは、朝9時から夕方5時まで働いて、以前と同じ給料！」だというのだ。

一財産を築いた顧客から富を生み出す手法を学ぶ機会もある。ジュネーブを拠点とする、ブラジル出身のウェルス・マネジャーのラファエルはこう語ってくれた。「ビジネスや金を稼ぐ方法について、わたしは顧客から多くを学んでいます。顧客には本当に賢い人たちがいるのです。彼らが何かに投資をしたら、わたしもそれを買います」。資産の保護に取り組む専門家にとって、これはフィデューシャリー・デューティーに違反せずに利益を得られる、重要な方向転換であり機会である。顧客から金儲けの戦略を入手すること、低い税率か非課税の法域を自分が拠点とすること——現実にはこのあたりに、ウェルス・マネジャーが実際の給与以上に稼げる可能性があるかもしれない。「フィデューシャリーの立場にいることはいい商売です」と、オーストラリア出身でガーンジー島を拠点とするウェルス・マネジャーのジェイソンは言う。「顧客にはとうてい及びませんが、自分でもかなりの収入源を生み出すことができます」

これに加えて、著者の研究の協力者の多くは、金融業界でその他の仕事に従事する人たちと比べて、創造性や多様性、やりがいの点で、日々の仕事において多くを享受していると話していた。香港に拠点を置くウエルス・マネジャーでイギリス人のセバスチャンが言うには、「投資銀行のバンカーとは違うんです。そこでは、自分にとってはどうでもいい会社のために書類をファイリングするだけです。……もっと知的興味や満足感を抱けます。……顧客が駄々っ子でも（一部の顧客は実際にそうですが）、この仕事は顧客の家族のつながりを維持するのに役立ちます」。これはよく聞くセリフだった。研究参加者のほぼ全員が、「顧客家族に役立つこと」を日常業務における主な満足感の一因として挙げた。これはまた、この職業についてSTEPが世界に提示する大きなテーマでもある。STEPのウェブサイトには、「STEP会員の仕事は？」という見出しに対して、次のような答えがある。「STEP会員はその職業人生を顧客家族とともに働き、真の問題に取り組むことに費やす」[101]。金融業界や法曹界の専門職が書類に取り組む時間のほうが多い傾向があるのに対し、顧客と直接交流して（ルーティーンや画一化された問題ではなく）きわめて個人的な問題の解決にあたることは、重要な意義と喜びをウェルス・マネジャーの日常業務にもたらす。その他の職業集団の調査でも、仕事の満足度は、強い目的意識や意味、関与の度合い、手取りの給与水準と関連することが裏づけられている[102]。

当然ながら、ウェルス・マネジャーの仕事の満足度に、それほど高尚ではない動機が関与する場合もある。ジュネーブで働くアメリカ人のブルースが言うには、「世界中の税務当局を出し抜くための知的な挑戦」こそが、彼にとって仕事の満足感を与えてくれるものだという。この種の多次元の国際問題の解決に取り組めることが、学術畑の人がこの職業に惹かれる理由かもしれない。著者の研究参加者の65人のうち3人が、それぞれ法学、文学、ジャーナリズム研究を専門とする元教授だった。その他の人たちは、海外旅行の魅力や、シカゴを拠点とするウェルス・マネジャーのスタンが言う、「この仕事に対するタブロイド的側面」を挙げた。スイスで働くアメリカ人のエレノアは、このテーマをさらに広げた。「のぞき見をするようなものでしょうか。……顧客はわたしたちの前ですべてをさらけ出さなくてはならないのですから」

言い換えれば、ウェルス・マネジメントは知的好奇心を満足させるうえに、いわゆる「金持ちや有名人のライフスタイル」についての個人的な興味も満たすということだ。先に紹介したエリカが言うように、「一般人とは違う人たちに会い、別の次元の社会を見る機会が得られる」のである。それが莫大な富と権力への接近をもたらすだけではなく、一流社会の人々に影響力をもたらす場合もある。ドイツ出身のウェルス・マネジャーのディーターは、長年にわたりアフリカの富裕層の顧客を担当してきた。彼にとっては、世界でとくに大きな影響力を持つ人たちに話を聞いてもらえるほどの信用を得ていることが、30年のキャリアで一番満足感が得られたことだという。「仕事で成功を収めれば、著名人からアドバイスを求められるようになります。……これはすごいことです。『ワシントン・ポスト』紙の［元］会長のキャサリン・グラハムから連絡を受け、アフリカについての議論に参加するためナイロビに行くので、そのときに昼食を一緒にと誘われたことがあります。ボーイング社のアフリカのヘッドはよくわたしのところにやって来ては、マラウイやザンビアの人々について質問したものです。ザンビアの閣僚を我が家に招待したこともあります。鼻持ちならない連中ですが、夜中の2時まで酒に付き合い、おかげでザンビアの翌月の国家予算を知りました。成功を収めれば収めるほどもっと欲しくなる。ドラッグと同じです。……次から次へと続けることになるんです」

その他のビジネスモデル

ウェルス・マネジャーの大多数は雇用されて給与をもらっているが、なかには独立して開業し、実入りのいい収入を得ている者もいる。雇用契約に取って代わるこのビジネスモデルは、ウェルス・マネジャーにとってリスクは高くなるが、収入増の道が開ける可能性もある。開業した場合の収入は、個々の特別サービス料か運用資産残高の一定割合に基づく額になるからだ。リスクは、個々の顧客との関係への依存という形で現れる。つまり、自営のウェルス・マネジャーは、大企業の傘下で働くウェルス・マネジャーと比べて、必然的に少数の顧客を相手にすることになる。そのうえ自営の場合には、責任とコンプライアンスに関するリスクを自ら背負う必要があるからだ。企業勤務のウェルス・マネジャーは、その種のコストは個人的に負担しない。

ＳＴＥＰは企業勤務と自営ウェルス・マネジャーのそれぞれの会員数を把握していないが、著者がインタビューで収集したデータから、両者のビジネスモデルの違い、および報酬に与える影響について、全体像が浮かび上がった。サウジアラビアで働くフランス人のリュックは、インタビューしたウェルス・マネジャーのなかでも、典型的な企業勤務の専門家である。20人から30人の顧客を担当し、チームの一員としてその顧客の仕事に当たる。各顧客の運用資産残高は３０００万ドルから３億ドルである。

対照的に、イギリス人の自営ウェルス・マネジャーで、シンガポールを拠点とするサイモンは、15世帯を顧客基盤とする。彼の収入は、固定給ではなく報酬から得ている。「資産構造を整えるための報酬――言うなれば、わたしにとって付加価値の報酬――は、ほぼ丸2か月仕事をして7万５０００ドルです。時間ではなく、専門知識の料金として請求します。わたしたちは専門知識を売っているのです。仕事を正確にきちんとすることを売りものにしており、それでこそ適切なアドバイスを与えられます。関連する法律の専門家から助言を受ける際には、別途10万ドルを顧客に請求します」。専門家として確固たる地位を確立した者だけが、この水準の対価を要求できる。この報酬は、給与体系で仕事をするウェルス・マネジャーよりもはるかに高いが、リスクもそれ相応に高くなる。

責任とコンプライアンスの問題に加えて、顧客基盤の規模もリスクを生む。サイモンは超超富裕層の仕事しか受けておらず、各顧客は投資可能な資産を彼のところに「最低でも」5000万ドル持ち込む。「そうでなければ、わたしの料金は彼らにとって割に合わないでしょう」とサイモンは言う。このような顧客は比較的少ないので、顧客の一人が彼以外のウェルス・マネジャーに仕事を依頼すれば、その影響はサイモンの収入に大打撃を与えるおそれがある。対照的に、リュックの勤務会社は幅広い顧客基盤から仕事を得ているので（サイモンの顧客と比べればそれほど豊かとは言えない顧客も含む）、どの取引を失ったとしても会社の安定性が脅かされることはない。

自営ウェルス・マネジャーのモデルは顧客にとって不利な面もある。超富裕層は得てして、他領域にわたる業務の専門知識が必要な、複雑で多国籍な資産のポートフォリオを所有しているものだ。フェノスアイレスの自営ウェルス・マネジャーのナンシーは、自身の顧客基盤を次のように表現した。「わたしには総勢10人ほどの顧客がいます。それぞれの資産はとても複雑です。ある顧客は、全部で30の下位会社に八つの信託を所有しています。またある顧客は、土地、世界各地にある船や邸宅、美術品などを含む、イギリスの古い信託の受益者です」。こうした顧客の仕事をするために、ナンシーは――サイモンと同様に――自らのネットワークを駆使して、世界各地の法務や税務の専門家からアドバイスを受ける必要がある。この種の各コンサルタント料金は1時間単位で顧客に請求される。そのアドバイスを一貫した戦略に組み込んだナンシーの仕事の対価も、そのコンサルタント料金と併せて請求される。このような場合、顧客は高額な出費を負担するだけではなく、非常に不安定な立場に立たされる。仕事を任せていた自営プラクティショナーが死亡したり引退したりしたら、その顧客はどうなるのか？　世界中から最高のアドバイザーを探し、顧客のためにそのアドバイスをまとめるスキルが、高齢や病気のせいで衰えたりしたら？　ウェルス・マネジャーが引き受けた仕事量が多すぎて、顧客の問い合わせにタイミングよく対応できなくなったとしたら？

　このような懸念が、近年の超富裕層の急増と相まって、「ファミリー・オフィス」の人気を高めることになった。これは複数のウェルス・マネジャーが、一つの家族、または幾世帯かの家族集団に常勤で雇用される形態のことである[103]。19世紀後半に、ロックフェラー家が自分たちのためにこの仕組みを編み出したと言われている[104]。ファミリー・オフィスの料金体系は一般に、運用資産残高に対して一定のパーセンテージ――0・25パーセントから1パーセント――が設定されており、年間１００万ドルかそれ以上かかる場合が多く、投資可能な資産が1億ドルかそれ以上の者にしか手が届かない形態である[105]。ジュネーブのウェルス・マネジャーのブルースは、このようなオフィスを「大金持ちのためのワンストップ・ショッピング」と呼ぶ。

　ファミリー・オフィスは「虚栄のコスト」と呼ばれることもあり、法外な値段でプライバシーとコントロールを提供するという点で、プライベート・ジェットの所有になぞらえられる。しかし、巨大なプライベート・ジェットに対する需要が伸び続けるように、このサービス・モデルが提供する、超高水準のオーダーメイドの需要も伸びている。ファミリー・オフィスの運用資産残高は1兆２０００億ドルと見積もられ、現在も増える一方である[106]。この需要増大は、ある種のスモールビジネスを生み出している。ファミリー・オフィスのスタッフを探す超富裕層のために、「仲介役」の企業が、最大8万ドルの手数料で一流のウェルス・マネジャーをスカウトするのである[107]。この選り抜きの労働市場では、自営業者になるリスクに自らをさらすことなく、ウェルス・マネジャーは高収入を手に入れられる。しかし、著者がインタビューしたプラクティショナーのなかには、この取引に応じない者もいた。自営ウェルス・マネジャーのスティーブは、この場合のリスクは仕事の満足度で得られるものと匹敵すると判断した。「わたしは［ファミリー・オフィスの一員として］インハウスで働きたいとは思いません。その家族の日々の駆け引きに巻き込まれるし、さまざまな状況で多彩な人々に対応する……多様性とやりがいを失うからです。そう、多様性こそが報酬なのです」

結び

ウェルス・マネジメントの仕事は、プラクティショナーに異例の組み合わせの要求を求めるのと同様に、報酬に関しても珍しい組み合わせが見られる。たいていの仕事と比較すれば高給ではあるが、同等の資格が必要なその他の責務と比べれば、さほど目立つような金額ではない。それもあって、この仕事に対する評判は低いのかもしれないが、金銭以外の報酬はかなり大きい。そのなかには、創造的で知的意欲をかき立てる仕事に携わることも含まれるが、これは金融や法律の世界においては珍しいことのようだ。またこれには、心から納得できる意義と、現実の人間への影響力も含まれる。この2点とも多くの仕事では見られないものだ。[108] さらには、めったに垣間見ることのない、または部外者が近づけない上流社会に入り込み、彼らに影響を行使できるかもしれないという魅力もある。

本章では、ウェルス・マネジメントという仕事が、受託者の慣行という時間的にも文化的にも隔たりのある起源から現在まで、どのように発展したのかたどってきた。それが富の性質の変化によってどのように引き起こされたのか、資本主義の変革によっていかに促進されたのかを示した。かつては厳しい制約を課せられた役割に、現在は包括的な専門知識が求められている。中世に端を発するウェルス・マネジメントのこのような進展は、グローバル経済の範囲と規模の激変に匹敵するので、「革命」と呼ばれている。[109]このような変化には、富の代替性の増加傾向のみならず、その富の有効利用――受託者によるものであれ企業によるものであれ――に関わる法規制の飛躍的な緩和も含まれていた。

19世紀初頭には、受託者も法人企業も、司法と立法府によって厳しくチェックされていた。現代資本主義は、立法者が「企業に対し、合法の仕事に従事するために……自然人とほぼ同等の法的権限を授けた」とき、初めて出現した。[110]同時に、受託者は職業として認知され、意思決定に関する自主性が大幅に認められ、彼らはそれを用いて顧客の財産を成長企業の資金に投入した。私有資産と企業資産との間に資本の回路を築くことにより、受託者は職業的に地歩を固め、さらには現代的な資本主義の創造にも寄与したのである。[111]

これが職業として成立する軌跡は、社会学者のリンネ・ザッカーによる19世紀から20世紀にかけてのアメリカ経済発展に関する分析を思い起こさせる。[112]ほとんど隔絶した土地の農業経済を、世界的な工業力と政治権力を持つ国に変えたものは、制度に対する信頼の拡大であった――さらに重要なのは、そうした制度の体現としての知的職業人に対する信頼が大きくなったことであった。銀行家や弁護士などを含むこうした専門家は、西部開拓や押し寄せる移民の波が各地に多岐にわたる地方文化と規範を生み出したとき、アメリカの特徴である広大な地理的、社会的な隔たりを橋渡しした。金融の専門家は、次に引用するように、とくに重要な役割を果たした。「アメリカの経済システムの変化についての核心的事実は、信用が広い範囲にわたって正規に創造されたこと、制度を基盤とした信用のために活発な市場が作られたことである。……いくつかの信用創造構造は、アメリカの産業形成初期の信用創造において重要であった。すなわち、合理的な官僚組織の普及、専門家の信任状発行、金融仲介機関と政府を含めたサービス経済、そして規制と法律である[113]」

現代の業務においては、顧客と専門家のやりとりによって、膨大な資本移転が、税務当局やその他の統治形態の手の届かない、さらには顧客の手の届かないオフショアを基盤とした信託へともたらされる場合が多い。このプロセスが往々にして発展途上国の顧客を巻き込むという事実は、ウェルス・マネジメントの職業化と世界の資本主義発展の壮大な物語とが、いかに綿密に結びついているかを明確に示している。19世紀のアメリカの専門家の役割と同様に、だがそれよりもはるかに大きな規模で、現代のウェルス・マネジメントの専門家は、一地域の富を地球規模の循環に引き入れる重大な役割を果たしている。このことが、グローバルな政治経済におけるキーパーソンの役割をウェルス・マネジャーに与えるのだ。

同時に、この仕事の中核をなす部分はやはり、国家の支配の及ばないところに富を保持するという点にある。とくに税に関するかぎりでは、ウェルス・マネジメントは今なお、過去にたどった政府への抵抗の歴史と密接に結びついている。「財産移転逃れ」の遺産とともに、この職業は中世の道徳規範と文化に由来する慣行と規範――フィデューシャリー・デューティーの掟など――を保持しているのだ。金融サービスと法律サービスの領域でウェルス・マネジメントが特異なのは、このような物質と理念、用具性と関係性との組み合わせなのである。この特徴が顧客との関係に与える影響については、第3章の主題として取り上げる。

付録　ウェルス・マネジャーの求人広告例

次の2点はいずれも、人材採用会社APエグゼクティブ（www.apexecutive.com）により、2011年の夏にSTEPのウェブサイトに掲載された広告である。

勤務地　スイスのジュネーブ
給与　年俸25万―35万米ドル
STEPの経験　TEP有資格者
必須技能　ファミリー・オフィス幹部

依頼主は超超個人富裕層で、ファミリー・オフィスの代表を探している。この上級幹部級の役職には、事業と家族問題に関する広範な理解と、その家族に管理支援を行える優れた指導力が必要になる。予定業務には、顧問団の調整、家族組織と家族メンバーとの間の連絡、チームのマネジメント、異なる法域への拡大などが含まれる。応募者は、要人ならびに彼らの検討課題の初期調整を確実に行う並外れた外交手腕を有し、複雑な交渉に長けている必要がある。ファミリー・オフィス経営（1箇所でも複数箇所でも）を成功裏に行った経験が少なくとも20年以上あり、個人顧客を担当した経験豊富なプラクティショナー（プライベート・バンク、専門コンサルタント企業）で、商業界から身を引きたいと考えている応募者であれば、申し分がない。本職に就いた暁にはヨーロッパ各地に出張する機会も多い。

＊

勤務地　スイスのチューリッヒ
給与　年俸13万―16万スイスフラン

STEPの経験

必須技能　信託、STEP

依頼主は一流のプライベート・バンクで、チューリッヒを拠点とする同社チームの信託業務マネジャーを募集している。

信託、法人、財団などの複雑なポートフォリオを全面的に管理し、顧客に直接対応することが求められる。顧客に第一級の解決策を授ける活力に満ちた組織に参加する、またとない機会である。

STEPの有資格者で、業界で10年間しっかり実績を積んだ人物が求められる。堪能な英語力は必須であり、ドイツ語、スペイン語、フランス語もできればなおのこと貴重な戦力となる。

本職の応募には英語の履歴書を送付されたし。

第3章　顧客との関係

ウェルス・マネジャーの雇用パターンは、金融業界や法曹界の専門職とは大きく異なる。現在、法律顧問を雇うか財務顧問に相談する際、短期間の関係となる場合が一般的だが、ウェルス・マネジャーは顧客との関係を長期にわたり維持し、ときには生涯にわたり雇用関係が継続することもある。[1] この職業の特徴として、「長期間かつ不定期の期間の関係、たいていは一生涯を単位とする」点を挙げた研究もある。[2] 同じウェルス・マネジャーが当初の顧客の子ども、または孫世代を担当することも珍しくはない。[3]

その理由の一つは、ウェルス・マネジメントには、顧客とウェルス・マネジャーの間に並外れた親密さが求められるからだ。ホームドクターや顧問弁護士のように、ウェルス・マネジャーも内密の情報に通じているが、その情報は一つの領域に限らない。患者の身体について隅から隅まで知っている医者でも、その患者の銀行口座や資産管理の内容はめったに知らないものだ。ウェルス・マネジャーが仕事を的確にこなすためには、すべてを知る必要がある。前章で紹介したエレノアが言ったように、顧客はウェルス・マネジャーの前で「すべてをさらけ出す」必要がある。ロンドンを拠点とするプラクティショナーのジェームズは、求められる親密さのレベルを、次のようにさらに生々しく表現した。「TEP資格者を選ぶとき、顧客はまずその能力に応じて応募者を仕訳します。顧客は次に、自分について隅から隅まで知ってもらってもいいと思う人を選ばなくてはなりません——母親のレズビアンの関係から、兄弟のドラッグ依存症、部屋に乱入する別れた恋人にいたるまで」

ウェルス・マネジャーがこうした顧客の私生活の詳細を知る必要があるのは、富裕層に影響を与える要因の多くが、彼らの財産にも影響を与えるからだ。ウェルス・マネジャーはフィデューシャリーとして、顧客の富をリスクから守らなくてはならない。それは経済的なリスクに限らない。一家の資産を浪費する金遣いの荒い相続人や、ゆすりの対象になりかねない恥ずべき秘密を抱える家族の一員によりもたらされる脅威も、これに当てはまる。

関係の長期化のもう一つの理由は、ウェーバーの描いたペルシア宮廷の会計官のように、ウェルス・マネジャーは顧客の財布の紐を握ることになるからだ。[4] 顧客の財産を支配する制度と法律に関するウェルス・マネジャーの詳細な知識は、彼らに大きな力を与え、余人をもって代えがたい存在にする。ドバイに拠点を置くイギリス人のウェルス・マネジャーのマークは、自分の顧客についてこう語った。「顧客とはもう数十年にわたる付き合いです。わたしたちが生み出した構造は、それ以上に長く存続しています。顧客の一人からは、仕事を依頼されるようになって数年後に、「もうきみをクビにはできないよ。どこに何があるかすべて知っているし、わたしについてもありとあらゆることを知っている。……事業と資産について自分で説明しようとしたら、とてつもなく時間がかかるだろうね」と言われました」。要するに、ひとたび信用を築けば、ウェルス・マネジャーは顧客との関係を一生涯にわたり継続する傾向にあるということだ。

ウェルス・マネジャーが顧客との関係において、このような信頼と権限をいかにして築くのかが、本章の主題となる。ウェルス・マネジャーのこの務め——信頼性をシグナリングすること——が骨の折れる原因は、他人の動機に対してことのほか慎重で懐疑的な、富裕層の特徴にある。[5] ガーンジー島で働くウェルス・マネジャーのロバートは、次の点に気づいた。「わたしたちから見ると、富についての大きなマイナス点は……金持ちはとても疑り深く、孤独になりがちだということです。会う人はみな自分を利用しようとしていると信じ込んでいるからです」。多くの場合、この猜疑心は被害妄想ではなく経験から生じている。著者の研究でインタビューに応じてくれたプラクティショナーの多くは、巨万の富を持つがゆえに富裕層がさまざまな脅威にさらされることに言及していた。マークが言うように、「彼らを欺き、だまし取り、奪い、誘拐しようと考える人たちがいる」のだ。このような脅威は見知らぬ他人によるものだけではない。自国政府や自分の家族からももたらされる。そのため、もう誰も信用できないと、顧客は猜疑心をいっそう強める。ここから、ウェルス・マネジャーが築く顧客との関係について、根本的な謎が浮上する。これほど不信感の強い富裕層から、どのようにして仕事に必要な並外れて深い信頼を獲得するのだろうか？　顧客との間に往々にして横たわる文化的、社会経済的な障壁を越えて、どのようにそれを成し遂げるのだろうか？

ウェルス・マネジャーの顧客層は、独特のライフスタイルと関心で結ばれた、「政治的、社会的に均質的な自律的集団」と言えなくもない。[6]「ジェット族」などが、まさにこれを言い表している。著者の研究の参加者の発言も、顧客のエリート層は本質的に同一性があるという見解を裏づけている。ケイマン諸島で仕事をするイギリス出身のニールというウェルス・マネジャーは、こう指摘した。「富裕層の人々は、とてもよく似ています――みなとてもグローバルで、母国の人間よりも富裕層同士のほうが多くの共通点がありま す」。スイスで活動するウェルス・マネジャーのエリカもニールと同じように、「裕福な人たちというのはみな基本的に同じ」と語った。とはいえ、その他の研究参加者の発言からは、信頼性の形成に際して、やはり文化的な違いが存在することもうかがえる。この点に関しては、その他いくつかの分野の研究から裏づけられる。(7) この一見矛盾に思える点については本章の最後で探るつもりだ。

次の項で、ウェルス・マネジメントで信頼が果たす特別な役割と、それが金融業界や法曹界の専門職とウェルス・マネジメントとを区別している点を検証する。2番目の項では、裕福な人々と仕事をする際にウェルス・マネジャーが直面する難題について述べる。「地理的には多様でも、同じような考えを共有する」集団と言わしめるのは、世界の社会経済的領域の最高レベルで共通の経験と関心があるからだ。(8) 3番目の項では、それでも残る異文化間の相違と、ウェルス・マネジャーがそれをどのように克服し、顧客との間に信頼関係を築いたかについて掘り下げる。

ウェルス・マネジメントにおいて信頼が果たす特別な役割

第2章で示したように、ウェルス・マネジメントの業務は、フィデューシャリー・デューティーにより差別化される。これはつまり、ウェルス・マネジャーは金融や法律の専門職とは異なり、たとえば信頼などの、顧客との関係の社会経済的側面を強調する、特別なルールに縛られるということである。このようなルールが設けられた理由の一つは、弱い立場に置かれる可能性のある顧客が、顧客のすべてを知る者や、顧客の財産を事実上管理し、多くの場合法律上も管理する者から、つけ込まれないようにするためだ。(9) 結果として、ケイマン諸島のウェルス・マネジャーのアリステアが言うように、「それが機能するためには、彼らはわたしたちを信頼する必要がある」

フィデューシャリーの倫理の実用的意義は時とともに変化してきた――たとえば、ウェルス・マネジャーは顧客が被る損失に対し、全面的に個人的責任を負う必要はなくなった――が、顧客に対する強い責任感は依然として存在する。官僚化した現代の職業において、このような責任感はほとんど失われている。ドバイで働くイギリス人のウェルス・マネジャーのエレインはこう語った。「顧客から多くの秘密を打ち明けられます、自分のバンカーには決して話さないようなことを。ウェルス・マネジャーは彼らの腹心の友なのです。それほどの信頼を置かれるのですから、完全に秘密を守らなくてはなりません。たとえば顧客から、「恋人に遺産を残したいんだが、妻には知られたくない」と言われることもあるでしょう」。自らを聖職者や腹心の友にたとえるウェルス・マネジャーがいるのは、このような特別な役割を担っているからだ。

インタビューに応じた協力者たちのなかには、この仕事の成功に必要な社会経済的スキルと人徳の特殊な融合を示そうと、次のようなアナロジーを用いた者もいた。パナマでウェルス・マネジメントのオフィスを構える南アフリカ出身のトレバーは、この職業を「スチュワードシップ」と定義した。献身的という意味で聖職者の役割を想起させる言葉であり、いみじくも、貴族の領主の家計管理を任され、厚い信頼を得ていた中世の執事《スチュワード》の役割に由来する言葉でもある。(10) イギリス領バージン諸島のシャーマンは暗黒街を引き合いに出し、きわめて慎重かつ忠実にアドバイスをするという意味で、「少しばかり『ゴッドファーザー』の「顧問《コンシリエーレ》」に似ている」とした。

ロサンジェルスで働くアメリカ人プラクティショナーのマリアンの発言は言い得て妙だった。「元夫がよく言っていたわ。「妻は金持ちのために社会福祉事業《ソーシャルワーク》をしている」とね」。前章で登場したロンドンのウェルス・マネジャーのジェームズは、このアナロジーの現実的側面を語った。「わたしの仕事の一環はソーシャルワーカーです――扱いづらい家族に対処するんです。……つまり、その人の側にいて、彼らが頼れる人物になるということです。血を分けた身内以上に頼られることもよくありますよ。わたしたちは、彼らの財産を相続する立場にはいませんからね」。ジェームズは、高齢の顧客が親族につけ入られないよう守る業務を専門に扱っている。一家の財産をそっくり受け取ろうとして、病院治療や在宅介護を疎かにしようとする親族がいるのである。

このように家族内の軋轢と結びつくことで、フィデューシャリーの役割はソーシャルワークの様相を帯びてくる。富裕層の多くはせっかちな相続人やイエスマンに囲まれているので、知識と分別があり誠実な人物にごく個人的な問題を話すという機会は、それ自体が貴重なサービスなのである。(11) オーストラリア出身のウェルス・マネジャーでガーンジー島を拠点とするジェイソンも、顧客との関係についてジェームズと同じことを言っていた。「この仕事につくと、顧客のきわめて個人的な情報にたくさん精通するようになります。だから、ほかの誰とも、彼らの家族とさえできないような会話を、顧客とするようになるんです」。富裕層にとって家庭とは、一部の社会学が描くようなもっとも信頼に足る環境――とくに経済学では、「家族（高信頼）を一極に置き、匿名の市場（低信頼）をその反対の極に置くという連続体が存在するという説が提唱される」(12)――ではないようである。

また、富は家族に特殊な力関係を与えるのかもしれない。13世紀半ばのイギリスの文書にも、貴族同士の法廷闘争の記録が残っている。「相続を渇望する狼のごとき家族の間に広がる不信感」と、その議事録には記されている。(13) 著者の研究に協力してインタビューに応じたウェルス・マネジャーの多くが、このような状況は、現代の顧客にとってもやはり大きな懸念であると話していた。たとえば、パナマ市のウェルス・マネジャーのナディアは、信託設立についてこう話した。「委託者からしょっちゅう言われます。『この信託が存在することは家族の誰一人として知らない。知っているのは、あなたと、わたしと、弁護士だけだ』と」。

このような背景から、顧客の死後、ウェルス・マネジャーは家族の争いを収拾する必要に迫られることが多い。ナディアの事例のように、ウェルス・マネジャーの仕事はときに、顧客の資産と相続計画を相続人となる見込みのある者たちに伝えて、否定的な反応に対処することも含まれる。ほかには、ウェルス・マネジャーが探偵役を担い、生前に誰にも知らせずに保有していた顧客の財産の手がかりをつなぎ合わせることもある。ケイマン諸島でウェルス・マネジャーとして働くアリステアは、「ジャマイカのある裕福な一家」について話した。「自らの財政状態の全容を誰にも明かさずに、父親が亡くなったのです。彼の全財産がどれほどなのか、どこにあるのか、誰一人知りませんでした。家族の一人一人と信頼の置ける数名の友人に、すべてではなくそのほんの一部だけを伝えていました。死後3年がたった今でも、その資産のありかを探しているところです」

この種の謎を解くために、また家族の争いを解決するために、ウェルス・マネジャーに料金を支払う場合も多い。富裕層のこれほどまでの不信感には多大な費用がかかるのである。

家族のように、家族よりもそつなく

このような争いに巻き込まれたウェルス・マネジャーは、顧客とその親族に対して、疑似家族の役割を引き受ける羽目になることも多い。おそらく、この仕事に授けられる特別な親密さと信頼を認めて、ガーンジーの信託法は1989年に、フィデューシャリーは「最大の善意を順守し、アン・ボン・ペール・ドゥ・ファミーユのようにふるまう」べきだと定めた――これは「一家の良き父親」という意味のフランス語である[14]。ウェルス・マネジャーは実際に、富裕層の家族の父親（母親であることはめったにない）から、「たいていはきわめて個人的に採用」される。この関係は、父親の死後、その父親の希望と利益を確実に代弁するように、慎重に育まれるのである[15]。一部の研究者はこれを、合理的官僚制の用語で解釈している。「フィデューシャリーの仕事は……家族の父親の死後、一家における抽象的な家父長権の立場を占める。だが、家族の受益者

が文字通り信頼するものは、愛情や友情、温かい心など家族の肯定的価値観を有する対象または人物ではなく、冷徹で合理的な資産構造である——すなわち信託と受託者だ」。[16] しかし、この用具的な概念は、著者の研究の参加者の言説とは一致しない。顧客との信頼関係は、長年の経験を通じた互いの感情の絆によるものであると、彼らは再三にわたり強調した。

たとえばドバイのエレインは顧客との関係を、感情労働を強調した思いやりある言葉で表現した。「顧客から、家族を頼むと言われます。これは単なるビジネスの依頼とは思えません。……単に書類にサインをするという類の問題ではなく、顧客の家族のために正しいことをするという概念そのものなのです。こんなふうに答える必要があるでしょう。「Aさん、ご心配なく——お子さんたちは将来必ず大学を出られます。何もかも大丈夫ですよ」。きわめて実務的でありながら、家庭的である必要もあります」[17]。このようなコメントは、信託法に定められた忠誠と配慮の義務の社会情緒的な側面を示している[18]。「配慮」は「実務的処理において分別のあること」を意味しがちであるが、合理的官僚制の感覚を越えて、個人間の真の愛着というものが、ウェルス・マネジャーと顧客の間に生じる可能性がある。

顧客のほうが、ウェルス・マネジャーとの関係で家族的な側面を訴える場合もある。ロサンジェルスを拠点にするプラクティショナーのグレースはこう回想する。「サンディエゴの顧客から、「うちの娘じゃなくて、あなたが実の娘だったらよかったのに」と言われたことがあります。父親が死亡したあと、その娘は母親にしつこく金をせびり、結局わたしたちは受託者を辞めざるをえませんでした。その娘とは仕事ができなかったからです」

著者の研究の参加者の多くが、顧客から家族の結婚式に招待されたり、休暇を一緒に過ごそうと誘われたり、臨終に立ち会うよう頼まれたりすると報告している。そのうち数人のウェルス・マネジャーは、顧客の訃報をオフィスで聞いて涙を流したという。イギリス領バージン諸島で働くイギリス人ウェルス・マネジャーのシャーマンによれば、顧客の人生と親密に関わることは、前職の銀行での経験では得られなかった奥行きを彼の仕事に与えると話した。「強く感情に訴えるし、とても真実味があります」。この真の社会情緒的絆は、第2章で述べたように、多くのプラクティショナーにとってウェルス・マネジメントをとくに満足のゆく仕事にする、意義と目的に関連している。

疑似家族の役割には欠点もある。顧客と信頼で結ばれ親密な関係を築いた立場にいると、家族の生活の最悪の部分を目撃することも多いのだ。顧客が子どもや配偶者に相続権を与えないための手続きを手伝うことには苦痛を伴うと、多くが打ち明けている。パナマ市のウェルス・マネジャーのナディアは、目に涙を浮かべながら語った。30年間のキャリアのなかで、「金銭をめぐり家族がバラバラになるのを見てきました。本当にバラバラになるのです」。顧客の家族をだまし裏切る行為に手を貸すことに、不快感を打ち明ける者も何人かいた。ケイマン諸島のアリステアはこんな話をしてくれた。「たとえば、顧客に愛人とその間にできた子ども［婚外子］がいて、彼らを養いたいと考えたとします。その場合、顧客の奥さまには絶対に秘密にしておかなくてはいけません。心中にしまって、口を閉じなくてはなりません」

プライバシーや家庭円満、権威に対する敬意がとくに重んじられる国――とくに中国やアラビア半島の国々――では、ウェルス・マネジャーが家族の争いに関係者として引きずり込まれる傾向がある。(19)「顧客はわたしたちを剣と盾として利用します――悪い知らせを告げさせ、自分では説明せずに指示を実行させるためにです。たとえば、息子たちと争っている母親から、ほかの息子たちを見捨てて一人の息子にだけ有利になることをしてほしい、しかも秘密裏に行ってほしいと頼まれたりします。その後、母親は息子たちにその話を暴露して、彼らはわたしにわめき散らすことになるのです」と、ドバイのマークは説明した。

世間に対する自分のイメージを慎重に管理し保護する顧客が、家庭生活の「舞台裏」をウェルス・マネジャーにさらし、それに参加させるということは、彼らがウェルス・マネジャーに対して抱く深い信頼の証である。[20]

顧客サービスへの影響

これほどの信頼と親密性にその人物が値するのかどうか判断することが、上流階層の顧客にとって大きな関心事となるのは当然である。信頼性を評価するために、関係の初期の段階で、顧客から意図的にとんでもない要求をされたことがあったと、著者の研究の参加者の何人かが指摘している。たとえばエレノアの新しい顧客は、彼女のジュネーブのオフィスに電話をかけてきて、こんな注文をしたのだという。「今、ロンドンのレストランを出たところなのだけど、ブレスレットをなくしたことに気がついたの——探してくれないかしら」。つまり、その顧客はエレノアに、外国のどこともわからないレストランの外で、ブレスレットを見つけてほしいと依頼したのである。エレノアは何とかその要求に応え、要した時間分の料金を請求し、その後何十年にもわたる忠実な顧客を獲得した。ドバイを拠点にするイギリス人のウェルス・マネジャーのマークによれば、この手の突飛な要求は、顧客がそのウェルス・マネジャーとの関係に長期間投資するのに「値する」か試す手段の一つとして、この仕事ではよくあることだという。「大金持ちは、ちょうどスーツを仕立てるみたいに、極上のオーダーメイドのサービスに金を出すことをいとわないものです。また、彼らは変化を好みません。生涯にわたり同じ医者に診てもらい、同じ歯医者に治療してもらい、同じ弁護士や受託者に依頼するんです」

エリート顧客はこのような発想から、ウェルス・マネジメントのプロに対し、現代版ヘラクレスの難行を課すのかもしれない。香港で40年近くウェルス・マネジメントに従事するイギリス人のデイビッドは、顧客が彼の信頼性を試そうとして課した、信じられないような任務について、とくに印象深い話をしてくれた。

あるとき、大阪から電話が来て、顧客にこう言われました。「今、オワギさんという人と一緒にいる。彼は英語をまったく話さず、わたしたちは向かい合って座り、お辞儀をし合っているだけだ。彼から、火曜日までにスモークサーモン半身を1000枚欲しいと、通訳を介して言われた。きみならそれができると思っている」。「わたしはあなたのウェルス・マネジャーであり、魚商人ではありません」と答えると、顧客は、「ふむ、今日はきみは魚商人だ」と言うんです。そこでわたしは、スコットランドにあるユニリーバのスモークサーモン工場長と知り合いだという友人に電話しました。すると、その工場長がこの注文を受けてくれました。後日、この顧客はとうてい不可能な仕事を命じて、こちらを試していたことが判明しました――彼がわたしにやってもらいたいと思うような仕事を、実際に遂行できるかどうか知ろうとしていたと言われたんです。

この話はともすると、一見乗り越えられないような障壁と絶望的な屈辱（「今日はきみは魚商人だ」）を兼ね備えた、騎士の冒険物語を彷彿とさせる――もっとも、聖杯の代わりにスモークサーモンの輸送ではあるが。とうてい不可能な仕事の背後にある質問はみな同じである。きみは本当に献身的な人間か？

顧客がこうした試験を課すには、現実的な理由もあるかもしれない。並外れた個人サービスを提供するために必要な社会的ネットワークや影響力を、そのウェルス・マネジャーが持っているのかどうか、顧客は知ることができる。デイビッドの事例では、顧客が望む「仕事を遂行」するためには、個人の決意に加えて、適切な人物を知っているかどうかも関係した。この場合なら、ユニリーバとコネのある友人ということになる。これは、正攻法で取り組むには難しい状況を進めるために、一流のウェルス・マネジャーは顧客のために仕事の「仲介役」も担うという、過去の調査とも一致する。たとえば、19世紀のイギリスの弁護士に関する研究からは、依頼人の事業取引を熟知することで、彼らが国の鉄道網などの新規産業の誕生に寄与したことがわかる。また彼らは、イギリス社会の上層部しか近づけない、会員制市場のようなものを築き上げた。このような好機を入手するには、依頼人と弁護士の間の信頼と、その機会を独占できるかどうか気づく能力にかかっていた。この研究が結論づけるように、「機会に乗ずるためには「そのなかの一員」になる必要がある(21)」。

市場に関連したこのような社会の閉鎖性の事例は、ウェルス・マネジャーの発言にあふれている。ガーンジー島でウェルス・マネジャーとして働くマイケルは、不動産と芸術の分野で自ら数十億ポンド規模のビジネスを運営していると話した。単に自分の顧客同士の商取引をまとめるだけだという。「レンブラントでも、デパートでも、マンションでも」顧客が持ち込むセールスチャンスと、個人投資の経過を追うためだけに、彼はロンドンで従業員を一人雇っている。この個人取引のおかげで、顧客の名前は公表されず、彼らの富は世間から詮索されずにすむ。

マイケルはほかにも、閉鎖的社会のおかげで、顧客のために新たな投資の機会を見つけたという話をしてくれた。それは、エリートのレクリエーション活動に参加して見つけたのだという。たとえば彼は顧客に、見込みのある投資セクターとして食糧に注意を喚起したことがあった。「顧客と狩猟に行こうとしていたとき、翌年から費用が30パーセント値上がりすると聞いたのです。小麦の値段が高騰し、狩場の鳥の餌代の負担が大きくなるからです」。研究協力者の別の3人も、富裕層とのビジネスチャンスを生み出す舞台として、狩猟を――セーリングやポロなど、その他エリートの好む金のかかる活動とともに――挙げた。第2章で紹介したドイツ人のウェルス・マネジャーのディーターは、狩猟はスポーツ射撃と地主階級との伝統的な結びつきによる産物であり、この種の集団は必然的に少人数だからだと指摘した。「狩猟は富裕階級がもっとも集中するところです。……それに、十人かそこらしか招くことができないので、互いに会話することになります」

しかし、ウェルス・マネジャーが顧客との関係で疑似家族的役割を獲得する傾向があるように、彼らに向けられた信頼はビジネスを越えた領域にまで及ぶ可能性がある。シンガポールを拠点にするイギリス人プラクティショナーのナイジェルは、多忙のあまりデートする暇がない顧客のために仲を取り持つ役を果たしている。ほかにも、いたって個人的な、金銭とはまったく関係のない類のサービスを提供することもあるという話を聞いた。具体的には、ドラッグ依存症の子どもに治療を受けさせるために手を貸したことがあると、何人かが話してくれた――これは裕福な家庭に多い問題である。[22] イギリス領バージン諸島のプラクティショナーのシャーマンは言う。「ドラッグ使用に関して助言を与える資格はありませんが、「別の顧客がリハビリに使った施設を知っています」とは言えます」。多くのエリート専門職が社会的ネットワークを通して顧客のために特別なビジネスチャンスを生み出してきたが、顧客の生活へのありえないほどの親密さを持ったウェルス・マネジャーは、その同じネットワークを通して、金融業界や法曹界の専門職とは異なるレベルの、さらなる個人的サービスを提供できるのである。

富裕層の信頼を獲得する

ウェルス・マネジャーと顧客の関係の特色をなす、信頼と親密さの程度と影響について明らかにしたので、彼らがいかにその立場を獲得したのかという疑問に立ち戻ることにする。赤の他人が、疑似家族の一員としての立場と特権をなぜ獲得できるのだろうか？　それどころか、多くの場合、血のつながりのある関係よりも大きな信頼を得ることになるのはどうしてなのだろうか？　その答えの一つは、この職業にある独特の事柄が求められるからだと、これまでの調査からわかっている。

どんな職業でもそうだが、ウェルス・マネジャーにも、専門知識体系に精通すると同時に、文脈固有の一連の「独特の行動様式、態度、社会的儀式」を使いこなすことが求められる。[23] だからフランスの社会学者ピエール・ブルデューは、プロフェッショナリズムを「社会的であることが不可欠の技術的能力」と定義したのだ。[24] 前項で述べたように、ウェルス・マネジャーが顧客に与えるきわめて個人的なサービスには、たいていは直接顔を合わせる状況で、緊密な交流が求められる。そのような状況下では、独特の行動様式の細かな点や自己提示方法が目につきやすく重要になる。だからこそ、ブルデューが説明するように、多くの職業では、「服装、物腰、身体的、言語的マナーの一見取るに足らないような細かい点が重んじられる」のである。[25]

とはいえ、ウェルス・マネジメントで成功を収めたいのなら、一般的な良きマナーだけでは十分ではない。清潔できちんとした身だしなみや友好的態度だけでも足りない。富裕層の社会的慣習は、独特で習得が難しい規範と交流儀式を突きつける。ロンドンの一流弁護士の最近の調査によると、「若手弁護士の間では、適切な色の靴下と靴を履くことが成功に欠かせないとよく言われている」という。[26] ウェルス・マネジャーとその企業は微に入り細にわたるまで、信頼性や分別、頼りがいを伝える富裕階級独特の表現方法で自らを打ち出すよう気を配っている。

著者がインタビューをしたある企業の本社の例を挙げよう。ウェストミンスター寺院に隣接するオフィスの外観はネオ・ゴシック様式の石細工に覆われており、オフィス・スペースには企業創立の１８００年代後半に遡ると思われる、光沢のある木の羽目板の内装に重厚な革のソファが置かれ、19世紀のジェントルメンズ・クラブといった様相を呈していた。この企業でもほかの企業でもきまって、三つ揃えのスーツ（腰に懐中時計のゴールドの鎖を覗かせる者も数人いた）に家紋の印付きの指輪など、控えめながら高価な宝飾品を身に着けた、「新タルキングホーン」としか言いようのない姿のプラクティショナーたちを目にした。

これには、「『高級品市場向け』というイメージを提示する」以上の意味があった。[27] 社会経済階層の最上流の人々しか聞き取れない周波数で、シグナリングが行われるのだ。そうした人々は、相手がベルトではなくズボン吊りを、腕時計ではなく懐中時計を身に着けることに気づくだけではなく、それに意味と価値観を与える。このような特徴は、選ばれた少数の者以外には気づかれぬままに終わる特殊な言葉の使い方にまで及ぶという点で、文字通り聞き取れない可能性がある。ロンドンのウェルス・マネジャーのジェームズにこんなふうに言われた。「おそらくあなたは［アメリカ人なので］聞いてもわからないでしょうが、わたしの言葉には特徴的なアクセントがあります。わたしが話しているところを聞けば、この国の人間なら誰でもわたしが私立学校出身だということがわかるはずです」。ブルデューの言葉を用いれば、これはジェームズというウェルス・マネジャーの話し方に具現化された「文化資本」の形である。これは気質や独特の行動様式、自己提示の流儀などの大きな集合体の一部として、個人のハビトゥスの一部をなすものである。

なかんずく、エリートとの交流が必要になる職業の人々が高い業績を上げるためには、みな特定のハビトゥスの習得が求められる。これまでの調査が示すように、「身体がプロフェッショナリズムの重要な一面であるのは、アイデンティティと自己の側面を象徴しており、解釈されたアイデンティティを具体的に表現したものだからである」。[28] ウェルス・マネジメントをほかに類を見ないものにしているのは、このプロフェッショナリズムを深く複雑なところまで具体的に実行していることである。さらに言えば、エリート階級のハビトゥスとは当然ながら、家系や上流校、その他制度を通して継承されてきた文化慣行や規範に基づく、「階級特有」の現象なのである。(29) つまり、多くの有資格専門家には、富裕層の信頼と尊敬を獲得するために必要な、文化資本が欠けている可能性があるということになる。

荘園《マナー》（と礼儀作法《マナー》）の誕生

社会心理学者が言うように、類似は信頼性を築くための共通基盤である。換言すれば、わたしたちは自分と似たような人を信頼する。(30) したがって上流社会の人々は、階層社会の上層部出身のウェルス・マネジャーを、あるいはそうした出自をもっともらしく演じられるウェルス・マネジャーを好む。ある研究が指摘するように、「要するに紳士は自分の金銭を……紳士に扱ってもらうことを望む」のである。(31) ジェームズが述べた貴族出身の顧客のエピソードが、この点を鮮明に物語る。

わたしの顧客の一人に知ったかぶりをする人物がいます。彼は母親の財産と5、6件の信託を管理しています。彼がポルトガルの話をしたとき、わたしは「ああ、素晴らしいですよね。わたしはそこでゴルフをしたばかりです」と言いました。彼は狩りをします。狩りの最中に彼が書類にサインをしたという話をしたとき、わたしも狩りをするので「おや、どのあたりでですか？」と尋ねて、会話についていくことができました。とうとう彼を黙らせることになったのは、ある日、彼が首相の義理の父と一緒に昼食をとったという話を聞いて、「ああ、ウィリー・アスターですね！　お元気でしたか？」と応じたときのことです。その人物を偶然知っていたのですが、わたしが同じ階級の人間だということを、その顧客はようやく受け入れるようになりました。結果として、それまで以上の情報と権限をわたしに委ねてくれました。

つまるところ、これは顧客との交流でふさわしいハビトゥスを示すことが目的なのである。そうすれば、顧客はウェルス・マネジャーに信頼、情報、権限を授ける。この実例が証明するように、適切なハビトゥスを示す、または伝えるためには、成長過程でふさわしい文化資本に恵まれた者にとっても、相当な時間と労力がかかる可能性がある。

第2章で詳述したように、ウェルス・マネジメントは最近まで、上流社会の人々による上流社会のために行われた活動だった。これは単に便宜的な結果――上流社会の人々はご近所や一族の者をはじめとして、多方面で出くわす――ではなくて、信頼という社会心理学の結果と言えるかもしれない。富裕層に対して類似点と信頼性を伝えるもっとも簡単な方法は、その一員になることである。[32] ある研究はこの歴史的パターンを次のように記している。「いずれ受託者を専業とすることになる子孫は、名門一族と交際し、その結果、文化的に思想的に、ほかの名門一族の金銭管理を引き受けられるようになる」[33]。最近の調査から、これがやはりこの職業に就く一般的なルートであるとわかる。[34] こうした専門家は生計を立てる必要性があるので、ブルデューが言うところの「支配階級内の被支配層」にあたる。[35]

本研究の参加者の数人は、出自がキャリアに与える影響について正しごく率直に語ってくれた――とりわけ、育ちにより授けられる経験、気質、独特の行動様式という観点から。第2章に登場したディーターは、第二次大戦で没落したヨーロッパ貴族の家に生まれた。だが、彼は伯爵の称号をもっており、浮き出し印刷の名刺にもその爵位が書かれている。パブリックスクールの高校に通ったあと大学に進学しなかったにもかかわらず、その称号と育ちにより備わる立ち居振る舞いとが相まって、ウェルス・マネジャーとしてトップに上り詰めることができた、と本人は語る。前述したジェームズも、家庭環境がキャリアの基礎になったとして、同じような見解を述べた。「だからこそ、わたしはこの世界に入ったのです。わたしはいくつかの信託の受益者であり、我が家には土地があります。だから、家族の財産管理や相続の過程がどのようなものか承知しています。顧客の多くはわたしと似ていなくもありません――数歳年長なだけです」

このように昔ながらの参入手段によって、ウェルス・マネジメントの世界に新たなプラクティショナーが供給される一方で、落ちぶれた貴族や少額財産の相続人だけでは、増える一方の需要を満たすのに十分ではない。多くの企業は、「必要なスキルを身につけた信託スタッフを見つけるのは難しくなっている」と報告している。ＳＴＥＰの最近の調査に回答した企業のほぼ半数が、「その他のスキルを備えた人と比べ、信託のスキルを備えた人を見つけるほうが難しい」と答えた[36]。

上流社会の信頼を獲得する別の道

世界中でウェルス・マネジャーの需要が激増している。一流の法律事務所にならって、ハビトゥスの「訓練」プログラムを作成することが、ウェルス・マネジメントにも求められているかもしれない。要するに、中流階級または労働者階級出身者に、上流階級の自己提示や交流規範を細かいところまで教育し、上流社会の顧客に仕えるように仕立てるということだ[37]。だが、そんなことはめったに行われていないようだ。ウェルス・マネジメントの職能団体であるＳＴＥＰは、ウェルス・マネジャーのためにソーシャルスキルの訓練を提供したりしないし、教材でもそのような話題はめったに取り上げない。いずれにせよ、ハビトゥスを伝えるプログラムが成功したという話は確認されていない。ブルデューが指摘したように、「言葉で表さずに現れるもの」を教えることが難しいせいかもしれない[38]。

ウェルス・マネジメントに適切なハビトゥスを学ぶという作業は、タブーとされる振る舞いが持つ重要性のために、いっそう複雑になる——してはいけない物事の多くが、この職業では標準的なビジネス慣行とみなされることもあるからだ。たとえば、著者のインタビューに応じたウェルス・マネジャーの大半によれば、新規顧客を獲得するには、金銭や事業や販売にあからさまに触れずに、富裕層に間接的にアプローチすることが不可欠なのだという。彼らの勤務する企業は原則として、自分たちを世間に売り込むことはないし、各ウェルス・マネジャーは、少なくとも従来の方法で新規ビジネスを探し求めることはない。シンガポールを拠点とするイギリス人のウェルス・マネジャーのアレックスは、勤務先の会社についてこう話す。「弊社は広告を出しませんし、今後も決して出すことはありません——わたしたちの仕事はすべて紹介により発生します」

ウェルス・マネジャーが新規顧客を見つける場合は、顧客の趣味やレジャーの場での出会いを通じて見つけるという。ジュネーブのウェルス・マネジャーのエリカは、最優秀の業績を上げている同僚について、非公式の出会いで顧客を獲得する達人だと語る。「彼が新規顧客を獲得せずに休暇から戻って来ることはありません。言うまでもなく、彼はふさわしいホテルに宿泊します。一度、彼と一緒にオペラに行ったことがあります。幕あいにロビーでドリンクを片手に佇んでいたときのことです。彼は誰か見知らぬ人たちと話を始めました。ほどなくして、その人たちは彼に身の上話を語り始め、次の幕が始まるまでに名刺交換をして、彼は新しい顧客を獲得していたのです。何か特別なことをしたわけでもないのに——わたしはずっと見てました！　彼がしたことと言えば、熱心に注意深く耳を傾けていただけです。相手を会話の中心にしたのです」

顧客を最大の関心事にすることに関して、ケイマン諸島でウェルス・マネジャーをするイギリス人のアメリアは、この目的をさらに計画的に戦略的に達成させるロンドンの同僚について話をした。臆病な獲物に忍び寄るハンターのごとく、その同僚は何か月もかけて顧客に近づく策を練るという。顧客のオフィスで直接会う手はずを整えてから、相手に疑念を抱かせずに興味を引くための「罠」を考え出す。

これまで聞いたなかで最高の新規顧客発掘の例は、事業分野に精通し大成功を収めていた、物静かで地味な男性顧客です。同僚のデイビッドは『エコノミスト』誌を読んで、この大金持ちのアジア人男性について知り、ある橋に用いるある種の管に大きな関心を抱いていることを知りました。そこでデイビッドは、アジア人男性の関心を占めているこの建築素材を調べたのです。セメント建築に関する業界誌まで入手し、その顧客が興味を抱くあらゆることについて正確に把握しました。彼は雑誌の記事を切り取り、手紙とともにアジア人男性に郵送しました。こうして第一関門を突破し、最初の面会を取りつけました。デイビッドに与えられた時間は5分でした。「相手に当座預金口座を開設してもらうだけでいい」と彼は考えました。「この打ち合わせで求めるものは何かね?」と顧客が尋ねたとき、彼は答えました。「よくロンドンにいらっしゃるようですので、クレジットカードか小切手帳があると便利かと思います」。法外な投資を売り込むのではなく、世界でもっとも簡単で危険のない提案をし、顧客はそれを受け入れました。彼は今や、デイビッドの大口顧客の一人です。

遠回しに間接的に顧客に近づく手法を通してビジネスを行うこの戦略は、ウェルス・マネジメントのハビトゥスの本質をなす要素なので、他人に教えることはひときわ難しい。このテーマについて何度か指導を試みたSTEPの取り組みからも、それは明らかである。STEPの教科書には、新規顧客と会うときには「目の前のビジネスをいきなり進めないように」「話に関心を示し、顧客のほうに心持ち身を乗り出し、うなずくようにするといいが、あまりうなずきすぎてもいけない」、さらに驚くことに、「顧客のニーズを事前に分析しないように」との助言もある。[39] しかし、すべきではないことの説明はあっても、顧客との交流でウェルス・マネジャーが何を話し、どのようなことをすればよいのか、STEPの教科書にとくに明快な記述はない。

落ちぶれた貴族の家系で伯爵の称号をもつディーターは、転職先のプライベート・バンクのためにハビトゥス「研修」プログラムを作り、この問題に取り組もうとした。これは著者が研究で収集した事例のなかで、雇用主が支援する研修プログラムが、職業にふさわしい態度や、顧客との関係ですべきこと、すべきでないことの問題に取り組んだ唯一の事例であった。ディーターは毎年、企業の少数の若手を「アカデミーに参加させ……礼儀や立ち居振る舞いといった、銀行とは関係ない課題に専念させた」。見込み顧客の役割を演じるように指示された役者を使い、ディーターは内容を伝授した。

> わたしは参加者に、「みなさんは30歳から35歳の間だとします。わたしたちにとって望ましい顧客は55歳で、従業員１０００人、売上高５０００万ドルの企業の経営者です。地元のロータリークラブの会長とゴルフクラブの理事長を務め、政治家や実業家と最高レベルの取引があります。みなさんは彼を訪れて投資を依頼します」と伝えます。……あなたが若くて、顧客のような地位にいない場合、この顧客に魅力を感じるにちがいありません。他人を魅了し、顧客との間にある地位と年齢の隔たりを埋める、本質的なものを持たなくてはなりません。信頼性というもののイメージを抱く必要があります、これは完全に質的で主観的であり、見つけるのは難しいものです。サービス志向になるべきで、単に技術的に優れているだけではなく、謙虚で献身的である必要があります。……というのも、あなた方が対応するのは、日々１０００人もに命令をくだし、恭順と迅速な履行に慣れている人たちだからです。

ウェルス・マネジャーとしての成功に、謙虚、献身、サービス志向が必要だというディーターの説明は、騎士道の倫理を彷彿とさせ、第2章の謙遜に関するフィリップの考察を想起させる。魅力的であることと「本質」を育むことに関して、ディーターは若手従業員にその資質を作り出そうとしているわけではなかった。正確に言えば、裕福な顧客の興味を引く可能性のある人物をまず採用し、それから彼らがすでに備えているものを最大限に活用する方法を教えると言っていたのだ。この労力の成功——つまり、彼らが富裕層の顧客と仕事をするにふさわしいハビトゥスを身につけたかどうか——は、最終的に顧客により判断される。実際に、ディーターは毎回フィードバックを求めて、顧客や友人に「どのアセット・マネジャーが魅力的で信頼できると思うか」と質問していた。

驚かれると思うが、ディーターは受講者に対し、スキルを身につけることで、さらに「魅力的で信頼できる」ように自分を見せるべきだとは教えていなかった。たとえば未経験者に対し、狩猟やゴルフを習うといいとは言わなかった。それよりも、高水準の文化資本に恵まれた者を採用し、その資本を最高に引き立てて富裕層に示す方法を教えたのである。その例として、ディーターは元オペラ歌手を採用した話をした。裕福な顧客の多くがオペラ鑑賞を好むからだ。ディーターによれば、その元オペラ歌手は業界の人脈を用いて、顧客にとって魅力的な存在になったという。「ザルツブルク音楽祭に行くと、彼はわたしたちのために、指揮者のリッカルド・ムーティーや歌手のチェチーリア・バルトリとのランチの席を設けてくれます。だから、誰もが彼を身近に置いておきたがるのです」。言い換えるなら、富裕層の顧客は、稀有な体験とサービスに近づけるソーシャル・ネットワークを持つウェルス・マネジャーを求めているようである。

ディーターの採用方法は、上流社会を対象にした専門職サービス企業の戦略と、趣旨としては同じである。

こうした企業は、それまで社交的生活を送り、人生で育んだ文化資本に恵まれた人物を採用する。裕福な家庭出身という条件がこの戦略に含まれていない場合、エリート教育機関出身という条件がそれに代わる場合が多い。「上流校」のアクセントがキャリアにおいて競争優位性があると、ジェームズは話していた。つまりは、雇用主からも顧客からもその価値が認められるもの、ということである。ニールも次のように語っていた。「この仕事を始めようとする者にとって、履歴書に申し分のない学歴が書かれていることがとても重要です――申し分のない学校に行ったということが。顧客はまさにそれを求めており、重視するのです。ブランド・アイデンティティみたいなものです」。したがって、法律事務所やエリート専門職サービス企業はほぼ例外なく、富裕層の顧客のハビトゥスに慣れ親しんできた従業員を獲得しようと、一流大学出身者を採用することになる[40]。

ウェルス・マネジメントがその他専門職サービスのパターンに当てはまらないように見えるのは、仕事のために習得が求められるハビトゥスの幅と度合いにある。そのせいで、ウェルス・マネジメントでは正式な研修プログラムが確立されていないのかもしれない。何十年にもわたり伝統的に家族で継承されてきた振る舞いや性向を教えるためにかかる時間や金額は、ビジネスベンチャーが負担するにはどうしても大きすぎるのかもしれない。成果が不確実な場合はとくに、個々の企業がこのような研修に莫大な投資をする体力はないのだろう。ブルデューが指摘したように、ハビトゥスは意識的に模倣したり努力したりして学ぶものではなく、無意識のミメシス〔模写〕を通して学ぶものなので、ハビトゥスを教えられるかどうかについては疑問である[41]。この仕事で成功するために必要なソーシャルスキルをどのように得たのか、上流家庭出身のウェルス・マネジャーに尋ねたとき、ほかのふるまい方など考えたこともないというような困惑した表情を浮かべたのは、ここに原因があるのかもしれない。セバスチャンが言うように、「ただそうしているだけですが」

ということなのだろう。

本研究に参加したウェルス・マネジャーで「良家の子女」ではないウェルス・マネジャーが、この仕事に必要なハビトゥスを獲得した手段として一番多かったものは、「偶然の修業」とでも言うべき方法だった。これは「ただそうするだけ」のもう一つの方法であり、大金持ちと上手に交流する方法の予期せぬ、意図せぬ、しかもたいていは無料の研修であった。ディーターは基本的に、この種の修業を経験した人物を見つけ、採用することを専門にしていた。彼自身にそのハビトゥスが備わっていたので、他人のなかに上流階級の人々を引きつける特質を見つけることができたのだ。採用後、彼らにすでに備わっていたその強みを育み、成長させる手助けをした。要するに、彼はウェルス・マネジメントという職業に対し、ピグマリオン〔ギリシア神話のキプロス王。理想の女性像を妻に迎えた〕の役目を務めたのである。

ウェルス・マネジメントの世界に「偶然」入ったと述べた参加者たちは大卒ではなく、労働者階級の出身だった。その一人であるイギリス人のニックは船大工の仕事をしていたが、1990年代初頭に造船業界が崩壊後、アメリカズカップのヨットレースの乗組員の職を見つけた。このレースは超富裕層お気に入りのスポーツイベントの一つである。彼は次のように説明した。「わたし自身はとても貧しい家庭で育ちました。［でも］……世界中でヨットに乗ることで、世界中の富裕層と付き合うようになりました。依頼人が4000万ドル持っていると聞いても、今では大して驚きません」。アルゼンチン海軍下士官の息子であるハビエルも、キャリアの壁を乗り越えるために、同じようにセーリングのスキルを利用した。彼によれば、一般的に「アルゼンチン人が海外の職を得ることはめったにありません。［多国籍企業でも］アルゼンチンのオフィスの人たちが別の都市で仕事をすることはないのです」という。それが彼の出身階級と相まって、国際的な仕事をしたいという憧れを阻んでいた。「ごく幼い頃からヨットを走らせていた」ので、ハビエルはときどき趣味としてレースに参加していた。その後、「キュラソー島のレガッタに出場したとき、マイアミの「ウェルス・マネジメントの」会社の上層部2人と会いました。それがきっかけとなり仕事をもらったのです」

この仕事への道が開けたもう一つの「偶然」は、ウェルス・マネジメント企業の事務職だった。ガーンジー島出身のエレインが高校卒業後に最初に就いた仕事が、たまたまロスチャイルド銀行の臨時秘書だった。その後20年にわたりキャリアを積むうちに、世界最大の銀行のウェルス・マネジメント業務の責任者に昇進した。彼女と同様にシャーマン――イギリス領バージン諸島で著者がインタビューしたイギリス人――も、中等教育修了後、ロンドンのリテールバンクで事務員見習いとして働き始めたという。会計が得意だったので、信託部門で難しい仕事を割り当てられて、彼のキャリアが動き始めた。それから35年が過ぎた今、彼はこう話す。「顧客がヨットや贅沢品を購入する手伝いをしています。彼らの家に滞在することもありますし、子どもたちも知っています。顧客の20人ほどとは、一緒に短期旅行に行ったりする仲です」。以上の三つの事例では、ウェルス・マネジメントの仕事に役立つハビトゥスを身につけるまでの道のりは、一風変わっていたり、予期せぬものであったり、数十年かけて進んできた時間のかかる道であったりした。彼らはこの仕事に偶然就いただけではなかった。新たな気質や嗜好、習慣の領域にも入り込んだのだった。

このような道のりによって、ウェルス・マネジメント業界は以前と比べて大きな労働市場を獲得したが、供給はまだ需要に追いついていない。それにもかかわらず、またこの仕事には上流階級のソーシャルスキルとテクニカルスキルの習得が広く求められるにもかかわらず、労働力不足は賃金上昇をもたらしていない。理由の一つとして、新規顧客の主流層から価格引き下げの圧力がかかっていることが挙げられるかもしれない。それは、急速に大富豪を生み出している発展途上国の顧客のことである。

文化を越えて

ウェルス・マネジメントの仕事の中心は東方と南方へと、従来中心だった北米とヨーロッパから、アフリカとアジアに移りつつある[42]。最近の報告によると、オフショア金融センターのスイスの地位をシンガポールが奪おうとしているという[43]。この移り変わりには多くの意味がある。先に述べたように、業界の価格構造を変える可能性がある。アジアや中東の顧客はきわめて価格に敏感で、サービス料金全般の引き下げを強いる、と著者の研究に協力したウェルス・マネジャー全員が言っていた。ドバイで働くイギリス出身のウェルス・マネジャーのマークは、価格決定をめぐる苦労を文化的な問題ととらえていた。「この国では値切るのが普通です。ここより東方のインドやパキスタンでは、さらにひどくなります。西洋では表示価格で支払うことに慣れていますが、ここでは顧客から価格について質問を受けて答えると、こう聞かれます。「そうですか、で、わたしの場合、お値段はいかほど？」。そこで再び表示価格を伝えると、「ほほう、それは名高い英国風のジョークですな」と言われるのです」。こうした互いの期待感の衝突は、人類学者クリフォード・ギアツの「バザール経済」の考察を反映している。この経済では、価格は価値の共通基準によるのではなく排他的関係によって決まる[44]。

ウェルス・マネジャーへの対価は、長年厄介な問題だった。友人や親族が土地の受託者を無償で務めるというイギリスの古い伝統は、ウェルス・マネジャーを専門家として扱い、その技術に代金を払うというアメリカ主導の慣習に不承不屈した[45]。西洋で有償が標準となるには、訴訟と制定法を経て1世紀以上を要した。世界のその他の地域では、こうした問題がちょうど表面化してきたばかりであり、ウェルス・マネジャーは顧客に会うたびにこの問題に対応する羽目になる。中国出身のリアンは、成人後ほとんどイギリスで暮らしていたので、イギリスでウェルス・マネジメント業務をしていた頃は、彼女いわく、報酬に関する「ヨーロッパ人たちの自己満足」に慣れていた。２００７年に母国に戻ったとき、彼女は自らのビジネスモデルを改定する必要に迫られた。ヨーロッパ式の価格設定のせいで「大勢の顧客を失う」事態に陥り、市場で「競争力を保つために、大幅に価格を引き下げる」ことを余儀なくされたのだ。「サービス提供者への不信感を抱いている中国の人たちが、厳しい駆け引きをしてできるだけ安い価格で手に入れることで頭がいっぱい」だということを、すっかり忘れていたと彼女は語った。

リアンの言葉が示すように、顧客がこうした価格設定を求める動機の一つは、信頼、というよりむしろ信頼の欠如であるように思える。ＢＲＩＣＳの富裕層の顧客に共通するのは不信感であり、腐敗した政府やいかがわしい商取引の経験から生じた根深い疑念も抱いている、と研究協力者の多くが述べていた。このような経験のせいで、彼らは通常、専門家や組織、法の支配をほとんど信頼していないのである。香港を拠点とするイギリス人ウェルス・マネジャーのセバスチャンの主な顧客は、文化大革命を生き抜いた高齢の中国人である。彼らは政府に家族の財産を没収されたことを、鮮明に覚えている。自分では制御不能な体験をしたせいで、ウェルス・マネジメントの価値ある提案は「押し売り」と受け取られてしまう。「高齢の中国人紳士たちに、「ちょっといいですか。あなたの資産の管理をわたしに任せていただいて、それが必要になるときまで、あなたとお子さまたちのためにこちらで保有して、そのときがきたら、わたしは［その資産を］あなたにお渡しするかもしれないし、しないかもしれない、というのはいかがでしょうか?　また、その間ずっと高額な料金を支払ってもらいます」と提案したら、中国人紳士たちはみな腹を抱えるでしょう」。この考察は、「自己の財産の所有権を他人に渡すことに対する中国文化における心理的障害」を示唆する学術調査でも裏づけられている。[46] 一般的に、所得格差や腐敗が少なく、法の支配により財産権や契約が強力に保護されている国のほうが、専門家や組織に対する信頼が人々の間に生じやすいことが、社会心理学の調査で判明している。[47] 発展途上国の裕福な人々はこのような信頼を抱いていないので、ウェルス・マネジャーはさらなる難問に直面する。

信頼を翻訳する

信頼を伝えるメッセージのようなものに対し、またそのメッセージをどう解釈するかに対しても、文化は影響を与える。[48] 結果として、「信頼が保証されるかどうか示す行為類型」について共通の規範と前提を持つ人々の間では、信頼が育まれる傾向がある。[49] これはウェルス・マネジャーにとってとくに重要な問題である。顧客が組織を信頼していない場合、仕事上の付き合いの負担がすべて個々のプラクティショナーにかかるからである。リヤドで仕事をするフランス人のリュックによれば、彼のビジネスは「個人的信頼」を築けるかどうかで決まる。「サウジアラビアの顧客は、企業や法制度を本質的に信用せず、むしろ個人を信頼するから」だ。欧米で生まれ育ったウェルス・マネジャーの大半にとって、自分たちとは異なる信頼の伝え方は、異なる文化圏の顧客の信頼を獲得するうえで手強い障害となる。

これは、ウェルス・マネジャーが経験する「オールドマネー」――何世代も続いた富豪の家系――の顧客との関係と、「ニューマネー」の顧客との関係の相違に関連するかもしれない。「オールドマネー」の顧客の大半は、確固とした法の支配の先進国出身者で、組織の専門職への信頼の基盤がある。こうした背景による影響は、プロテスタンティズムが宗教的慣習として支配的な国の人々に対しては増幅される。[50] このような国としては、イギリス、アメリカ、カナダ、その他多くの旧イギリス植民地が挙げられる。よって、こうした法域でウェルス・マネジメントの鍵となる要素――信託など――が幅広く受容されている理由は、コモンローの共有だけではないのかもしれない。宗教的慣行から発生した文化的傾向も、その理由の一つかもしれない。ロンドンのウェルス・マネジャーであり、貴族階級で高齢のルイスは、国の文化と信頼の結びつきがもたらす結果について次のように述べた。「わたしたちイギリス人には、受託者の役割に生来なじみがあります。ここではあらゆることが委託されます。オルガンを村の教会に寄贈するといった、遺言によるささやかな委託……こうした委託が何千とあるのです。ノルマン様式の教会の鐘楼の保存など、イギリス人の生活全体に一貫してしっかりと効果的に行き渡っています。信託について考え、それがどのように機能するか考え、受託者として意思決定するようにできているんです」。これが英国と旧植民地などの国々で、顧客の信頼を獲得する道筋を平坦にしているのだ。

しかし、「ニューマネー」が標準の国で働くプラクティショナーは、アングロサクソンの世界とは異質の宗教と文化的伝統を背景にすることが多く、いくつもの手強い問題に直面する。信頼関係が形成されるその文化特有のメッセージを翻訳するには、時間と忍耐と技術が必要になる。その間、発展途上国を拠点とするウェルス・マネジャーは視界不良の中で仕事をしなくてはならない。たとえば、重要な情報を顧客が教えないことも多い。本研究に協力してくれたウェルス・マネジャーの何人かによれば、とくにアジアやアラビア半島では、顧客が資産やその保管場所を完全に開示しないか、二重国籍を知らせないことがあったという。これはウェルス・マネジャーに、深刻な法的かつ職業的責任を負わせることになる。

この不信を克服するには、信頼とその他ウェルス・マネジメントのツールを「現地化」する術を見出し、顧客の国の文化の観点から、それを「合法的で認識可能で魅力的」にしなくてはならない[51]。そのためには、言語だけではなく、異なる意味体系の考えや価値観を結びつけて、ウェルス・マネジャーが翻訳を行う必要がある。ジュネーブで働くアメリカ人のウェルス・マネジャーのブルースは、アラビア語を流暢に話し、アラビア半島の顧客の仕事を頻繁に行う。信託制度を利用すべき理由を説明しようとするとき、アラブ人の顧客はとくに不信感を示すという。

彼らは物を所有したがります。……だから、どうして所有権と管理権を引き渡すことに合意しなくてはいけないのか理解できないのです。……文化的にまったく異質の概念なのです。「どうしてきみを信頼しなくてはいけないのだ？」と言われます。これは答えに窮する質問です。そこで、信頼の基本的考えである「アマナ」など、すでに彼らの文化に存在する概念から説明しなくてはなりません。たとえば、隊商を組んでシリアに出発する場合、誰か信頼できる人にこう言います。「数か月間留守にする。わたしの財産の管理を頼む。もしわたしが戻らなかったら、それが必ず息子（または妻など）の手に渡るようにしてほしい」。預言者ムハンマドは厚い信頼を受けていました。自分の所有物よりも大切に管理してくれるとわかっていたので、人々は自分の所有物の管理を彼に託すことがよくありました。

歴史と文化が信頼を妨げる国で働くウェルス・マネジャーと同様に、ブルースにとって顧客との関係における最大の課題は、現地と世界を関連づけることにある。ブルースは顧客の疑念――「どうしてきみを信頼しなくてはいけないのだ？」――を、顧客の環境と世界観に行き渡るイスラムの歴史を用いて解決する。アマナ（アラビア語で أمانة）とは「信頼性」を意味する。加えて、預言者ムハンマドの第二の重要な特質でもあり、アラブのムスリムの顧客に対して説得力のある肯定的な意義を与える。ブルースの戦略の成功――現地の言葉に堪能なだけでなく、鍵となる文化的、宗教的概念にも精通していること――は、交流相手と民族的類似性がない場合、外部の人間は現地の規範を用いることで信頼性が高まるように見える、という研究結果とも一致する。[52]

ブルースと同様に主にサウジアラビア人と仕事をするリュックは、顧客との関係で似たようなアプローチを行ったという。彼はアラビア語を話さないが、努力して現地の文化に対する敬意と知識を証明し、現地で通じる言葉と概念を用いて自分の仕事を説明する。たとえば、彼はサウジアラビア人の顧客に対して、イスラムの伝統的な「ワクフ وقف」と信託との類似点を説明する。ワクフとは古くから存在する慈善団体のことで、信託といくつか重要な共通点がある。たとえば、家族の次世代に財産を引き渡す機能、および第三者（ムタワッリー المتولي と呼ばれる）が財産管理をすることで所有権を管理と分離する機能がある。この第三者の役割などは、コモンローの受託者の役割に似ている。[53] ウェーバーによれば、ワクフは当初、封土の徴税を逃れて私財を蓄えるために発展したという――コモンローの信託との重要な歴史的共通点である。[54]

それどころか、アラブ世界で仕事をするウェルス・マネジャーは、信託の概念をムスリムの顧客のために現地化するという点では有利かもしれない。ワクフの成立は信託よりも数世紀早いので、もしかすると聖地から戻った巡礼者や十字軍戦士によって、中世ヨーロッパに持ち込まれた慣習の一つかもしれない。これを裏づけるように、ワクフの伝統的な構造や用語が、イングランドで創造された初期の信託の雛型の一部として使われていたという証拠が存在する。[55] その意味では、ウェルス・マネジャーは信託を、現代のイスラム社会のために再現地化していると言えるだろう。

だが、その他の宗教や文化を持つ顧客と仕事をしているウェルス・マネジャーはどうなるのだろうか？信託の概念とウェルス・マネジメントのツールを、いかにして顧客の信頼を呼び起こす言葉に翻訳したらいいのだろうか？　ブルースとリュックがサウジアラビアの顧客に行っていたように、新しいワインを古いボトルに詰め替える方法はその他の文化においても有効に思われる。前述したように、中国政治の激動の時代を生き抜いた顧客にサービスを販売する際、セバスチャンは難題に直面したが、西洋のウェルス・マネジメントのパラダイムを最終的に受け入れた顧客は、世襲の概念によって納得したのだという。つまり、セバスチャンの中国人顧客は、彼の提示する構造が伝統的な家父長制度の権威と一致し、その権威を死後にまで拡大できることを高く評価したのである。「自分の家族をあの世から支配できるという考え方を、彼らは大いに気に入りました。彼らは欲しいものをすべて手に入れています——でも、唯一手に入らないのは不死であり、心底それを欲しがっています。永続信託という発想は彼らの気に入るので、たいていは複雑で詳細な希望書面を作成して、「わたしの孫の次男には、彼がYを行った場合にかぎり、Xを与える」などと指定するのです。とても具体的な条件で厳格に管理するわけです」。自分の仕事が地元の文化と密着するほどまでに、セバスチャンは中国人顧客の信頼を得ることに成功している。ウェーバーの言葉を借りるなら、セバスチャンは父長制の権限を保護し、かつ拡大して、権威の伝統的な形式を西洋の合理的な法制度でくるんだのである。[56]

その意味で、セバスチャンや彼のような立場の人々は、グローバリゼーションに重要な役割を果たしている。主に金融部門において、彼らは「グローバル化の仲介人」ともいうべき大きな階級に属している。「新たな経済慣行をまとめ上げるために必要な文化的要素を賢明に動かせるほど、十分な現地の知識」で武装して、現地と世界を橋渡しする人々のことである。[57]

信託を信頼するか？

現地の人々と世界を橋渡しするこの力には限界がある。現代のウェルス・マネジメントは、権威の伝統的形式を中心に体系化された社会の価値観に、ある程度は受け入れられているが、いくつかの問題は残されている。とくに困難が持ち上がるのは、信託に関してのようだ。ウェルス・マネジャーはその他のツールも利用できるが（第4章を参照）、信託は富裕層にとっても企業法人にとっても、財務計画に不可欠なものとなっている。[58] この世界的規範――権威が合理的かつ法的な形式を与え、ウェルス・マネジャーに相当な主導権がある規範――は、家父長が強大な権威を持つ文化圏の出身者の抵抗に遭っている。パナマ出身のウェルス・マネジャーのエリアスは語る。「わたしの顧客の98パーセントはラテン・アメリカ出身者で占められます。……彼らの間で目立つ傾向としては、信託に対して思うように主導権を握れないと感じていることです。彼らはやたらと主導権を握りたがるので、信託があまり好きではありません。信託《トラスト》を信頼《トラスト》していないのです！」

これが顧客との信頼関係の形成にとって共通の障害となっていることを受けて、ウェルス・マネジャーは――同じような領域の専門家とともに――解決策を打ち出そうとしてきた。昨今、アジア太平洋地域の富裕層の文化的嗜好に便宜を図ることに、特別な関心が集まっている。家父長の権威を重んじるという点は共通しているが、この地域はラテン・アメリカよりはるかに大きな顧客層を有する。アジアは世界のどこよりも個人富裕層の人口が急増しており、すでにラテン・アメリカの富裕層の2倍の人口がいる。[59] この成長市場の影響を受けて、アジアの顧客にとって大きな問題である、主導権をめぐる衝突に対処する法律を意図的に制定する法域も現れた。イギリス人プラクティショナーのフランクは、STEPの研修で30年間にわたり世界各地の受講生に教えた経験があり、次のように述べた。「イギリス領バージン諸島は、VISTA（バージン諸島特別信託法）の企業を置くことで、アジアの富裕層をあからさまに引きつけようとしました。規則により受託者が保有する企業が創立されましたが、その企業では、受託者は下位会社に何一つ質問することが認められていなかったからです――その事業の性質、運営方法、運営の責任者などさえも」。裕福なアジア人にとって最高に魅力のある金融環境を創出しようと決意したイギリス領バージン諸島は、並外れたプライバシーと主導権を顧客に授ける、新しい形態の信託を生み出した。[60] VISTA法の下では、信託は顧客の現行ビジネスの株式を保有できる。従来の信託は受託者に、そのビジネスの日々の業務運営を完全に把握し、可能なら関わることを求めるのに対し、VISTAはそうした義務を排している。これにより、下位会社はフランクいわく「ブラックボックス」に転じ、顧客は自分の富の源泉に対するコントロールを維持できるようになり、本来ならウェルス・マネジャーに開示されるべき多くの活動を秘密のベールに包むことができるようになる。

VISTAはこれまでのところ大成功を収めているが（第4章を参照）、根本的な文化的対立の一部は、法律によっても取り除かれていない。それは一人の顧客ごとに、あるいは一回の交流ごとに解決する必要がある。著者の研究の一環として行ったインタビューで何度も浮上したのは、資産の所有権と主導権について顧客を教育しなくてはならなかったことに、多くのプラクティショナーがストレスを感じたという経験だった。これは財産を信託に預けた顧客に特有の問題である。その財産の所有者は、法的にはウェルス・マネジャーになるからだ。ガーンジー島で仕事をするプラクテクショナーのネビルによれば、この論点は、文化の系統と、「オールドマネー」対「ニューマネー」の系統に分類されるという。

一般的に「オールドマネー」の顧客はイギリスに土地を持っている顧客です。ですから、信託という考え――つまりその金は自分たちのものではないこと、そのお金を享受しているにすぎないこと、その財産の管理方法に対しさしたる影響力を持たないことに、彼らはとても満足しています。起業家的な思考をする「ニューマネー」の場合、委託者はたいてい資産を自分のものとみなし、その投資方法を指示したがります。ひとたび信託を設立したら、それが自分たちの金ではないという発想を理解するまで、しばらく時間がかかります。新興市場の顧客にとってはなおさらそうです。自分の財産を自国の政権から守り、母国から逃れなくてはいけない場合に使える安全な財産を作ることに比べれば、彼らは世代を越えて財産を移転させることに興味を抱いていません。

言い換えれば、プラクティショナーが現在のウェルス・マネジメントのツールや規則を、現地の規範や顧客の期待に合わせて現地化することには、限界があるということだ。

境界を試す

ときに世界基準の普及が必要とされるのは、世界基準が法的効力およびそれに関連する制裁をもたらすからだ。そのため、顧客を法の範囲内に留めるために、ウェルス・マネジャーが顧客にノーと言わなくてはならなくなることも多い。アメリカ人のウェルス・マネジャーのブルースは、そのような事例を振り返った。「アラブの顧客から、フェラーリを購入したいので、企業の基金から10万ドルを送金してほしいと言われたことがあります。わたしが断ったところ、「なぜダメなんだ?」と聞かれたのでこう答えました。「これは法人で、あなたは株主です。ということは、もしかすると配当金を要求していらっしゃるのでしょうか?」。わたしは適切な言葉を用いるように顧客を指導し、「フェラーリ購入のために現金を要求したメールを削除していただけませんか?」と伝えました」。ブルースの言によれば「パーソナルバンクの口座」のように企業を扱うことで、そのアラブの顧客は自分自身もブルースも危険にさらしていた。拒否したことでブルースは顧客と自分を守ったが、一方で、その顧客の信頼と自分の仕事を失う危険を冒した。

ブルースはこのとき顧客を失わなかった。だが多くの場合、乗り越えがたい文化の壁に直面していることにウェルス・マネジャーは気づく。それはとくにタブーをめぐり生じる――タブーとは文化の「究極的な価値観」である。[61] タブーはときに宗教問題の場合もある。たとえば、ムスリムが多数を占める国で、「神が与え給う」という信念は、ウェルス・マネジメントの基本的な目的に対して大きな障害となる。ドバイに住むイギリス人プラクティショナーのエレインによれば、この信念は、顧客の保険加入まで妨げているという。彼らはそれを、自分を不運から守るための「ハラーム」――イスラム法による禁止行為――とみなしているからだ。マークはドバイをはじめとするアラビア半島の顧客を取り上げ、この点をさらに詳しく述べた。「彼らの間では計画を立てることに関して、「インシャーアッラー――神が御望みであったならそうなるでしょう」という気持ちがあります。計画を立てようとすることは、神に対する冒瀆となるのです。別の家族が無計画のせいで失敗したのを目の当たりにして、ようやく考え直し、わたしたちに依頼してくる始末です。近代化のおかげですね」。現実の問題に直面したことがきっかけで信頼を高める顧客もおり、彼らは文化的な壁を乗り越え、異なる世界観に基づく専門家の助言を信頼するようになる。[62]

ウェルス・マネジャーは、世俗問題のタブーに直面した顧客の信頼も高めなくてはならない。たとえば、死について話すことは、多くの文化圏や宗教で大きな障壁となっている。モーリシャスのプラクティショナーでインド出身のアルジュンは、ヒンドゥー教とキリスト教の顧客と仕事をするときにこの問題に直面するという。「インドやアフリカの人たちとは、相続計画について話すことができません。死について話すことは不吉だと信じられているのです」。このような死や運命や計画に関する非宗教的な考え方は、中国人顧客の思考形成にも重要な役割を果たしており、グローバル金融の実践と現地の信念とを橋渡しするために、文化の適合が多々必要とされる。[63] インタビューに応じたその他大勢のプラクティショナーと同じように、セバスチャンも婉曲表現をよく用いる。「中国の老紳士は、死を思えば死を呼び込むという不安があるので、死に関連する言葉を避けるよう細心の注意を払っています。だから、「お子さんが独立した暁には」とか「ご自分の財産をコントロールできなくなった場合」などという言い方をします」。だが、このような遠回しな表現は、顧客へのサービス提供に影響を与えると考えるプラクティショナーもいる。正直に直接的に伝えられなければ、真の信頼関係の形成を妨げると考えているのだ。

著者がインタビューしたプラクティショナーの一部の者は、信頼を妨げる障壁は克服しがたいと考えた結果、特定の文化を背景に持つ顧客の仕事は断ると決めている。プラクティショナーとしてニューヨークで40年のキャリアのあるモリスは、もっぱらアメリカ人と仕事をするが、特定の民族や特定の信仰を持つ人々しか顧客にとらない。「中国人とは会おうとも思いません。死について話すことは、彼らにとってほとんど侮辱にあたるからです。ユダヤ教徒とイタリア人は家族志向が強いので、顧客は彼らに特定しています。WASP〔ホワイト・アングロサクソン・プロテスタント〕と仕事をしないのは、わたしのバックグラウンドがニューヨークのユダヤ系なので、その観点から質問した場合に、ほかのバックグラウンドを持つ人たちを不快にさせるかもしれないからです。だから、わたしのところにWASPが相続計画の相談に訪れた場合、彼らにはたいてい別の人を紹介します」。モリスはさらに、自分の年齢の上下10歳以内に顧客を限定している。「若い人たちと話すと、自分の生き方や行動様式に若者を巻き込んでしまいます。……人生で同じような局面を経験してきたとはいえ、彼らの立場には立てません。この仕事に対しては年代ごとに考え方が違うのです」

モリスの事例は、ある大きな現象の極端な例である。すなわち、社会的アイデンティティと信頼には関連性があること、その関連性がウェルス・マネジャーと顧客の関係に対して意味を持つという現象である。一部の顧客との関係においては、社会的アイデンティティの特定の側面しか信頼形成の一因にならず、その他の側面は信頼形成を阻害する。たとえば、インド系イギリス人のウェルス・マネジャーのシバニは、ある年配のインド人男性顧客と仕事をする際に、若齢とジェンダーが当初どれほど不利に働いたか打ち明けた。伝統的なインドの家父長として、若い女性から助言を受けることを不愉快に思うと、その顧客は初っ端に明言した。だがシバニによれば、どんな問題を持ち込んでも解決する彼女の専門能力と手腕に、彼はやがて感銘を受けるようになったという。それでも、彼はその信頼を筋の通った言葉――たとえば「わたしのウェルス・マネジャーは専門能力が高いので、彼女を信頼している」など――で表さずに、シバニのエスニシティを強調して表すようになった。彼女の年齢とジェンダーを消し去ったのではなく、インドの家族の伝統的権威構造に則した言葉で、それをとらえ直したのだ。「彼は結局、わたしがインド系であることは喜ばしいと判断して、資金運用チーム［全員白人でヨーロッパ人］との打ち合わせでときどきわたしの方を向いて、「きみはインド人だから、わたしの言いたいことがわかるだろう」と言うのです。その顧客は今やわたしの父親のように振る舞い、彼が父親であるかのように、わたしが助言をすると思っています。まるで自分の娘であるかのようにわたしにアドバイスして、お勧めのレストランまで教えてくれます」

シバニの事例は、身体が専門家と顧客との交流に、ひいてはハビトゥスの傾向と態度にまで、影響を及ぼしうることを明らかにする。(64)この場合、これに関連してシバニが体現する特徴は人口統計的なもの、つまり年齢やジェンダー、エスニシティだった。適切な権威の行使はかくあるべしという顧客の信念に反する関係（年長男性が年下の女性に助言を受ける）として始まったものが、インドの伝統的な家族関係を反映した関係へと変わり、共通のエスニシティで固められた。新しいワインの古いボトルへの詰め替えの社会的アイデンティティ版は、無意識に使われることが多いとはいえ、見知らぬ者と信頼を確立しようとする際によく使われる戦略である。(65)

結び

顧客の富を守るために（そしてその財産に対する真の脅威を見積もるために）必要な情報提示、親密性、誠実さのレベルは、標準的な仕事の付き合いをはるかに超えている。著者の研究の協力者によると、この種の信頼をなかなか置きたがらない顧客の姿勢は万国共通で、何代にもわたりプロのウェルス・マネジメント・サービスを頼りにしてきた「オールドマネー」の顧客でさえ、例外ではないという。発展途上世界の顧客となると、この問題はいっそう深刻になる。彼らは腐敗した政府と弱体化した法の支配を身をもって経験しているので、情報提示や自分の財産に対する主導権の放棄をとくに嫌うのだ。そのうえ、さまざまな文化的背景を持つ顧客もタブーや家族内の遺恨を抱えており、彼らの富に影響を与える問題について、正直に心開いて話をしてもらうことが難しくなる。

そのため、個々のプラクティショナーには尋常ではない負荷がかかる。彼らは、各顧客向きのきわめて個人的な方法で信頼を身につけるという任務を負っている。他人に知られては困る顧客の家族の秘密に通じ、家族の議論に巻き込まれ、他界した家父長の権威の代役を果たし、ウェルス・マネジャーはときにほとんど顧客の家族の一員のように振る舞う。この意味において、ウェルス・マネジャーに対する信頼は、合理的官僚制の専門知識と社会経済的絆との珍しい組み合わせを基盤としているのだ。

このような疑似家族の親密さが生まれた結果として、ウェルス・マネジャーの物理的存在——彼らの人口学的特徴、およびその性向や振る舞いも含めて——は、彼らの専門能力と同等の重要性を帯びるのである。顧客の観点からすると、ウェルス・マネジャーの身体的風貌は、サービスの質と信頼性を示すいくつかのメッセージの一つなのかもしれない。「検査道具などないのだから、顧客はプラクティショナー本人を信頼しなくてはならない。……信頼は立派に見える人物に置かれる」[66]。当然ながら、何を信頼できるか、何が立派であるかについては、環境に応じて異なるだろう。環境がとくに大きく異なる場合には、専門知識と自己提示方法を「現地化」するために、ウェルス・マネジャーにさらなる難題が突きつけられる。

インターネットや電話を介して行える、現代の多くの専門職の業務とは異なり、ウェルス・マネジメントの顧客サービスの提供は、直接の交流で生じる身体的な活動のままである[67]。専門能力を披露するだけではなく、富裕層の信頼を獲得するような方法で、文化資本と社会的アイデンティティを使うよう求められるのだから、贅沢なサービスだと言える[68]。本章で示した証拠からわかるように、顧客との交流において、巧みな自己提示――ブルデューはこれを「表現という労働」と呼んだ――を行うことは、資産管理計画の準備と同じくらい重要な仕事なのだ[69]。これは、「職業化のプロセスの根本的で見逃されやすい側面」である[70]。

本章では、顧客との関係の社会経済的、文化的側面を中心に述べてきたが、次章は、富裕層が持ち込む典型的な問題をウェルス・マネジャーがどのように解決するのかについて検討する。顧客の問題や適切な解決策は、背景となる文化や国によって異なる場合が多い。これが、財産の保全の新たな形を生み出すきっかけとなり、ウェルス・マネジメントを――基本的に保守的な姿勢の仕事であるのに――世界を舞台にした金融と法律のイノベーションの最前線に押し出すのである。

第4章　ウェルス・マネジメントの戦術と技術

第3章で述べたように、顧客の生活世界にウェルス・マネジャーが没入することは、莫大な私財の保護に必要な独特の戦略的指針を育むためには不可欠である。[1] このような考え方が実際にどれほど独特であるかが、イギリス領バージン諸島（BVI）で何十年もバンカーと受託者の経験があるイギリス人のアランにインタビューをしている間に、何となくわかるようになった。BVIのようなオフショア金融センターを利用した国際的なウェルス・プランニングの恩恵について話しているとき、アランは言った。「もしビル・ゲイツがマイクロソフトを海外で設立していたら、今頃は金持ちになっていたのに」。ちょっとした英国風ユーモアだと思い、わたしは笑った。ところがアランは、「つまり、とんでもない金持ちという意味だよ」と言うのだ。メモから顔を上げると、彼は真剣な眼差しでわたしを見つめていた。

ビル・ゲイツの私財は790億ドルにのぼり、過去21年で16回も『フォーブス』誌の世界長者番付トップの座に就いた。この記録を鑑みれば、ゲイツのウェルス・マネジメント戦略を批判する者などほとんどいないだろう。だが、超富裕層の顧客と定期的に仕事をしている専門家の見解では、ゲイツがオフショア金融センターを利用しなかったこと——少なくとも彼の私財を保護する目的で——は、重大で深刻で厄介な怠慢であった。アランのいら立った口調は、遺言書を書いていないか生命保険に未加入の中流階級の依頼人について語る、弁護士かファイナンシャル・アドバイザーのようであった。(2) 大きな恩恵に浴することが一目瞭然で、しかも実行が容易な戦略が見過ごされている、とアランは感じたようだ。

ビル・ゲイツの莫大な財産に対し、ゲイツがいくつかの妙手を見逃している、もしくは不十分な助言しか受けていない、と結論づける者がいるのはなぜか。これを理解するには、ウェルス・マネジメント業界の基準を知る必要がある。第3章で示したように、何億ドルとは言わなくても何千万ドルもの資産を保有し、専門家に運用を任せている顧客とプラクティショナーが仕事をするのは、普通のことである。富の保有が一か国の不動産だけの「地主階級」は今でも存在するが、それは例外的なケースになってきた。この業界の新基準は、多岐にわたる資産――その多くが世界的に移動可能で代替可能な資産――を、複雑な金融－法的構造で、複数の法域において保有することである。こうした環境では、オフショア金融センターの利用は当たり前のことなのである。

複数の住居、頻繁な旅行、集中的な資本移動への要求は、この集団をよく表す特徴である。たとえば、ドバイを拠点にするイギリス人弁護士のマークは、自身の業務を次のように語った。「典型的な依頼人は……10以上の法域に資産を有し、また別の数か所の法域に家族を住まわせています。自分の富を可能な限りもっとも効率的に保有できるように、不必要な課税で富を失ったり遺言書の検認に巻き込まれたりしないように、彼らは大勢の仕事の虫を必要としています。わたしたちはまた、資産保有者の資産を台無しにするような家族争議を確実に回避したいとも考えています」

ケイマン諸島を拠点とするイギリス人ウェルス・マネジャーのアリステアも、同じような発言をしていた。彼の35人の顧客全員が、富を世界中に分散させて保有している。「どの顧客も少なくとも一つの――三つかも――下位会社に、最低一つ――四つかも――は信託を保有しており、それぞれに異なる目的があります。妻向けに設立した信託、恋人向けに設立した信託という具合に」。愛人のために、家族には内密の長年関係のある女性と子どもたちのためなど、こうした状況はオフショアの世界では普通であり、ありふれた話のようだ。ロイズバンク・インターナショナルは25年以上も前に、オフショアのウェルス・マネジャーの典型的顧客について、40代の男性実業家で、母国の税法も相続法もかいくぐり、愛人に財産を残すためにオフショア信託を利用する、という人物像を描いた[3]。

この例が示すように、現在のウェルス・マネジメントは、不動産の所有権を受動的に保持していたその起源から大きくかけ離れている。これが主に資本主義と富の性質の変化によってもたらされた経緯を、第2章で説明した。かつては騎士が武力を駆使して富を守っていたが、その任務は現在、法的な操作に取って代わられた。一家の財産の形態として産業資本が土地に取って代わるにしたがい、その法的操作は徐々に複雑で革新的な内容になった。

19世紀末を迎える頃、経済学者のソースティン・ヴェブレンは、彼の時代に生じた富の基盤、および富を保持し増やす手段の素早い変化を、興味深く観察した。「有閑階級の経済的基盤は、昔から富の所有であった。だが、蓄財の手段、および富を保持するために必要な贈与権は変化してきた。……蓄財に適した方法として、単なる攻撃や抑えがたい暴力が幅を利かせていたが、狡猾な手口やごまかしに取って代わられた」[4]。こうした変化は、一つには「金ぴか時代」にウェルス・マネジャーの重要性が増したことでもたらされた。またこの変化が、ウェルス・マネジャーを職業として発展させる一因となったことは間違いない。富の国際化と「過度に動的な」資本の登場によって、彼らの仕事がいかに発展し、1世紀後の状況を明白に示していたかを、本章で探る[5]。

ウェルス・マネジャーという職業が、富の代替可能性が増したことで19世紀に変化したように、ウェルス・マネジメントもグローバリゼーションの影響の下で変容した。マークはこう説明する。「１９９０年代後半に、『フォーブス』誌の億万長者級の新種の大金持ちが大発生し、以来増加の一途をたどっています。個人向けの信託と相続計画を請け負う業界が現れるなんて、80年代にいったい誰が予想したでしょうか？なぜそうなったのかと言えば、そのサービスを利用する個々人が、小国に匹敵するほどの富を所有しているからなのです」。マークをはじめとして著者の研究に協力したその他数人が述べたこの経緯と、社会科学者が現在「金融化」と呼ぶ現象とは、おおよそ一致する。(6) とくに、通貨管理の緩和と、１９７０年代から８０年代にかけての金融市場の規制緩和が結びついて、国際商取引と投資利益の爆発的な増加につながった。(7)

その結果として、ウェルス・マネジメント・サービスを必要とする新たなエリート集団が登場した。彼らの財産も彼ら自身もよく移動するので、法律で想定された通常の地域的境界線内ではなく、まるで国家と国家の間に存在するかのように見える。(8) この新たに出現した「多地域にまたがる」顧客は、それまでとは異なる種類のサービスを求めた。既定の国家内で法的、金融的機会を最大限に活用するのではなく、個々の国家の法律の間の不一致やすき間の利用を重視するサービスである。(9) これは「規制裁定」として知られるテクニックで、多くの顧客に提供されるウェルス・マネジメント戦略の基本の一つである。(10)

この変化に足並みをそろえ、ウェルス・マネジメント企業は顧客に対するプレゼンテーション方法を変えてきた。組織の安定性を謳ったメッセージ——第2章のノーザン・トラストの広告のように——から、国際舞台での組織の敏捷さを謳うメッセージへと軸足を移したのである。たとえば、２０１２年に南アフリカで開催されたＳＴＥＰ設立総会で宣伝をしたある企業は、「国境を越えた複雑な問題の解決に精通しています」と書かれた広告を配付した。彼らが提供するサービスは、「お客様に応じた国際的な租税構造」や「国内外での不動産、ヨット、航空機の購入」から、「海外移住」や「節税効果のある離婚調停」にまで及んだ。このような多岐にわたる活動はすべて、国境を越えた取引に関わる法律のすき間と不一致から顧客が得られる利益を管理し、最大化することを基盤としている。

この「規制裁定」の本質は、ヴェブレンが1世紀以上も前に明らかにした「狡猾な手口やごまかし」の現代版を前面に出すことである。この手口の現代版には、「法規を守りながら法の精神に背く運営をする」革新的な金融・法律行為が含まれる。[11] 第三者の目からもっとも厄介に見えることは、このような戦術は完全に合法だが、規則に対して「表が出ればこっちの勝ち、裏が出ればそっちの負け〔どう転んでも損をしない〕」というアプローチをしている点である。米国議会のある委員会が指摘するように、ウェルス・マネジメントの顧客は、「望ましい税務ポジション〔たとえば利益を得るチャンス〕を支持する場合は頼りにするくせに、そのようなポジションに反する場合には無視して、法規を一方通行の道路として」扱っている。[12]

必要不可欠なオフショア金融センター

米国議会の委員会の非難からわかるように、ウェルス・マネジメントの顧客に共通するもう一つの特徴は、法や政府が課す制約の順守を渋る姿勢である。納税額を減らしたいという願望はほんの序の口である――それに一部の者（アラブ首長国連邦のように無税の法域の者）にとって、これはまったく見当違いの話である。多くの富裕層は「政府に課された煩わしい、不合理な、あるいは予測できないと彼らがみなすものを免れる」ことを望んでいる、と言ったほうが正しいだろう。[13] その策略は、「一部のイスラム諸国における利息支払いの禁止」など比較的害のないものから、「武器取引および国際制裁と禁輸措置の回避」などのさらに悪質なものにまで及ぶ。[14] 彼らが回避しようとする制約には、現代の政治経済における富の生成の主要な舞台である、世界金融市場への参加を制限するという共通点がある。[15]

ウェルス・マネジャーは、顧客が束縛されずに自由に蓄財を行えるようにして、成長と移動に課されるこうした制約から資本を「解放する」。皮肉なことに、ある国家の制約から富を移転するには、別の国家を頼りにする必要がある。別の地域から「解放」された資産を求めて国家は張り合い、資産を保護しようと別の方法で主権を用いる。世界の上流階級の資金をめぐるこの競争の結果として、法人向けおよび個人向けのウェルス・マネジメント計画にとって、オフショア金融機関の利用が不可欠な要素となったのである。

こうした地域がウェルス・マネジメント業務にとって重要であることは、STEPの研修の受講内容からもわかる。TEP免許取得の入門コースでは、オフショアについての解説が教科書の冒頭から28ページも費やされる（教科書の11パーセントを占める）。言い換えれば、ウェルス・マネジャーが研修で最初に学ぶのは、私有財産保護のためのオフショア金融センターの利用なのである。取引ツールや富裕層が直面する問題に先立ち、これを学ぶことになる。

オフショア金融センターの特性

すべてのオフショア金融センター（OFC）が実際に沖合《オフショア》にあるわけではない――内陸のスイスがその顕著な例だ――が、その多くは島か、何らかの形で地理的または政治的に分離しているという特徴がある。「厳しい競争市場」で上流階級の富を引き寄せるために、OFCはこの特徴を自分たちに有利に使える。[16] イギリス海峡から南太平洋まで、カリブ海からインド洋まで、OFCは世界のあちらこちらにある。OFCには総額で、個人資産にして推定89億ドル、企業資産で数兆ドル以上が集まっている。[17] 世界で70から80あるOFCのなかでも、主にヨーロッパや中東、アフリカの資産が集まるスイスが、オフショアの個人資産の26パーセントを保有して優位を保っている。香港とシンガポールには主にアジアの資産が集まり、オフショア資産の16パーセントを占める。最後に、南北アメリカ大陸から資産が集まるパナマとカリブ諸島が、オフショア資産の13パーセントを占める。[18] このような世界有数のセンターに加えて、同じビジネスに関わる何十ものセンターが存在する。よく知られたところではチャンネル諸島のジャージー島とガーンジー島――イギリスとヨーロッパ大陸の中間に位置する――や、遠隔地で辺鄙なところでは、マレーシア直轄領のラブアン島、南太平洋のタヒチとフィジーの中間に位置するクック諸島などがある。

ＯＦＣはこのように多岐にわたるが、すべてのＯＦＣに共通する重要な特徴があり、これによってＯＦＣは単なるタックス・ヘイブンではなく、規制と説明責任から自由な地域になっている。

- 政治的に安定した政府
- 安定した経済
- タイムゾーンの点から、地理的にアクセスしやすく利便性があること（事務手続きの効率が良くなり、仕事で顧客との緊密な関係を築けるので）
- 定評ある銀行やその他機関の選択肢が多いこと
- 近代的で信頼できる通信手段
- 低税率または非課税の環境
- 適切な公用語（英語か?）

●優れた法律事務所や会計事務所などの質の高い支援サービス
●妥当かつ効果的な規制と監督
●政府、ウェルス・マネジメントの専門家、商取引における高い倫理観
●明瞭かつ公平な法律が存在し、管轄司法機関により適用されること[19]

以上の記述は安定性と利便性を強調しており、OFCを生命保険の加入か遺言書作成のように、当たり障りのないものに思わせる。確かに、教科書は、オフショア金融に頼ることを賢明で分別のあることとして、「個人、とくに実質資産を蓄えるためにこれまで懸命に働いてきた人にとっては、人生の有為転変に備えてある種の保険を探すことはしごく当然である」という文言で繰り返し正当化している。[20] ところが、教科書が言う「人生の有為転変」とは、自然災害でも突然死でもなく、たとえば債権者の支払い義務など、進んで引き受けてまっとうすべき、多くの法制度では義務とみなされていることなのである。

ここに、OFCの真の性質と目的について意見の不一致が顕在化する。STEPやウェルス・マネジャーの多くが、オフショア金融の利用を合法で必要であるとみなす一方で、業界の部外者の大半は見え透いた詐欺だとみなしている。最近、ある評論家は次のように語った。「オフショアは、社会に金を支払うことなく社会から恩恵を得ることを目的とした、裕福で力のあるエリートの構想である。……要するに、社会で暮らし社会から恩恵を受けるときに伴う義務からの逃げ道を提供することが目的である」。[21] なかんずくオフショアで発生する金融活動は、よく言っても「虚構」といったところだという意見が幅広く見られる。[22] つまり、資産は実際にオフショアに預けられていないのに、オフショア機関を「あたかも」通過したかのように資産が扱われているが、こうした銀行や企業は実際には「コンピューターのある小部屋」にすぎない。[23] その結果

出来上がったのが、多数を犠牲にして少数に利するさまざまな活動のために、秘密主義と法的隠蔽手段を授けるシステムである。この活動は、犯罪行為（ドラッグ取引の売り上げや賄賂のロンダリングなど）から、合法だが反社会的な戦略まで、多岐にわたる。ウェルス・マネジメントのプラクティショナーの圧倒的多数は、前者の行為をなんとしても避けるが、ほとんどの顧客とともに後者には関与している。[24] つまり、オフショア金融は「このままではいずれ市民社会と衝突」すると広く見られているのだ。[25]

歴史的観点からすれば、これは当然だと言える。ＯＦＣを完璧に定義するには、綿々と続いてきた金融の「汚れ仕事」が行われてきた秘密の空間の最後尾にＯＦＣがあたることを、考慮に入れなくてはいけない。これは何世紀も前にさかのぼる文化的慣行に根差している。いかがわしいが必要である金融活動は、かつて隔絶された特定の地域で行われていた。中世ヨーロッパでは、両替商は社会から隔離されていた。たとえばフランスのルイ七世は、１１４１年、牢獄の隣にある、セーヌ川にかかる一本の橋に両替業務の場を限定した。[26] カトリックが高利貸しを禁止している点に照らしても、利子をつけて金を貸すことは逸脱した行為とされており、よく知られているようにユダヤ人のゲットーで行われていた。ヨーロッパの歴代の国王はこのサービスを利用していたが、肉屋や処刑執行人と同様に、金貸し業は文明の端に追いやられていた。[27] ＯＦＣが先鞭をつけた大きな進歩の一つは、この孤立した状況――通常なら恥ずべきこと――を強みに変えたことだった。彼らが見出したように、「法律を制定する国権……は、競争性の高い資産として利用できる」[28]

「分裂の虚構」

通貨管理の緩和および海外旅行と通信が容易になったことで、ウェルス・マネジメントの戦略は現在、資産をできるだけ広範囲に分散させることを要としている。多くのＯＦＣの遠隔性と同様に、オフショア法域の数と種類が、この戦略の根底を構造的に支えている。具体的に言えば、税や規制から資産を守るためにオフショア法域を利用することは、１６４８年のウェストファリア条約以降世界の政治経済を支配してきた、国民国家体制の脆弱性につけ込むことである。

この体制では、各国家は別個の法人として扱われ、自由に法律を作り、他国の法律を無視できる。その結果現れたのが、国際法の調整機構により、また個々の国家間で結ばれた条約により、ところどころ緩やかにまとまったつぎはぎの体制である。だがこのような体制は、最高法規の力と比べれば比較的少数で弱い。ある研究は、「国境を越えた金融取引の当事者の行動を管理する規則の特徴で際立つ点は、統一された単一の法制度の欠如である」と結論づけた[29]。ウェストファリア条約締結後の何世紀にもわたり、人間と資本の移動性が低い間にかぎり、統一された法制度の欠如は重要ではなかった。だが次第に、世界中を速く容易に移動できるようになるにしたがい、法システムにおけるこの大きな欠落の存在――「規制の空白」――が問題になってきた[30]。ＯＦＣはウェルス・マネジャーの支援を受け、富裕層のビジネスを引きつける際に自らの利益になるように、こうした空白と対立を利用した。

たとえばＯＦＣは、オンショア法域の法律とは明らかに、かつ意図的に反する法律を通過させることができる。これには通常、課税関連の法律も、債権者や相続人の権利に関する法律も含まれており、オフショアで資産を保有する――実際にではなくても法的目的のために――個人に対して、オンショアでくだされた不利な判決は執行することができない。法の基本的原則では、主権国家は外国の法律または判決を執行する義務を負わないので、オンショアの国家がその主張を強制するためにできることはほとんどない[31]。これまでのところ、このような論争を解決する力、または法制度に集中させる力に関して、国際法機関は比較的無力である[32]。

この調整の欠如と、世界的に移動する人と資本という現実についていけない国際法システムを糧にして、OFCはウェルス・マネジメントの職業とともに、経済的にも政治的にも繁栄を享受している。法律をオンショアと切り離し、さらには競合するオフショア法域と差別化するように、各OFCは独自の法制度を考案し、富裕層の異なるセグメントの要求に応えている。このような環境、つまり「法律の縁《ふち》」では、第3章で記したように、文化特有の関心事や問題に取り組むために、専門家と立法者が「独特で革新的な、構造と契約、そして国家の組み合わせを創造して競う」ので、イノベーションが盛んになる。[33] 急ピッチで進む金融・法律のイノベーションは、二つの分裂を生み出す――オフショア世界の内部と、オンショアとオフショアの間にである。

これにより、ウェルス・マネジャーは顧客の資産を守る「分割統治」戦略を実行する手段が得られる。すなわち、課税や規制をしようとするオンショア国家の法務当局に打ち勝つために、異なるOFCの間で富を分けるのだ。一般的な取り組み方としては、二つの目的を念頭に置いて、顧客の財産の構成要素――株式のポートフォリオ、住宅、事業、ヨットなど――ごとに、それぞれ法制度を選択して割り当てる。目的の一つは、税金を最小限に抑えるためであれ、債権者や相続人の要求を退けるためであれ、顧客の利益にもっとも有利になる法域に各資産を据えることだ。どのようなことであれ、オンショア当局の追及から可能な限り保護することで、他を抜きん出ようとする法域は存在するのだ。もう一つの目的は、資産をできるかぎり広範囲に、できる限り複雑な構成で分散することだ。これによって、顧客の全財産の評価も、その所有権の評価も非常に困難になる。[34] 顧客とその資産を世間の目から消し去る効果を意図してのことだ。あるオフショアのウェルス・マネジメント企業は、それをモットーにしているくらいだ。そのウェブサイトの説明文には、「わたしは目に見えない存在になりたい」と書かれている。[35]

財産がさらされる危機

富裕層の財産の特徴である複雑さは、ウェルス・マネジャーが雇用される原因であり、彼らの仕事の産物でもある。だからと言って、上流社会の人たちがその分多くの問題を抱えているというわけではない。彼らの問題は、並の資産を持つ人々の経験とは性質が異なる場合が多いのだ。ドバイのマークは次のように説明した。「もしあなたが小国の指導者だとしたら、家族の誰かが反旗を翻してあなたを殺し、あなたの財産を自分のものにしようとするかもしれません」。彼らは訴訟や取締官、税務当局の脅威に加え、このような政治的危険にもさらされる。莫大な財産は、多種多様な関係者からの攻撃対象になる。

これが、ウェルス・マネジャーとその顧客の物事の見方に影響を与えているようだ。ほとんどの義務を厄介で不公平なものとみなすようになるのだ。たとえば、ウェルス・マネジメントの研修用教科書には、債権者の要求が、借り手が進んで担うべき義務としてではなく、自然災害の脅威でもあるかのように、「リスク」と表現されていた。[36] ほかには、「容赦ない訴訟社会」「厄介な規制」、それに当然、「没収も同然の」課税といった具合に、法制度自体も脅威とされている。[37]

超富裕層の顧客にとっては、負債をきちんと支払い、政府の費用を負担し、国家のその他の法律の順守を強いられることは、どうやら自由への侵害であるらしい。こうした義務から逃れたいという願いが、自己防衛（または財産の防衛）の名の下でウェルス・マネジメントのオフショア戦略を助長している。最近発表されたあるＯＦＣ研究は、半ば冗談で次のように述べている。「この世界には種々雑多な人々が住んでいる。古くからヨーロッパ大陸に住む城を所有する貴族階級、アメリカ人のリバタリアン、アイン・ランドの熱狂的支持者、世界各国の諜報機関のメンバー、世界的な犯罪者、英国パブリックスクールの男子生徒、多様な領主と女領主とバンカーが大勢。彼らの悩みの種は政府と法律と税金で、彼らのスローガンは自由」[38]

　こうした見解は、著者の研究の協力者の発言からも裏づけられる。仕事時間を減らすためにロンドンに移り住んだ、カナダ人のウェルス・マネジャーのドリューは指摘する。彼の顧客の多くが、「資産を守るためなら何でもします。税金を逃れるためだけに、家族や友人と離れて、遠方のタックス・ヘイブンの島に移り住んだりするのです――尋常ではありません」。パナマで仕事をするイギリス人のニックによれば、彼の顧客は何にも増して、「プライバシーを欲しがります。……自分の名前を［金融関係の書類に］載せたら、ＩＲＳ〔国税庁〕がやって来て財産をすべて取ってしまい、金をＦＲＢに引き渡すように言われると思っています。わたしの顧客のなかには妄想が激しくなり、ＦＢＩ捜査官が追跡できないように、歯を抜いたという人もいました」

　この点を踏まえると、ウェルス・マネジメントの顧客のほとんどは――著者の研究の協力者によれば――精力的で貪欲というよりも守備的で保守的である。ウェルス・マネジャーを雇うのは、財産を増やすためではなく、直面する数々の危機から財産を守るためなのだ。ガーンジー島を拠点にするウェルス・マネジャーのマイケルは、顧客の大富豪に見られるこの傾向について語る。「わたしの顧客で最少資産の顧客は、５０００万英国ポンドほどですが、超億万長者も何人かいます。その国籍も関心もさまざまです。チームを所有する人もいれば、アフリカの村やルーマニアの障害のある人たちに資金を提供する人もいます。ただ全員に共通するのは、いま保有しているものを保ちたいということなのです――さらに２、３パーセント増やすのではなくて」。この安全第一の方針は、超富裕層にだけ当てはまる特徴と思われるかもしれないが、ウェルス・マネジャーを雇うあらゆる階層の人に共通しているようだ。ニュージャージー州のジョージとメアリーは、富裕層のなかでも一番資産の少ない顧客層（投資可能資産が１００万ドル程度）を２人で担当している。彼らの顧客も、「リスクを最低限に抑え」、何よりも資本を維持したいという、似たような望みを抱いているという。

したがって、チューリッヒでウェルス・マネジメント専門会社を営むエリカが、自分の会社について語ったことは、その他ウェルス・マネジメント企業にもあてはまると思われる。「弊社は安全を与え資産の保全に努めます。警備会社のようなものです」。この方針は、顧客の資産管理方法をはるかに超えたところにまで及ぶ、とエリカは続けた。正確に言えば、顧客とその財産を保護するため、顧客との交流の実に細かい点まですべて入念に計画し管理しているというのだ。たとえば、エリカの会社のパートナー陣は決して顧客と一緒に外食しないし、公衆の場で一緒にいることもない。顧客がウェルス・マネジャーを雇う種類の人物だと特定されないためである。同様に、ドバイのポールもヨーロッパの顧客の機密を保護するために、メール送信のサービスを提供している。「わたしはあるドイツ人顧客と、スイスのプライベート・バンクと関係がありますす。そこのバンカーは、国境を越えてドイツの顧客に会いに行くとき、スーツとネクタイ姿では行きませんし、書類も持参しません。ドイツの国境管理当局はバンカーと見ると、「誰に会いに行くのか？」とすかさず質問するからです。そこで、そのバンカーの友人は、打ち合わせで使う書類をドバイのわたしのところに送って来て、わたしがそれをドイツに送るようにしています！」

こうした例が示すように、ウェルス・マネジャーが顧客とその財産を守るためにすべきことの一つは、自分たちと顧客との結びつきを遮断、または遮蔽することなのである。このような戦術や手法の目的は、顧客が富を利用し恩恵を受けられるようにしながらも、法律や部外者の目に富裕層とその富が結びついていると映らないように、切り離すことだ。

かつてそのために行われていた方法は、実に単純で「アナログ」であった。スーツケースいっぱいに現金を詰め込んで、オフショアの銀行まで手で持って運ぶのだ。顧客の代替可能資産については最近までこれが作業の標準的手順だったと、著者の研究の協力者の数人から聞いた。ロンドンで働くカナダ人のウェルス・マネジャーのドリューはこう語る。「オフショア金融センターは、ジョン・グリシャムの『法律事務所』にそっくりでした――現金の入ったスーツケースを抱えてケイマン諸島にやって来た人たちに、誰も問い質したりしません」。ドバイのポールからは、クウェートの顧客の話を聞いた。湾岸戦争のとき、およそ900万ドル相当の現金をスーツケースでこっそり国外に持ち出し、イラクを横切り安全なヨルダンの銀行までその「荷物」を運んだのだという。香港に拠点を構えるイギリス人ウェルス・マネジャーのスティーブは、1990年代初頭にイギリス領バージン諸島（BVI）で働いていた頃を振り返って言った。「自家用機で持ち込まれた大量の現金がありました。［BVIの］銀行の最大の不満は、現金計数器が少なすぎるということでした。使い過ぎて計数器の故障が相次いでいたのです」

だが、富の国際移動を透明かつ説明可能にする取り組み――多くの点で失敗に終わったが――は、このような資本の移動方法に終止符を打たせたという点では、確実に成功を収めている。[39] 国際銀行システムの調整強化（疑わしい資金を受け取る金融機関のある法域に、ブラックリストに載せるという脅しなど）と、「自分の顧客を知る」ため再調査（顧客の資金源を見きわめるなど）するように課せられた法的締め付けとの板挟みになりながら、現代のウェルス・マネジャーは、同じ結果を得られる別の手段に頼ることを余儀なくされている。一部の顧客にとって、この変化は望ましくない驚きだった。モーリシャスを拠点にするプラクティショナーのハサンは、日常業務最大の難問について語った。「現在のビジネスのやり方は10年前とは違うことを、顧客に納得してもらうことです。25年前なら、現金の詰まったスーツケースを手にジャージー島の銀行に行って、それを預けたいと頼んでも、何の問題もなかったでしょう。今はもうそんなことはできません。別の銀行に送金する場合でも、資金源を証明する書類が必要です。「昔気質の」顧客は、居住証明や、資金の出どころや、パスポートを求められることに慣れていません。「何でそんなことを言うんだ？　前はそんなものいらなかったじゃないか」と言われます。金融がどのような仕組みになっているのか、顧客に教えなくてはならないのです」

富裕層から持ち込まれる問題解決のために、ウェルス・マネジャーが金融・法律の三大ツール――信託、法人、財団――をいかに用いるのか調べることによって、「今の時代、金融がどのような仕組みになっているのか」について、次の項から詳細に検証する（三つの仕組みの詳細な考察については、ツールとしての相対的な強みの比較とともに、本章の付録で提示する）。顧客が持ち込む問題は、たいてい三つに分類される。一つは、政情不安定または腐敗した国家に住むことから生じる問題である。二つ目は、富裕層にとっては、課税や訴訟、資産の保全に不利なその他の法的事項に十二分に取り組みすぎる、適切に機能する安定した国家で起きる問題である。三つ目は、万国共通の悩みと言える家族に関する問題である。浪費家の相続人や家族間の対立で、富はあっというまに消え去るものだ。[40] 富に対するそれぞれの脅威は、完全に消滅することはなくても、金融・法律面の巧みな管理によって軽減させることは可能である。

政情不安と腐敗に関連する問題

政情不安と腐敗が深刻な国家では、金融サービスの需要が新たに生まれることもある。法の支配の弱体化など、個人が「たちまち金持ちになる」その要因が、一方では富の維持を難しくしている。そうした国の上層階級の人々にとって、課税はほとんど懸念材料にならない[41]。むしろ彼らは自分の財産にとっても自分の身にとっても、安全な避難先を探している。これは通常、ウェルス・マネジャーの手を借りて、資産をオフショア体制に置くことを意味する[42]。ケイマン諸島で働くイギリス人プラクティショナーのアリステアは、発展途上経済の富裕層が直面する一般的な問題について、そのあらましを説明した。「第一世界から第二世界へ、第二世界から第三世界へと行くにしたがい、適正手続きの尺度は下がります。……適正手続きを経ずに、資産が横取りされることが当たり前の世界になります。世界には適正手続きに従わないひどい国が存在し、それがOFCの栄えるまた一つの原因です。あなたのことなどどうなってもかまわない政権不安定な国にいたら、お金をその国に置いておきますか？　おそらくそうはしないでしょう。その国で生まれ育ったとしたら、そうやすやすと国を離れたりはしません。ですから、国を出ることは選択肢に入りませんが、あなたのお金は国を離れることができます」

政情不安に関連するこうした一般的なリスク以上に、発展途上世界の国家または地域には、私有財産への脅威に関し、目立った「リスク・プロファイル」がある。

たとえば、南アフリカのアパルトヘイトの歴史を見れば、富裕層の懸念に人種的な側面があることがわかる。南アフリカのウェルス・マネジャーのチャールズはこんな話をした。「長年にわたって莫大な財産を築いてきた年配白人の家庭は、現行政府の意向と共産党の政権掌握の可能性を大いに危惧しています。彼らは資産をオフショアに移し隠匿することに注目しています」。言い換えれば、彼らはこれまでアパルトヘイト政策の下で財をなしたが、今度は財産没収など、人種に基づく報復を恐れているのだ。彼らの懸念は必ずしも根拠がないわけではなかった。与党のアフリカ民族会議の党員からは、白人が所有する農場を取り上げ、黒人市民に再分配すべきだという要求も出ていたからだ[43]。

アフリカの顧客にとって、モーリシャスは母国に近く、「新たに急成長する導管タックス・ヘイブン」として好まれている。[44] アフリカとインド亜大陸間のインド洋に位置し、両地域の経済におけるキープレイヤーになっている。立地が便利であるうえに、安定した比較的「クリーン」な統治環境も提供する。NGOのトランスペアレンシー・インターナショナルのデータによれば、モーリシャスはこの地域でもっとも信頼できるパブリック・センターの一つだということだ。アフリカのサハラ砂漠以南の47か国のうち、モーリシャスは政府の腐敗のない国のリストのほぼ首位に立っている。[45] こうしたことから自ずと、モーリシャスと歴史あるヨーロッパの金融センターとが比較されることになる。モーリシャスでウェルス・マネジメント企業を営む、同国出身のハサンは、アフリカの顧客にとって何が魅力なのか説明した。「モーリシャスは安全で規律正しい国です。もしあなたがケニア出身なら、自分の利益をアフリカ大陸に持ち込むのはちょっとどうでしょうか、まあアフリカはアフリカですからね。そうしたアフリカの国の人たちは、将来に備えて自分の金をここに置いておくほうを好みます。第二次世界大戦中、自国の政情不安のために、スイスを利用して一時的に金を預けていた人たちみたいなものです」。スイスが他国からの調査や差し押さえにより、預けられた資産を守る力を失うにともない、モーリシャスがビジネスを獲得している。[46] やはりモーリシャス出身のウェルス・マネジャーのガーヤトリーは、スイスの銀行の無記名口座を断念する顧客を見てこの点に気づいた。「スイスで顧客の守秘義務が守られなくなっているので、多数の銀行口座がモーリシャスに移されています」

アフリカとインドの富裕層が主に腐敗の回避に関心を抱くのに対し、個人資産が世界のどの国よりも急成長を遂げている中国とロシアの富裕層は、別の種類の懸念を抱いている。両国の政治を振り返れば、腐敗だけではなく、粛清や見せしめ裁判、失踪などが歴史に散りばめられているのがわかる。[47] そのため、政治的報復行為の回避が主に考慮すべき事柄となる。ロンドンを拠点とするカナダ人のプラクティショナーのドリューは、中国の状況について述べた。「無法社会です。中国人の多くは、自分も財産も将来政府から何をされるかわからないと恐れており、脱出計画を立てたいと考えています。この国では時折、「おまえの番だ――今度はおまえが貧民だ」と政府から急に矛先を向けられることがあります。だから、中国の人には脱出計画が必要なのです。……もし政府から矛先が向けられた場合、イギリスかカナダかアメリカか一番近い大使館に行って中国を脱出しても、オフショアにはたんまり現金があるという寸法です」。オフショアのどんな資産が「たんまり現金」を含んでいるのかというと、それはたいてい信託ではない。

理論的には、信託は資産保護として優れた方法だと言える。だが実際には、政情不安定な国の富裕層にとって、好ましいツールではない。第3章で、共産党政権下の裕福な人々の多くが、信託設立に必要なフィデューシャリーに信頼を置くことに乗り気ではないと述べた。そのうえ、政府の財産没収を免れようとして信託を利用したのに失敗し、注目を集めた事例もいくつかあった。たとえば、プーチン政権を批判したユコス石油会社の社長ミハイル・ホドルコフスキーが、政府によるユコス資産の没収を回避する目的で、株式の大半をガーンジーの信託に入れた。だが、ロシアの法制度は大陸法に基づいており、またハーグ信託条約の非署名国であることから、ホドルコフスキーの動きは失敗に終わった(48)。

以上の点を踏まえると、中国とロシアの富裕層は概して財産への主導権、および自分自身と愛する人たちの運命に対する主導権を強める手段により、資産を守ることを好むようである。なかには「投資家ビザ」プログラムを通して、イギリスやアメリカ、カナダの居住権にそのまま「投資」する者もいる。ロシアと中国のエリートの間では、イギリスのプログラムがとくに人気がある。最低200万ポンドの投資（その大半はイギリスの株式か債券でなくてはならない）で、申請者自身のイギリスでの居住権と労働権を取得でき、さらに、たとえば英語運用能力の条件を満たすなどのお決まりのお役所仕事を通さなくても、配偶者や扶養者を連れてくることができる。2014年、この種のビザの取得者の43パーセントが中国人で、22パーセントがロシア人だった。[49]

最高級の不動産物件――なかでもロンドンとニューヨークの物件――も、裕福な中国人とロシア人の間で人気のある選択肢だ。多くの場合、こうした物件に所有者または誰かほかの人が入居することはなく、単に「不確実な世界の安全な避難所として、富を一時的に置いておく」ために購入される。[50] このような事情から、マンハッタンの豪華物件の推定30パーセントが、1年間のうち10か月は空き家状態になっている。そのうえ、こうした物件の大半が現金で売却されるので、所有者の身元の手がかりとなる住宅ローン関係書類が存在しない。[51] さらなるプライバシーの保護を期して、このような物件の多くは（ロンドンでもニューヨークでも）、個人名ではなくオフショアの組織を通して購入される。[52]

発展途上国の顧客がオフショアの制度を利用する際には、企業による管理を好む傾向がある。中国の富裕層の間では、オフショア企業を配置する場所として、ケイマン諸島は香港に次いで2番目に人気がある。[53] ケイマン諸島の企業は、南北アメリカ大陸の市場に投資するうえで法的に参入しやすいという点もあるが、ここでの企業設立の主な魅力は租税回避にあるようだ。この地で法人化された企業は、中国で投資やその他活動により生じた利益を一時的に保有する場所として使える。これは「ラウンド・トリッピング」と呼ばれる行為で、この利益はその後、「外国投資」に名を変えて中国に戻され、その投資に対して課税されることはない。[54]

裕福なインド人は、島国のモーリシャスを同様の目的で利用する。インドの外国からの投資の40パーセントはモーリシャスだと推計されるが、それは両国間で取り交わされた特別租税条約によるところが大きい。[55] このような条約――二重課税防止条約（DTAA）と総称される――は、税収入による「戦利品」を双方の間でどのように分けるか定めるものだ。モーリシャスとインドの条約は、ほかのオフショア・センターと比べて、大きな競争優位性をモーリシャスにもたらす。モーリシャス出身のプラクティショナーのアジュルンは言う。「ＤＴＡＡのおかげで、よその法域ではできない企画をここではたくさん立てられます。インド企業の株式を組み込みたい顧客がいたとすれば、ジャージー信託でも可能ですが、［ジャージーは］インドとＤＴＡＡを結んでいません。……モーリシャスで法人化されたオフショア機関を通じ、顧客は税制面で大きな優遇を受けられます。通常の税率は18パーセントですが、モーリシャスを通せば、利益に対し３パーセントしか払わずにすみます」。法人所得税を減らせるうえに、インドのキャピタルゲインの税率が20パーセントなのに対し、モーリシャスではキャピタルゲインが非課税なのだ。全体的に見れば、モーリシャスを介した「ラウンド・トリッピング」により、インドは年間税収のうちの推定70億ドルをもらいそこなう計算だが、インドは外国投資を失うことを恐れて、これまでのところ厳重な取り締まりには腰が引けている。[56]

ＢＶＩはロシア企業のお気に入りのオフショアであり、中国企業が用いるオフショアのトップテンに入る。その大きな魅力は、イギリス領であることからロンドンの不動産と金融市場に能率的にアクセスできる点にあるようだ。[57] ロシアの顧客は２０１３年の第一四半期だけで、３１７億ドルをＢＶＩに流した。[58] 中国人顧客のＢＶＩ法人の利用は、この島の歳入のおよそ30パーセントを占める。[59] 自国政府による財産没収を懸念する人々にとって、「ＢＶＩ法人の何重もの守秘義務」は安心感をもたらす。[60] 一方で社会的要素もある。あるイギリス人弁護士によれば、「自分名義のＢＶＩ会社を最低でも１社所有しなければ、本当に成功したことにはならないと、［中国人の］依頼人が言っていた」という。[61]

クック諸島でウェルス・マネジャーの仕事をするニュージーランド人のネッドによれば、アジア市場に展開するＢＶＩ法人を所有することは強い影響力を持つので、アジア人の多くの顧客は、オフショア法人全般を「ＢＶＩｓ」と呼び、「財産をＢＶＩｓに預けたい」と言うそうだ。別の法域で法人化するほうが格段に有利だと勧めても、彼らを納得させることは難しいとネッドは言う。スイスで働くアメリカ人ウェルス・マネジャーのブルースも似たような話をした。「ロシア人の顧客は友人と同じ資産内容にしたがります。たとえそれが、顧客の実情に合わなくてもです。たとえば、「ケイマンかＢＶＩの会社が欲しい」と言われて、あまり良い考えではないと説明したとします。するとよくこう言われます。「それはどうでもいい。わたしはそこがいいんだ。友だちが持っているのだから」。友人と同じことをするということが、彼らを安心させるのです」。このように、自国政府に財産を没収される恐れに対処する際、富裕層はなじみのあるものから安心感を得る。経済的利害を差し引いても、よく知られた会社組織を好み、しかも、それを社会で同等の立場にある人たちによく知られた場所に置くことを好む。

ロシア人や中国人のように、ラテン・アメリカの富裕層も自国の法の支配に確信が持てず、腐敗を懸念している。この地域の富裕層の家族にとって、誘拐は大きな問題である。安月給の（ときには無給の）政府職員が賄賂を渡されて、高額納税者や高額預金者の名前を漏らすおそれがある。ＢＶＩで働くイギリス人のシャーマンは、ブラジルやメキシコの顧客から、「銀行に行って１００米ドルを払えば、１億ドル以上の預金者全員の住所と名前が手に入る」と聞いたことがあるという。同じように、キプロスに拠点を置くイギリス人のフランクはラテン・アメリカの顧客数人から、会話でも書類でも家族の名前にコードネームを使うように求められた。裕福な家庭の出身という情報と結びついて、誘拐の対象にされる危険を減らすためだ。

こうした安全とプライバシーについての懸念が、ウェルス・マネジャーに依頼して資産をオフショアに移す動機になる――地元の銀行を使わず地元当局のレーダーに引っかからないようにするためだ。さらに、ラテン・アメリカの人々は、自国政府の経済政策や、政府による財産没収に適用される所定の正式な手続きについて、長年懸念を抱いている。ブエノスアイレスでウェルス・マネジャーとして働くカルロスは、次のように説明した。「顧客がお金を国外に出したがるのは、政府から奪われないようにするためです。無茶苦茶な没収ですよ！　顧客の第一の懸念は課税ではなく政府による強奪です。アルゼンチンのインフレ率は年間30パーセントです。そこで、政府の認可を受けた銀行は、国民のドルを取ってペソを与えるのです――そうすれば、銀行は国民に格段に安い通貨を与えて、強い通貨を手に入れることになります」。対策は、顧客が自分の財産をアメリカドル建てで所有することだと、カルロスは指摘した。

そのもっとも簡単な方法は、公式通貨としてアメリカドルを使用するパナマに財産を保有することである。都合のいいことに、パナマの公用語はスペイン語であり、その他ラテン・アメリカ諸国に地理的にも近い。何よりも重要な点は、パナマはこの地域でもっとも政情が安定した国であり、長い間低いインフレ率を維持していることだ[62]。こうした下地が、いわゆるパナマ文書が重要視される理由の一つとなっている。パナマ文書とは、パナマ市を拠点にする一軒のウェルス・マネジメント企業の数十年分の書類がジャーナリストに流出した事件である。パナマは世界のウェルス・マネジメント業界のなかで、重要なニッチを自力で生み出し、世界中の各方面のエリートの間に人気を博してきた。中国人俳優のジャッキー・チェンから、サッカーのスター選手でアルゼンチン出身のリオネル・メッシ、ヨーロッパやアフリカ、アジアの首脳まであらゆる人物を引きつけた。パナマより重要でないオフショア法域からの漏洩だったら、これほどの内容は明らかにならなかった可能性が高い。

パナマはオフショア業界のなかでも、財団の形態を得意分野にしているので、この国に流れ込んだ富のほとんどは信託ではなく財団に向けられた。前述したブルースのコメントにもあったように、これは、ラテン・アメリカの顧客が自分の資産を財団に置くことを好む証かもしれない。理論的には同じ目的でオフショア企業を利用することもできるのに、彼らがオフショア財団のほうを好むのは、OFCとしてパナマを利用している事実の所産かもしれない。遺留分権を有する法定相続権〔所定の方式に従い、かつ正当な理由を示さないかぎり、遺言者が相続分を奪うことのできない法定相続人〕がその決め手かもしれない。大陸法を用いるラテン・アメリカでは、死後の財産分配を個人が自由に決めることにかなりの制限がある。カルロスはアルゼンチンについて、「イスラム諸国以外の国では、遺留分権を有する法定相続人の比率が一番高い国です――資産の80パーセントが子どもに相続されることになります」と説明した。企業構造において資産はこうした相続法の適用下に置かれるが、パナマの法律は、パナマの財団に保有される資産に対して、外国のいかなる相続法の適用も明確に禁じている。(63)

第一世界の抱える問題――機能する国家と法の支配

十分に発展した政治制度と経済を兼ね備えた国家では、富裕層の希望からすると、政府が少しばかり効率的に、確実に機能しすぎるきらいがある。ラテン・アメリカやロシア、中国の富裕層とは異なり、ヨーロッパと北米の富豪は通常、政府の報復や誘拐や激しいインフレに悩むことはない。だが彼らもやはり、自分の資産の保全と分配能力を制限するものを打破したいという欲求を抱いている。先進国の場合、そうした抵抗はたいてい租税回避、および債権者や離婚予定の配偶者、不満を抱く相続人に対する支払いを逃れようとする形で現れる。

ウェルス・マネジャーはこのような顧客のために、顧客とその資産がオンショアの法律に影響を受けないように戦略を立てる。その戦略は、顧客が逃れたい法律の種類によって異なる。その種類は一般に、課税に関する法律、債権者に対する義務を定めた法律、儲かる取引機会の制限の三つに分類される。それぞれの問題について、次項から順次詳しく述べる。

租税回避

課税に関して言えば、法律は明確に租税回避と脱税とを区別している。前者は合法だが、後者は違法である。租税回避は、法的に認められたあらゆる手段を用いて、顧客に請求される税金の額を減らそうとする。所得税はもちろん、キャピタルゲイン税、相続税、固定資産税にいたるまで、大幅に削減することが目標である。トップの公式声明や組織の研修用マニュアルからすると、STEPは一部の課税は道理にかなっているが、多くのオンショアの政府の方針は行き過ぎで不公平である、という姿勢をとっている。世界中から数千人ものプラクティショナーが駆けつけたSTEPの会議で演説を行った、ある著名なウェルス・マネジャーは、イギリス税務当局を「内国歳入庁の泥棒男爵」と呼んだ——この発言に聴衆はうんうんとうなずき、自分もそう思うといった含み笑いで応じた。STEPの行事や出版物で繰り返し発信されるこのようなコメントを通して、STEPは租税回避を、政府当局の不当な権力の行使に対する自己防衛だと定義している——これは、ウェルス・マネジャーを雇う顧客が、自分の立場をどのように見ているかにも通じるようだ。彼らを「右派のアナーキスト」と呼んでもいいかもしれない。自分たちに向けられた場合にかぎり、彼らは国家権力の削減を支持しているように思える。(64)

国家権力から私有財産を守ることに関して、信託と財団はその歴史的役目を今なお果たしている。先進国の裕福な人々が、この目的で法人を利用することはめったにない。先進国ではかなり前に、法人税逃れの戦略を出し抜く法案が可決されたからだ。(65) かなり単純な構成の資産を持つ顧客——つまり、関係する国と富の源泉が一つか二つしかない場合——は、オフショアを利用する必要はないかもしれない。母国で設立した財団と信託で、必要な保護はすべて受けられる。これは、相続税をめぐる問題が主たる懸念事項だという顧客には、とくに当てはまる。ニューヨークのプラクティショナーのモリスは、ゴールドマン・サックスのパートナーである一人の顧客について話した。その顧客から、彼が契約している法律事務所が作成した租税回避戦略よりも効果のある戦略を作ってみろ、と要求されたのだという。彼にとっては、ウェルス・マネジャーならではの特別なスキルを披露するチャンスだった。「そこで、彼にこう言いました。「お子さんたちに5000万ドル渡し、国税庁（IRS）に5000万ドルを渡すという、あなたの弁護士のプランの代わりに、お子さんたちに5000万ドルを渡し、現在あなたの持つ1億ドルの管理権は維持し、IRSには1ドルも払わないというプランはいかがですか？」。もちろん、「どうしたらそんなことが？」と聞かれます。そこで、子どもたちを適切な理事職に据えて、慈善財団を設立する案を説明しました。わたしは常々言っているのですが、我が国の遺産税はいわば任意の税なのです──事前に対策を練らなければ払わされるだけなのです」。この例が示すように、信託が利用しやすいアメリカのようなコモンローの法域でも、財団は利用されている。たとえばアメリカでは現在、4万の家族財団があり、その資産総額は数千億ドルと推定される[66]。

モリスが指摘したように、税金の支払いを減らそうとして財団を選ぶ顧客にとっては、管理権が大きな魅力である。財団創設者とその家族は、財団の資産を所有するわけではないが、その資産運用に関しては管理できる。また財団の役員として、かなりの額の給与を自身が受け取ることができる。資産が相続税の対象にならずに富を家族に移転する方法として、このような給与は役に立つ。しかも、財団は（表向きは）慈善目的であるおかげで永久に存続が認められているので、税金のかからないこの富の移転は、何世代にもわたり際限なく継続可能である。一家の財産を減らさないためにも、この点は重要である。さもなければ、世代間移転にかかる税金やその他の強制的な力で、2、3世代のうちに財産が消散するおそれがある[67]。したがって財団は、信託と一部同じ目的を達成するために利用できるが、受託者を指名する必要も、分配金を要求する必要もない。しかし、これにはコストが伴う。多くの法域で、財団のキャピタルゲインは課税対象なのだ。キャピタルゲインの法定税率20パーセントに対し、アメリカの財団のキャピタルゲインには1、2パーセントしかかからないので、一部の投資家にとってこのトレードオフは値打ちがあるかもしれない。ただし、プライバシーを大幅にあきらめ（財団の記録は多くの法域で公開される）、毎年慈善目的のために自分たちの富から一定額を提供する覚悟も必要になる。[68]

世界展開する家具小売り量販店ＩＫＥＡの創業者イングバル・カンプラードは、財団の仕組みを利用して世界有数の億万長者になった。１９８０年代、「規制の緩い」オランダとリヒテンシュタインに本拠地を置く財団に、企業と個人の資産を投入し、大々的に税金逃れをしたこともあり、巨万の富を築くことができたのだ。[69] ２８０億ドルの収益に対し、彼の財団に課せられる税率は３・５パーセントである――法人の利益やキャピタルゲイン、カンプラードや彼の企業、彼の家族に課せられる所得税の大きな節約になっている。[70] けれども、財団にはプライバシーが欠如しているので、カンプラードは何度か公式な調査を受けて痛いところを突かれている。この財団は創業者のカンプラード一族に「かなりの報酬を与え、企業買収を免れる」仕組みになっており、世界で「もっとも気前の良くない」慈善団体であると、『エコノミスト』誌の調査報告は結論づけた。[71] こうした暴露を受けて、カンプラードは財団の慈善事業の寄付金額を倍に増やした。[72]

税金逃れが社会的な大問題となるにしたがい――とくに２００８年の世界金融危機以降に――多くの富裕層は財団という仕組みでは望めない、プライバシーのさらなる保護を求めるようになった。信託が彼らにその解決策を授ける可能性がある。今では多数の法域で永久拘束禁止則〔一定の期間以上ある財産権の帰属を不確定のままにしておくことを禁止する法準則〕[73]を廃止しているので（本章の付録で詳しく説明する）、長期存続に関しても信託は財団と比べて遜色がない。別々の国

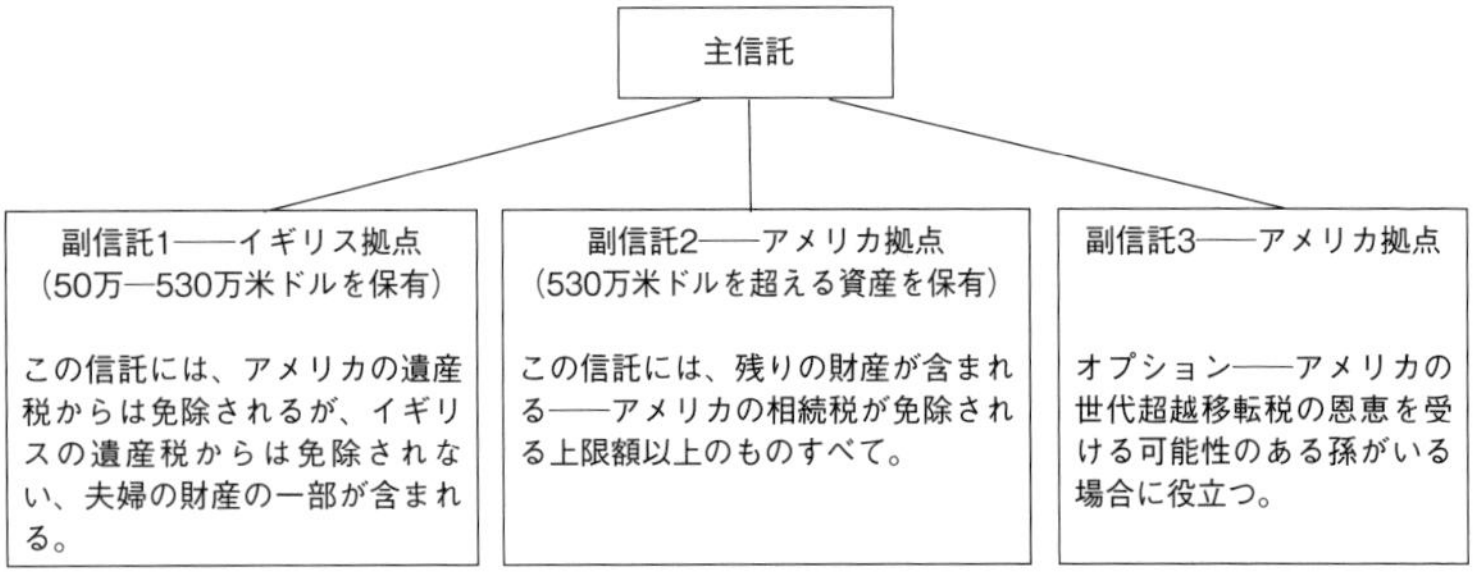
主信託
副信託1――イギリス拠点
（50万―530万米ドルを保有）
この信託には、アメリカの遺産税からは免除されるが、イギリスの遺産税からは免除されない、夫婦の財産の一部が含まれる。
副信託2――アメリカ拠点
（530万米ドルを超える資産を保有）
この信託には、残りの財産が含まれる――アメリカの相続税が免除される上限額以上のものすべて。
副信託3――アメリカ拠点
オプション――アメリカの世代超越移転税の恩恵を受ける可能性のある孫がいる場合に役立つ。

図4-1　相続税回避のために用いる信託の積み重ね

に財産を置くという従来の利用法に加えて、信託はますます国境を越えた税金逃れの計画に利用されるようになっている。最近の『STEPジャーナル』の記事では、国際結婚の夫婦が相続税を逃れる対策として、複数の国に信託を「積み重ねる」戦略を詳細に説明していた。これは、多くのウェルス・マネジメントプランの特徴である「分割統治」戦略を示したものだ。何世代にもわたる富の集中を阻止し、再分配するという政策目標を打破するためには、違う国の信託に資産を分散させることが有効だとしているからだ。

　記事では、一人がアメリカ出身で、もう一人がイギリス出身の夫婦が直面する例が挙げられていた。夫婦の死亡後、二人の財産には両方の国で40パーセントの税が課せられるので、子どもたちに残せる財産が大幅に減ってしまう。これを阻止するために、彼らのウェルス・マネジャーは、「両国の制度で適用される特例を利用する」仕組みを作ることを提案している。[74] この場合は、一定金額まで相続税が適用されないという特例を利用できる。イギリスでは、32万5000ポンド（およそ50万ドル）までは、非課税で相続できる。アメリカでは、上限は530万ドルだ。図4－1に示した信託の積み重ねを用いれば、夫婦の財産は両国において非課税で相続人に譲り渡せる。

　夫婦がこの仕組みを用いれば、2か国で夫婦の財産に多額の税が課せられるという最悪のケースを避けられ、二つの世界で最善の結果を得られる。夫婦であとに残されたほうが死亡するまですべての税金を繰り延べし、死亡後に「相続税を支払わずに、可能なかぎり最高額を譲渡する」ことができる[75]（この仕組みと恩恵について理解を深めるには、本章の付録が参考になるかもしれない）。

債務回避

富裕層の間で、収税官と同じくらい罵られる人物は、債権回収業者である。歴史的にみると、その両者を回避する手段として信託は今も昔も好まれる。租税回避で信託と競合する別の仕組みが登場しているが、債権者を悩ませるという点では、信託の右に出るものはまだない。過去500年にもわたり、「裕福な人々が債務に抵抗する」ために信託が利用されてきた——つまり、債権者を受け付けないように、債権者に有利な判決に耐えられるようにされていた[76]。信託のアソシエイトに全資産を移転することにより、上流階級は家族名義で巨額の負債を重ねても、その後——合法的に——債務の返済に充てられる資産はまったくないと主張できるのだ。

この策略が多用されて債権者に有害な影響を与えたので、これを阻止するために1571年にエリザベス法が制定された。この法律は、債務返済を逃れるために設立された信託は法的に無効であると、債権者が法廷に訴えることを認めたものだ。信託が無効であると判決をくだすことによって、裁判所は債権者に対して、信託財産を差し押さえる権利を与えた。この法律は、商取引の拡大と法の支配への信頼に不可欠である債権者の保護を確立し、現代の資本主義において重大な発展を示すものだった。

だがそれでも、裕福な一族が債務逃れに信託を利用することを阻止できなかった。ウェルス・マネジャーはこれに対し、受益者の権利と信託利用手段を制限するように、信託の構造を変更した。「浪費者信託」や

「明示信託」のようなものは、この目的のために作られたのである。このような信託は受託者に対し、彼らが適切と思う場合にかぎり財産を分配し、財政難に陥っている受益者を切り離せる、完全な裁量権を与えた。これは「裁量信託」として知られ、受益者と信託財産を法的に遠ざけた。

従来の信託契約では、この構造に保有される財産のどれも所有していない、と受益者は主張することができたが、受益者は信託からの分配を期待していた、と債権者は反論することが可能だった。そうした期待に基づき、信託財産が債務の返済に差し押さえられる場合もあった。ところが裁量信託では、分配の期待までもが取り除かれた。受益者には、何に対してもどんな場合でも、一定の権利がいっさいないということになった。この契約は、わがままな相続人から一家の財産を守る役目を果たし、「Aの債権者または破産した受託者による信託財産に対する要求を効果的に退けるものである。いずれの場合においても、Aに帰属する可能性のある資産でAの所有になるものは存在しないというように主張できる」[77]

こうした策略がまかり通るほどに、裕福な人々には特別な法的保護が与えられており、債務の返済義務が免じられていた[78]。だが、債権者が法廷で要求を続けたので、判事はエリザベス法の背後にある原理を再三にわたり繰り返さざるをえなかった。とくに有名な訴訟である「バターワースに関する事件」（１８８２年）では、次のような判決が言い渡された。「この男には、危険に満ちた事業を起こす権利はなく、次に示すことを目論んで、事業を起こす直前に、自発的に全財産を信託に預ける権利もない。「事業に成功した場合、莫大な富をなす。失敗した場合、債権者に対し未払いのままになる。彼らが損失を負担することになる」。これこそまさに、エリザベス法が避けようとしたことである[79]」。オンショアでは、この原理はほとんど損なわれていない。ところが過去数十年の間に、オフショアの法域のほうではエリザベス法を妨害し、それにともない富裕層を再び「債務耐性」状態にしようという攻勢が強まっている。

破産法が並の資力の債務者にとって厳しく強化されたとき、義務を逃れようとするエリートにとっては選択肢の幅が広がった。[80] その選択肢の多くは信託構造の変更であり、それらは「資産保護信託」と総称されるようになった。どんな信託も債権者から財産を隠す目的で利用される可能性があるが――「浪費者信託」の事例が実証したように――、とくにエリザベス法の無効化によって競争上の優位性を手に入れようとするオフショアの法域で、新種の構造が登場している。この資産保護手段は新たな富の防衛手段を備えた裁量信託であり、債権者が信託財産に近づけないと規定した法律のある国を拠点とする。[81]

この戦略が最初に立てられたのは、クック諸島だった。クック諸島の1989年国際信託法は、同国の信託に保有される資産は、外国の裁判所の判決に従わないものとする、あるいは外国の債権者が近づけないものとする、と規定した。この法律はそもそも、主に医師など不当な訴訟に遭いやすい職業の金持ちの依頼人を助ける方法を探していた、コロラド州デンバーを拠点とする弁護士によって作られた。[82] ところが、この法律の新「商品」はあらゆる種類の富豪の間に広まり、非常に人気を博したので、バハマ、ベリーズ、アメリカの14州などその他25の法域で、同様の資産保護法制が制定された。[83]

このモデルは世界に広がっているが、他国の法的権限を防ぐことに関してクック諸島は鉄壁の守りを誇り、資産保護の点で今なお優位に立っている。米国政府が作家のケビン・トルドーに対し、詐欺商法を働いたとして2007年に命じた3760万ドルの支払いを、クック諸島の法律は退けた。また同年、ファニーメイのローン不履行で訴えられたオクラホマ州の不動産開発業者に言い渡された800万ドルの支払いの判決を、同諸島はやはり退けた。トルドーも不動産開発業者も、クック諸島の信託に財産を置いていた。[84] クック諸島の資産保護信託に挑んで成功した事例は、現在にいたるまで一つもない。多くの債権者は挑もうともしない。これには、弁クック諸島に設立された信託に申し立てを行うには、クック諸島で訴訟を起こす必要がある。これには、弁護団を長期間、高い費用をかけて現地に送り込まなくてはいけない――ニューヨークからのフライトの15時間に、請求可能時間も加わるからだ[85]。その結果、「多くの債権者は、太平洋を半分横断して長期間かかる難しい訴訟に費用をかけることはせず、みすみす大損するほうを選ぶのだ[86]」

クック諸島は世界金融システムにおいて「非協力的な法域」であるとして、ブラックリストに二度――一回目は2000年に多国間政府組織である金融活動作業部会によって、二度目は2015年に欧州委員会によって――載せられた[87]。それにもかかわらず、資産保護信託のビジネスは相変わらず繁盛している。研究協力者の一人がインタビューの最中に電話して聞いたクック諸島の最新情報によれば、ウェルス・マネジメント業界はこの国のGDPの10から15パーセントに寄与しているという。「かつての真珠業界に匹敵する」数値だと、電話をかけたニュージーランド人のロジャーは言った。2000年の病気被害で真珠養殖業界が「ほぼ壊滅」状態となったので、クック諸島はかつてないほどウェルス・マネジメント業界を必要としており、たとえ国際的な制裁を受けようとも資産保護サービスを縮小する可能性は低い[88]。したがって、「クック諸島の信託は……「さあ、いらしてください、幸運をお祈りします」と言っているようなものです」と、クック諸島でウェルス・マネジメントの仕事をするニュージーランド人のネッドは言った。

貿易制限を避ける

本来、資産保護信託は債務を逃れる目的で設立されたが、効果的に財産を「法の支配の外側」に置けるので、あらゆる種類の法律の回避に有効なことがわかってきた[89]。たとえば、投資家のマーク・リッチが、米国政府の禁輸措置を犯してイランと石油取引して得た利益の一部は、元妻のデニーズを受益者としてクック諸島に設立した1億ドルの信託となった[90]。マーク・リッチが刑事訴追を避けてスイスで逃亡生活を送っている間、彼の財産の一部はクック諸島に避難することで、没収を免れたわけだ。同様に、R・アレン・スタンフォードは、70億ドルの違法な投資スキームの収益の一部を、彼が「ベビーママ信託」と呼んでいたクック諸島の信託に入れた。これは、彼が愛人とその間にできた子ども2人を受益者として設立したものだった。スタンフォードは現在110年の刑に服しているが、信託とその資産は、進行中の訴訟の影響を受けないようである。[91] 国際金融犯罪に関する最近のある研究が結論づけたように、「信託は……捜査や起訴（または民事判決）、資産回復にとっての壁として立ちはだかることがわかっているので、捜査ではほとんど優先されない」[92]

地球の反対側では、マン島とケイマン諸島の信託によって、アメリカのワイリー兄弟が13年間もインサイダー取引規制法をかいくぐり、『フォーブス』誌の長者番付に登場した。自社株の10億ドルを「迷路」のように入り組んだ10以上もの信託に預けることによって、彼らは非課税で5億5000万ドル以上のキャピタルゲインを得た。[93] 米国証券取引委員会は、兄弟はオフショアの信託を用いた戦略で「故意に有価証券のディスクロージャー法を迂回しようとした」と最近行われた訴訟で主張し勝訴したが、現実には制裁が科されない可能性がある。ワイリー兄弟に判決で命じられた4億ドルは、おそらく支払われないだろう。兄弟の弁護人が――彼らに有利な数世紀にわたる判例を盾にして――兄弟の設立した信託に残る3億8000万ドルを兄弟は所有しておらず、管理もしていないと主張しているからだ。[94] この主張の信憑性を高めるために、兄弟の一人は最近破産保護申請を行った。[95]

もう一件、利益獲得の機会を制限する法律回避の目的で信託を利用する、興味深い事例がある。スペイン人のカルメン・ティッセン＝ボルネミッサ男爵夫人は、数十億ドルの価値がある美術コレクションを、クック諸島とその他法域の信託を通じて所有している。[96] この所有形態は、債権者や租税から逃れるためではなく、美術品の売却と移動に関する制約を回避するために考案された。通常は、彼女の所有する作品――ゴッホやマネの絵画など――は、厳しい法規制の対象となる。これほどの美術品となると、個人の財産というだけではなく国家の遺産とみなされて、ユネスコが1970年に採択した文化財の不法な輸出、輸入及び所有権譲渡の禁止及び防止に関する条約の対象となる場合も多い[97]。美術コレクションを信託に預けることによって、ティッセン＝ボルネミッサ男爵夫人の弁護士が言う、国家の法規制という「悪夢」から逃れられる。「都合が良いのです。売買だけではなく移動に関しても、資産を自由に動かせます」とその弁護士は言っていた[98]。男爵夫人の美術コレクションの移動性を高めることにより、世界中のどこであれ、そのコレクションに最高値をつけた人に売れるので、その信託構造は彼女が利益を得る機会を最大にしている。

厄介な関係――離婚、相続、ファミリー・ビジネス

ウェルス・マネジメントが、財産をいかに増やし利用するかに関する法規制からエリートを自由にすることで成長してきたように、ウェルス・マネジャーは、家族に対する経済的な義務を定める法律に対して創造的方法を開発することで、その影響力を広げてきた。第3章のBRICSにおけるウェルス・マネジメントの項で示したように、家族の財産相続にまつわる懸念は、何も先進国の上流社会に限らない。実のところ、世界中の富裕層が直面する、家族に関連する共通の問題が三つある。相続に加えて、離婚とファミリー・ビジネスの管理も、財産が適切に構築されていない場合、家族の財産を消失させるおそれがある。

家族の財産を守るためには、専門家による介入が必要になる。このことは、富裕層の生活において「内部の部外者」たるウェルス・マネジャーが特別に重要であることを示している[99]。富裕層に強い力があるとはいえ、彼らの富は家族に対してはある種の脆さを抱えているようだ。よって、「家族にほとんどその気はなく

ても、財産の守護者であると同時に、家族という組織をまとめるのに貢献する専門的な管理者としての仕事」が必要になるのだ。[100] 家族の構造的補強は主に信託で行われ、ときに法人が加わる場合もある。次の項から、離婚や相続、ファミリー・ビジネスをめぐる脅威に対処するために、こうした仕組みがどのように用いられるかについて説明する。

離婚

結婚の解消は富に対して大変な脅威となるので、「離婚の財務分析」という財務顧問サービスの分野――ウェルス・マネジメントとは異なる――を生み出したほどだ。[101] STEPもこのテーマに関して、「離婚のビジネス」などと題する多数のセミナーを主催してきた。このことからも、これがいかに重要な分野かうかがえる。このテーマは著者の研究で行ったインタビューでも頻繁に登場したが、離婚に関連する危機解決策には必ず信託という形がとられた。離婚の影響を防ぐ信託は、ほとんどと言っていいほど裁量信託――権利の付与としてではなく、受託者の自己裁量によってのみ、受益者に信託を授ける――であり、オンショアの裁判所の判決からも守られるように、オフショアで設立されることが多かった。

離婚による脅威から顧客の富を守るに際し、このような信託がいかに重要か説明するために、アリステア――ケイマン諸島で仕事をするイギリス人プラクティショナー――は、地元の顧客の元妻が、ケイマン諸島の裁判所で莫大な離婚解決金を勝ち取ったばかりだという話をした。アリステアが管理する裁量信託の受益者である顧客は、その解決金の支払いのために、巨額の分配を要求したが、その額はあらゆる意味で信託を空にするほどの金額だった。アリステアは拒否し、顧客は愕然とした。「彼はどうやら、そのとき初めてわかってきたようなのです」とアリステアは言った。「[受益者の]所有権を管理から切り離すことがいったい何を意味するのか。彼は事情を呑み込み、離婚ですっからかんにならないように、わたしが彼を守れることに気づいたのです」。その顧客は判事のもとへ行き、アリステアが、分配要求は資産の所有者（受託者）により拒否された、と記した文書を示した。結果として顧客の主な所得（その信託）は守られ、裁判所は手が出せなかった。

だが、ときには裁量信託の仕組みでさえ、信託財産を守るには十分でない場合がある。世間の注目を集める裁判がますます増えるなかで、何か国かの離婚裁判所では、夫婦の片方が裁量信託の受益者である信託を、夫婦が別れる際に分割すべき結婚解決金として扱っている。このような事例でよく知られているものは、香港のプーンの離婚だろう。元妻は裁判所に、離婚解決金に元夫が受益者である15億ドルの裁量信託も含めるべきだ、と訴えた。[102] ２０１４年に香港終審法院は、信託の資産を含む、婚姻中に形成された財産の50パーセントを元妻が受け取ることを認めた。[103] 同年、「史上最高額の離婚」では、スイスの裁判所がロシアの大富豪ドミトリー・リボロフレフに対し、95億ドルの資産の半額をエレナ元夫人に支払うように命じた。これには裁量信託の財産も含まれており、どうやら夫人が離婚訴訟で行う要求をいっさい回避する目的で、設立されたらしかった。「ドミトリー・リボロフレフが示した婚姻後契約書にエレナ夫人が署名を拒否してから数週間後、彼は宝石や家具、ヨットなどの多くの資産を、２００５年にキプロスで設立したアリエスとヴァーゴという二つの信託に移動したと、［離婚］訴訟で夫人は述べた」。[104] 夫人がこの信託を見つけ出して崩すのに6年近い訴訟を要したとはいえ、リボロフレフの作戦は裏目に出た。

離婚で財産が消散するのを防ぐために、裕福な一族のなかにはこのような進展を踏まえて、先手を打って策を講じている人たちもいる。２０１２年に開かれたＳＴＥＰの南アフリカ会議で、ニック・ヤコブ——ＳＴＥＰの創設者の一人で現在は理事を務める——は彼の顧客が用いた賢明な戦略について、スピーチで取り上げた。顧客の子どもたちが婚期を迎えるようになったとき、その顧客は子どもたち一人一人のために設立した信託を保護する目的で、子どもたちが離婚した場合にその配偶者に利益を与えるように、少額の信託を設立した。言い換えれば、顧客の子どもたちが配偶者と別れる場合、その配偶者たちは義理の両親が設立した信託からやはり利益を得られるということだ。ヤコブによればこの発想は、「離婚しようとする義理の息子や娘に、骨付きの肉を投げてやり、一家の本当の富を奪われることを防ぐものです。本当の富は、顧客の実子たちが受益者となっているはるか高額な信託に含まれていました」。裁判所が、離婚しようとする配偶者たちのための少額の信託を、彼らが高額信託に対し行うかもしれない要求を相殺する、または無効にするもの、とみなすことを期待した戦略だった。この計画の優れた点は、顧客が付け加えたインセンティブにあるとヤコブは指摘した。夫婦が別れなかった場合、義理の子どもたち用の信託財産は、顧客の孫たちにそのまま移転されるのだという。

相続

歴史的に見れば、裕福な人々が死後にその富を受け継ぐ人々に対してある程度のコントロールを維持する目的で、信託は用いられてきた。19世紀末から20世紀にかけて活躍した、このテーマに関する法的権威のフレデリック・メイトランドは、「信託の起源は、イングランド人が……娘や幼い息子を養いたいと考えたことにある。それがこの問題の根底だ」と書き残した。[105]第2章で述べたように、長子相続制のような慣行――長男が一家の全財産を相続する――だと、父親または夫が亡くなったときに、女性と幼い息子たちの多くは、所有権明け渡しと赤貧の憂き目に遭う。家族のなかでこのように影響を受けやすい者にとって、信託はセーフティネットだった。[106]また、浪費家の夫を持つ娘が受け継いだ財産を保護するためにも、信託は役立った。

妻が夫の庇護の下にあるという考えが支配的だった何世紀もの間、妻が結婚するときに持参した資産の所有権は、当然夫にあるとされていた。男性の受託者によって女性のために管理された信託は、既婚女性が独自に財産を維持できる唯一の方法だった。[107]

長子相続制や夫の庇護下の妻という考え方が幅を利かせていたのは、とうの昔の話だが、「不適切な」人物が自分の財産を相続するのではないか、「ふさわしい」人物が除外されるのではないかと、現代でも裕福な人たちが不安を抱く状況は多い。複数回結婚し、自分の子どもや相手の連れ子もいるという傾向が増えるに伴い、相続権に関してきわめて複雑で不確実な要素が生じている。[108] 非嫡出子、または婚姻関係にないパートナーの相続権もやはり不透明であり、富を消失させる争いの原因となる可能性がある。[109] そのうえ、富裕層には秘密の彼女（また彼氏）がいるという、オフショアの世界ではお決まりのパターンがある。パナマのプラクティショナーのナディアは、「既婚者なのに、面倒を見たい特別なお友だちがいる……典型的な富裕層」と言っていた。[110] このような事例は、なぜ「法体系や税制度が社会の変化についていくのに苦労しているか、あるいは完全に無視することにしたか」についての説明となる。[111] こうした状況により、資産保全の取り組みでは通常保守的なタイプのウェルス・マネジャーが、家族やジェンダーの役割の変化の最前線で思いがけない立場に立たされることになる。

このような急速な変化が起きていることは、現在のアラビア半島での業務からもうかがえる。娘の相続権に対しイスラム法が課す不利益を軽減させたいという依頼が、現在ウェルス・マネジャーのもとにひっきりなしに舞い込んでいるのだ。イスラム法は遺言の自由――つまり、遺産をどのように分配するかを個人がどの程度まで決められるかということ――を厳しく制限しているので、家族の財産を娘に均等に分配したい者は、オフショアで代替手段を探さなくてはならない。ドバイで働くイギリス人プラクティショナーのエレインによれは、公平な分配を復活させるための次善の策を求めて、彼女を頼る顧客が増えているという。アラブの人々は娘に教育を受けさせ、娘を守ろうとしています。彼女たちは家業を継いで、取締役についているからです。クウェートでは女性議員もいます。一般的に、シャイハ〔シャイフの妻や娘、首長、王族の女性につける称号〕たちが、以前のように夫の後ろを歩く姿は見られません。夫と手をつないで一緒に歩いています。1994年に初めてこの地に来てからというもの、これは大きな変化です。「父は、わたしが家にいて子どもを産むのではなく、家業に参加してほしいと望んでいる」と多くの女性から聞きます。そのため、父親たちは相続計画を変え始めています。信託を設立し生命保険に加入しています。これはイスラムでは禁止行為《ハラーム》にあたりますが、息子はイスラム法にしたがい家業をつぐので、娘にも公平な分配をしたいと思っているからです。

ヨーロッパや北米と同様にイスラムの世界でも、家族関係とジェンダーの役割の変化が、ウェルス・マネジメント技術の利用を方向づけている。こうした要因の重要性は、課税や政策を重視する議論では見逃されがちである。

実際に、相続に関する規制をくぐり抜けることは、信託設立の従来の動機として、租税逃れや債務逃れと肩を並べている。この三つの目的はどれも、ますますオフショアで解決される傾向にある。オンショアの場合、信託が法的に認められている法域においても、相続（または離婚）に関する規定を覆す目的で設立された信託は、リスクにさらされるおそれがある。係争があれば裁判所は、「悪意ある、とんでもない」条件によって除外された相続人に対する分配資産を差し押さえようとして、オンショアの信託に「介入する」可能性があるのだ。(112)

このような係争で信託財産が消散する、あるいは除外した相続人により「回収される」のを防ぐため、現代のウェルス・マネジメント業務は、個人資産をできるかぎりオフショア信託に移動させることを提案している。不動産などの移動できない資産は、「信託財産はオフショア法域に置かれているという印象を保つためだけでも」、オフショア信託が株式を保有するオフショア法人の所有にすべきである[113]。そうすれば、相続人のみならず、オンショアの裁判所のある法域からも、資産を遠ざけることができる。相続争いの最中にオンショアの裁判所がオフショアにある資産に対して権限を主張してきた場合に備え、多数のオフショア金融センターが最終的な安全対策のために、その執行を阻止する法律を制定している。ケイマン諸島、バハマ、バミューダ、クック諸島、タークス・カイコス諸島は、外国の裁判所による相続権をめぐる判決を承認しないと明示した法律を制定している[114]。オフショアの世界でこうした点が法域間の競争の焦点となっているという事実は、富裕層がいかに相続法を回避する能力に価値を置いているかを示している。

ファミリー・ビジネス

ファミリー・ビジネスの管理は、オフショアの法域間競争とイノベーションを促進するもう一つの要素となっている。STAR（次に詳述する）やVISTA（第3章で述べた）のような、信託法のまったく新しい制度、および信託「保護者」のようなまったく新しい役割が、生存中であれ死後であれ自分の事業に起きることに懸念を抱く、ファミリー・ビジネス創業者の不安に対応するために登場している。ファミリー・ビジネスで財を成した者にとって、税金対策として事業の株式を信託に預けることは、昔から一般的なことであった。前述したように、オフショアで企業を所有した場合、企業収益とキャピタルゲインにかかる課税を著しく抑えることができる。そのうえ信託構造では、企業創業者が死亡した際、相続税なしで株式を移転することが認められている。だがこれでもまだ、事業管理と継承に関して多くの不確実なことが残る。パナマのプラクティショナーのナディアは次のように語る。

父親からビジネスを受け継いだ人なら、親から譲られた財産に起きることをコントロールしたいと思います。仕事をうまくやれない、またはその仕事に関わるスキルや興味がないと、委託者がわかっているような人たちに、会社の株式を分配して、強制的な相続権ルールによってビジネスが分割されることは望みません。子どもがミュージシャンだったりダンサーだったりと、一族にはボヘミアンがいるかもしれません。パリやロンドンに住んでるそのような子どもが会社の株式を相続したら、ただちに売り払ってしまうと彼らにはわかっています。とくに農業に関連するようなことでビジネスが成長した場合、子どもたちはファミリー・ビジネスで「手を汚す」ことはしたくないと思っているかもしれません。それに委託者は、ビジネスのことを知らない人に、無条件でファミリー・ビジネスに関わってもらいたくはないのです。

現代の富裕層でこのような立場に置かれた人にとっては、VISTAやSTARのようなオフショア信託が解決策となる。そのうえ「保護者」も指名される。

第3章で述べたように、VISTA信託では、基本となる事業の経営管理のコントロールを失わずに、ファミリー・ビジネス創業者が自分の企業を信託に預けることが認められている。従来は、受託者が全信託財産の管理に責任を負うものとされ、その基本となる事業の管理を誤った場合には、損失を返済する責任が問われることがある。[115] しかし、受託者には適切に管理するスキルがないかもしれない。しかも、彼らには受益者にとって最高の経済的利益になるように行動する義務があり、それはその事業を売却することかもしれない。いずれにしても、事業運営に対しても売却の阻止に対しても委託者は介入できない。なぜなら、経営管理をコントロールしようとすることは、その信託構造が不正だとされたり、税制優遇分を返済しなければならなかったりする危険を冒すことになるからだ。

VISTA法は、二つの方法でこの問題を解決する。一つは、信託が所有するあらゆる事業に関して受託者の義務と責任を明示的に排除することで、VISTA法は新たな種類の信託法となっている[116]。もう一つは、信託の委託者――たいていはファミリー・ビジネスの創業者自身――による「保護者」の指名を認めていることだ。保護者とは、受託者を管理し、必要なら受託者を解雇する権限を付与された、個人または企業のことである。保護者は信託の委託者から指示を受けるので、不正とされて無効化される危険に信託をさらすことなく、委託者が基本的事業の経営管理を継続することができる。保護者は受託者による事業売却を阻止することができるし、委託者が破産手続きを行う場合でも、事業を清算せずに維持することもできる[117]。

ファミリー・ビジネスの所有者が使えるもう一つの方法は、1997年にケイマン諸島で作られた特別信託（Special Trusts Alternative Regime: STAR）という形態である。その他法域の信託と比べて、これには目立った特徴が2点ある。まず、STAR信託は「目的信託」である。人〔自然人、法人〕の利益となることが法律で定められている従来の信託とは異なり、ケイマン諸島の信託は、誰かの利益となる必要がなく、ある法人の株式の所有といった、特定の目的のためだけに設立することができる。オンショアで唯一法的に認められる「目的信託」には、慈善目的が必要である。ケイマン諸島の法律はこの発想をさらに拡大し、商業と政治目的も含めることにした。次に、STAR信託は永続可能である。そのため、「世襲的信託」としてよく知られている。以上の2点の特徴が結合して、創業者の相続人がどんな願望を抱こうとも、ファミリー・ビジネスは永久に損なわれずに存続できるようになる。個人はSTAR信託の分配を受け取るが、従来の信託に見られる受益権はいっさい存在しない。もっとも重要な点は、STAR信託は委託者の希望を覆すことができないという点である。したがって、STAR信託は「信託を壊そうとする受益者のいかなる試みにも抵抗し、あるいは……受託者を促して株式（または原資産）を売却し、その収入で別のさらに有益な投機に充てさせようとする、受益者のいかなる試みにも抵抗する。したがって、来たるべき世代のためのファミリー・ビジネスの継続に備えるという、委託者にとってもっとも重大な希望が保証される」[118]。自分の事業をSTAR信託に預けた委託者は、これにより通常の税制優遇を受けるだけではない。この信託以外では得ることができない、事業の経営管理のコントロールを行使できるのである。

結び

ウェルス・マネジャーは、顧客を法の支配から自由にするために、また成長と移動性に課された制約から顧客の富を解放するために、信託、法人、財団をツールとして使用する。租税回避――ウェルス・マネジメントがニュースになるときは、必ずこれが大きく見出しを飾る――は氷山の一角にすぎない。これよりも大きな目的は、外側（政治的報復や債権者など）からも、内側（離婚する配偶者や浪費の激しい相続人など）からももたらされる、さまざまな危険から富を守ることである。このような目的を果たすためにできることは、本章で探ったよりも数多く存在する。さらに、ある業務を違法にする法的措置がオンショアで講じられることにより、一方で、それに対抗して代替策やチャンスを新たに生み出すための法律がオフショアで制定されることにより、イノベーションが絶え間なく引き起こされている[119]。ウェルス・マネジャーの仕事の主たる要素は、こうした変化に遅れずについてゆき、その変化が示す新たな可能性に基づいてイノベーションを起こすことである。

巧妙な規制回避や、オフショア金融センターの利用、顧客とその資産を法的に隔てることによって、ウェルス・マネジャーは多くの政治的リスクを無力化することができ、無関係とまではいかなくても、多くの法律や規制を任意的なものにすることができる。専門的な助言により、顧客は適用したい法律を選べるその場合、彼らはたいてい自らの富を最大限にコントロールできるような法律を選択する。国家に対しても経済的不平等の拡大に対しても、これは重大な影響をもたらすが、この点については次章で掘り下げる。

付録　ウェルス・マネジメントの構成要素としての信託、企業、財団

現代のウェルス・マネジメントが主に用いる手段は、顧客のニーズ次第で単独利用も併用も可能な、信託、法人、財団の三つの法的構造である。富の保護という点では、こうした手段はオンショアでは制約があるが、オフショア法域では過去数十年の間に変化を遂げ、きわめて巧妙に改良されており、エリートが富の保有に際して直面する問題を解決するために多数のバリエーションが生み出されてきた。こうした戦略において、オフショアという舞台が大きな役割を果たしているのは、金融・法律の創造性にとって寛容な環境を提供するからである——具体的に言えば、「イノベーションによって当事者は、中央集権的な国法から完全に逃れられるわけではないにしても、代替的な法システムを選択することで、リスクを大きく最小化できる」からである。(120)

ここでの分析は三つの構造の合法的利用に限定し、非合法的活動の広範な領域は除外する。さらに言えば、こ

の考察は、ウェルス・マネジメントの多岐にわたる戦略的構造の素描を示すことしかできない。ここで目的としているのは、富の防衛体制の基本的パターンと機能を示すことだけである。

信託

これまでの章で概略を述べてきたように、信託は租税や債権者、規制から富を保護するための仕組みである。この保護は、金融的影響を及ぼす法的擬制を通じて可能になる。要するに、所有権を二つの要素に分割するのである。実際には信託の設立時に、所有権に伴う利益は片方の当事者に属し、義務（納税など）はもう片方の当事者に属することになる。義務を負う当事者はフィデューシャリーと呼ばれ、利益を享受する当事者は受益者と呼ばれる。[121]

戦略的視点から見ると、信託には富の防御に有効だとされてきた三つの特徴がある。一つは機密性である。信託の受益者の身元や信託の存在自体も、公開登録されない。所有権に関して、これは有効な不透明さを生み出す。信託は規制や課税、差し押さえから「資産を確固たる秘密主義で覆い」、富を守り、資産に関連するコストや法的規制の責任が非常に課されにくい。[122] また移動の制限や、債権者への支払い、納税、裁判所の罰金や支払命令なども課されにくい。ある法学者は信託の概念をこう要約した。「信託は、所有権に起因するあらゆる義務と法的責任に支配されずに、所有権の恩恵を……享受することを可能にする仕組みである[123]」

こうした法的責任は、金融的なものであると同時に、文化や政治的なものかもしれない。たとえば、サウジアラビアで働くフランス人のリュックによれば、イスラム法《シャリーア》に抵触しないようにするために、顧客は信託の利用を好むのだという。利子つきの金銭の貸し借りはイスラム法では違法とされるが、現代のグローバル経済においてこれを避けることはほぼ不可能である。だがそれを犯せば、サウジアラビア国内、または周辺のアラブ首長国連邦で、顧客は公職につけなくなるだろう。よって、政治的野心を抱く者は、オフショアの信託に資産を移すという解決策を好むのだ。こうすれば法的にも地理的にも、彼らと資産の所有権を最大限に引き離し、資産を維持するのも増やすのも自由にできるようになる。これには、やはりイスラム法の下では禁止行為《ハラーム》とされる、従来のコンベンショナル・モーゲージや保険の利用も含まれる。オフショア法人と「イスラム金融」は、こうした宗教の順守という問題に対する代替的解決策となるかもしれないが、リュックの顧客が求めているようなプライバシーを与えるものではない。

一つ目の機密性に加えて、ウェルス・マネジメントで用いる信託の二つ目の強みは、企業や財団などの選択肢と比べても、信託に対する規制が少ないという点である。とくに重要なのは、信託は企業と異なり法的主体として課税されない点である。信託財産は、その法的所有者（ウェルス・マネジャー）が居住する法域に基づき課税され規制を受ける。[124] ここに、オフショアがウェルス・マネジメントの戦略的手段として重要な役割を果たせる理由がある。ウェルス・マネジャーと彼らが顧客の代わりに保有する資産に、課税も規制もない「本拠地」を提供することができるのだ。顧客の財産が取引費用や遵法コストで「浪費される」ことをウェルス・マネジャーが防ぐために、このような制約の軽減や欠如は有効である。

このようにしてオフショア信託を利用すれば、たとえばロンドンに住むロシア国籍の人物は、利益に課せられる税金を払うことなく、ケイマン諸島の信託にある何百万ドルものアメリカ株のポートフォリオから、利益を得ることができるだろう。そんなことが可能なのは、その人物は法律の上では資産の所有者ではないからだ。そのポートフォリオに関連する法的義務の責任を負うのはウェルス・マネジャーであり、ケイマン諸島はキャピタルゲインや所得に対し非課税なので、何の支障もなく利益を生み出せる。同じ理由から——つまり所有権の分割によって——債権者、あるいは不満を抱くロシア人顧客の相続人は、信託財産に手を出すことができない。[125] そのうえ、仮にケイマン諸島の信託が望ましくない義務に脅かされるか、別の法域でさらに魅力的な法制度が利用できるようになった場合に備え、信託には「避難条項」と呼ばれる条項が付与されており、最小限の費用で新たな法域に信託を自動的に移動できることになっている。[126]

　避難条項は、オフショアの信託法にのみ存在する多数のイノベーションの一つであり、従来の信託法や業務には見られないものだ。オフショアのイノベーションでもう一つ重要なのは、信託に永続性を授けるもので、「永久拘束禁止則の廃止」と制度的に呼ばれるものである。[127]従来のオンショア信託の存続期間の上限は、１００年あまりとされている。この慣行は「永久拘束禁止則」と呼ばれていた。資産が単独の主体によって永続的に縛られることを禁じたからである。この規定はまた、信託財産は永久に課税を逃れることはできない、ともしていた。世襲を目論む富豪にとって、存続期間に制限を課されない法人や財団などその他の選択肢と比べて、これは非常に不利な点に映った。しかし、１９８０年代以降、オフショア法域（それにオフショア金融センターに対抗したいオンショア法域）は、永久拘束禁止則を廃止するようになり、課税や債権者やその他の「脅威」から信託財産が永久に守られることを認めるようになった。[128]

　永久拘束禁止則の廃止と、避難条項という新考案は、現代のウェルス・マネジメントにおいて信託が重要な戦略的役割を果たす、第三の方法を示す手本である。その構想の柔軟さは、競合する制度よりも勝っている。[129]この柔軟性の理由の一つは、信託の構造的な基盤にある。信託とは「財産に関する信認関係」であると、正式に法律で定義されている。[130]ここで重要になるのは「関係」という言葉で、この言葉は私生活における関係と同じくらい、法的に自由に構築することができる。信託は、契約よりもはるかに柔軟性がある。契約は不測の事態にも責任を負わなくてはならないが、信託の仕組みにおいて想定される数世代の時間枠において、将来起こるすべての不測の事態を明記することはもちろん、予測する術はない。よって、現実的な解決策は、いっさいの契約をせずに、信託の受益者の最善の利益になるように、資産運用の一般的権限の範囲内で専門家に幅広い自由裁量権を付与することであった。信認関係において、「忠実義務は詳細に定められた契約条項に取って代わる」[131]。

信託に備わる柔軟性が最大限に発揮されるのは、オフショア法域である。オフショア金融センターでは、従来の形式を刷新し改善したいと考えるウェルス・マネジャーによって、金融法が作られることが多い[132]。そのため、ウェルス・マネジャーは顧客の問題に対して革新的解決策――オンショアでは認められないような解決策――を考案することができ、顧客の財産を保護する方法はますます複雑になる。避難条項以外のオフショアのイノベーションには、本章で述べたバージン諸島特別信託法（VISTA）とケイマン諸島特別信託（STAR）がある。STAR――委託者にかつてないほどの管理とプライバシーを授け、信託の永続性を認めた――のおかげで、ケイマン諸島は、アジアの裕福な一家の財産の主たる目的地となっているうえに、信託にとって「まったく新しい法的枠組みを創造する」ことになった[133]。

財団

第3章で述べたように、大陸法諸国の富裕層にとって、信託財産に対し個人的なコントロールを失うという事実は非常に受け入れがたいことである。パナマのウェルス・マネジャーのエライアスが言うように、彼のラテン・アメリカの顧客の大半は「信託を信用していない」。ウェルス・マネジャーにとっては大いに失望するところだが、この不信感は顧客の経済的利益を上回る場合が多い。ロンドンのウェルス・マネジャーのルイスは、自らの経験から次のように考察する。「フランス人の実に多くが、ことのほか有利な税金対策を見逃しています。大陸法的発想では、自分と資産とを切り離して考える気になれず、資産を受託者に任せる気になれないからです。そうは考えられないのです」

資産を信託に預けたがらない傾向は、BRICSの顧客にとくに顕著である。彼らの国は急速に豊かになっているが、他人や法の支配に対する信頼は、一般的に言ってきわめて低い[134]。

ブルースいわく、信託が「受け入れ困難な提案」という国から信託が交渉を難航させる国まで、ウェルス・マネジメント・サービスに対する需要が多岐にわたる国で新たに盛り上がりを見せているので、プラクティショナーは信託以外の方法を見つける必要がある。もしくは、専門家としては不本意ながら、顧客の要求に応じなくてはならない。ブルースはこう語る。「南米の顧客はたいてい財団を設立します。設立者が、財団の銀行口座に署名権限を持てるからです。財団に税金面でリスクがあっても、信託のほうが実際には優れた対策であっても関係ありません――顧客は自分の思い通りにしたがります。結局は顧客の金ですから」

財団はローマ法に起源があり、いくつかの点で表面上は信託と似ている。信託と同様に、法人から株式、不動産まで、財団もあらゆる種類の資産を保有できる。財団の目的は慈善事業かもしれないが、その領域に限られるわけではない。オフショアの多くの財団が、商業目的か私有財産の管理目的で設立される[135]。財団の資産は課税対象にならず、信託と同じような条件で、受益者に利益の分配が行われる。しかも、信託と同様に、財団に資金を拠出するのは、資産をこの構造に移転させる一個人である。名目上、「資産拠出者は、所有権、管理権、受益権を財団に譲渡する[136]」。だが実際には、財団は富裕層に対し、信託と比べてはるかに大きな財産のコントロールを認めている。

とくに財団法では、信託の場合なら不正だと糾弾されかねない事項、つまり法的に無効だとされかねない事項が、いくつか認められている。まず、財団設立者が受益者となることも、理事会（企業の取締役会に匹敵する）のメンバーになることも可能である。理事会のメンバーとして、設立者は――受託者の代わりに――財団の財産の管理運用を指示する。この点は、ファミリー・ビジネスなどの財産を財団に投入する者にとっては、とくに魅力的に映る。しかも決定的な点として、信託財産では必要とされる受託者からの分配要求がなくても、設立者は自身の裁量で財団から財産を引き出せるのだ。[137]

法人企業と同様に、財団も法的観点からは法人格を有することから、公式に登記する必要がある。これはいくつかの点で好都合である。法人ではなく関係である信託とは異なり、財団や企業は銀行口座を開設し、契約を結ぶことができる。そのうえ信託とは異なり、財団は永久に存続可能である。信託を評価しない、大陸法国家の出身者にとって、財団はとくに価値がある。財団の準法人企業の「側面」が、彼らの法域での法的、金融取引において、財団に都合のいい立場を与えるからだ。こうした特徴が相まって、大陸法の法域の多くの顧客にとっては、財団は両者の長所を活かせる事業に見えるのだろう。モーリシャスのプラクティショナーのパールヴィータが言うように、「財団は、外見は法人企業のようでありながら、信託の魂を持っている」のである。

ところが財団には、信託と比べてきわめて不利な点が四つある。一つ目は、信託よりも管理がはるかに複雑なために取引コストが余計にかかり、財産の流出につながる点である。法人企業とよく似ているのだが、財団は付属定款および基本定款を制定し、理事会で検討するために定期的に財務諸表を作成し、会計監査に備えることが必要になる。[138]二つ目は、多数の法域で財団は課税対象になり、慈善団体ではない財団への資産移転には課税される可能性がある。[139]三つ目は、財産を所有する法人として、財団は訴訟を起こされたり、破産したりする可能性がある。[140]これは信託とは対照的である。信託に法人格は存在せず、所有権の一部を有する「自然人」（フィデューシャリー）しか存在しない。そのため、訴訟により信託財産に近づくことは難しい。

四つ目として、設立者の秘匿性に関して財団には難点がある。財団設立には、財団証書——会社定款のようなもの——の作成が必要になり、財団が本拠地とする政府機関に提出しなくてはいけない。[141]つまり多くの法域において、財団設立者の名前は公式に記録されるので、多くの富裕層が求めるプライバシーが損なわれることになる。

一方で、オフショアの法律はこの問題に取り組み、オフショア法域の財団法をさらに魅力的にしようとしてきた。たとえば、パナマとセーシェルでは、財団が「名義上の設立者」を指名することを認めている。つまり、公開される書類に、本当の設立者の代わりに、個人または団体、通常は法律事務所が、（有償で）名前を貸すという制度である。これにより設立者の実名は伏せたままにできる。[142] そのうえ、この二つの法域では財団は非課税である。[143] オフショアのこのような法改正は、財団と、信託や法人との隔たりを埋めるのに役立つ。

法人企業

信託から数世紀遅れて、法人企業もイギリスの法律から発生した。だが、信託は「その設計にほぼ無制限の柔軟性」を有しているのに対し、法人企業の形式は、「債権者と株主を守る目的で、規制的特質という制約を背負わされて」いる。[144] これは一つに、17世紀の登場直後、法人企業が詐欺や経済危機の誘因と関連づけられるようになったためである。[145] １７２０年に南海泡沫事件という深刻な危機が起きたあと、法人企業の新設についての制約が厳格化され、その後ほぼ１００年間変わらないままだった。この間に、多数の営利事業が信託を通して組織されたので、こうした事業は「設立証書」企業として知られていた。[146]

19世紀半ばに法人企業は再び幅広く利用されるようになり、20世紀を迎える頃には、製造業と貿易の組織形態として主流を占めるようになった。ところが、法人企業のさらなる危機がとくにここ30年の間に相次いで発生し、規制当局の注目が一段と企業に集まり、その経営と活動が再び制限されるようになった。[147] もちろん、そのせいで企業の利用がなくなったり詐欺の発生が絶滅させられることはないが、企業利益に付随する取引コストを増やすことにはなっている。

この形式が人気を保っているのは、次の三つの理由からである。第一に、世間で広く認知されていること。イングランドの教会衡平法裁判所および道徳的権利に基づく支配の産物である信託とは異なり、法人企業は制定法により作られ、世界各地に存在する(148)。そのおかげで、多国籍企業が実証しているように、法人企業は世界貿易にとって素晴らしい手段となった。第二に、法人企業の形態は有限責任を提供すること。要するに、企業が負債を抱えたり倒産したりしても、社員と株主は債権者に対し個人的に支払いをする責任がないということだ。第三に、法人企業には時間的制約がないこと。運転資金が続くかぎり、事業を継続できる。

法人企業が商取引と営利目的で考案されたことを踏まえると、資本の保全に重点を置くウェルス・マネジメントがこれを利用するのは、意外に思われるかもしれない。しかし、法人企業という仕組みが私有財産を保護する目的で利用される場合、ほとんどはオフショアで法人化された私的有限責任会社の形態をとる。このような企業は、資産保有の受動的手段である。取引を行わないので、オンショアの商業活動に携わる企業と比べて、受ける規制ははるかに少ない。オフショア企業は一般的にきわめて設立しやすいうえ――書類がほとんど必要なく、およそ800ドルから6000ドルの前払い金しか必要としない――維持とコンプライアンスに関わる取引コストも少なくてすむ(149)。しかし、オフショア法人による資産保護の最大の恩恵は、タックス・シェルターとしての利用である。富やキャピタルゲインや所得など本来なら課税対象となる資産を、非課税または低率課税の国家を拠点とする会社の名目上の所有とすることにより、富裕層は大金を節約できるのだ。

税金と管理コストの節約に加えて、オフショア法人のもう一つの重要な魅力は、ウェルス・マネジャーの顧客に与えられるコントロールの度合いである。彼らには会社の銀行口座の署名権限が与えられ、会社名義のクレジットカードが支給され、会社から自由に現金を引き出すことが認められる(150)。オンショアの法人は、資本分配に関する規制限度に従わなくてはならず、所定の財務諸表を取締役会や会計監査人、税務当局に提出する必要がある。オフショアの法律は、一般的にこうした要求を軽減するか排除する。大半のオフショア金融センターは資本の分配に関し、オンショアで認められているよりもかなりの自由を与えており、オフショア企業をまるで「金庫か……顧客の個人利用のための見せかけの銀行口座」にしている。[151]

ところがオンショア法域のなかには、富の防守目的のオフショア法人利用を取り締まるところも出てきた。具体的に言うと、アメリカ、多くのEU加盟国、それにG20の大半が、各国市民のオフショア法人――と法人が保有する資産――がまるでオンショアにあるかのように、課税する法律を制定した。[152] この動きがオフショア法にさらなるイノベーションをもたらした。その大半は、企業の本来の所有権を隠し、匿名性とプライバシーを推進するよう意図されたものだった。オンショアの企業では、法人の取締役と株主は通常公式の記録に記載されるものだ。これによって企業を誰が所有し、運営しているのか、誰がその行為に法的責任を負うのか、他者でも突き止められる。

だがオフショアでは、企業の取締役や株主の身元を隠す方法がいくつかある。一番利用されるのは、「名義人《ノミニー》」制度である。すなわち、本当の株主や取締役の代わりに、別の個人や企業が公式の記録に名前を載せるのだ。ノミニーは自主的な行動をとらず、実際に企業を所有し運営する人々の代理をする。後者の人々は「受益的所有者 beneficial owner」として知られている。信託の受益者を表すために使われる用語と同じだ。ノミニーは名前を貸して、受益的所有者の身元を公的記録に載せないようにするばかりか、受益的所有者の指示に従い投票し、全分配金を受益的所有者に譲り、受益的所有者の指示なしに株式を移転しないことに同意している。[153] オフショア金融センターのビジネスモデルの大半を占めるこうしたサービスの見返りに、ノミニーは料金を受け取る――言わば名前使用の「賃借料」である。こうした「身代わり」もしくは「表看板」を用いれば、受益的所有者をその企業と結びつけることは非常に難しくなり、費用もかかるようになる。結果として、受益的所有者の富は、納税や規制当局の請求、債権者や相続人の請求から保護される。[154]

そのうえ、数か所のオフショア法域では「無記名株式」の使用が認められている。これは、株主の氏名を記載せずに会社の株式を発行する方法である。さらに正確に言えば、無記名株式の株主は文字通り、そのときたまたま株券を持っている者なら誰でも株主ということになる。これはプライバシー保護の強力な手段である。株券を実際に手に持っていないかぎり、「わたしはその企業の所有者ではない」と宣誓しても嘘にはならないからだ。もしその企業の役員が企業の所有権について質問されて、「無記名株式が発行されているので、企業の所有者が誰なのかわからない」と答えても、やはり嘘にはならない。言い換えれば、無記名株式は会社の所有者を突き止めることを不可能にし、その会社が負うべき税金や罰金、負債の法的責任の所在の特定を不可能にする。[155]

三つの仕組みの比較と結合

これまでの項で示したとおり、現代のウェルス・マネジメント業務は、同じ目的のために信託、財団、企業を使用する。この業務で用いる手段としては、やはり信託が主流——ソサエティ・オブ・トラスト・アンド・エステイト・プラクティショナーズの名称が示すように——だが、オフショアの法律のイノベーションにより、この三つの資産保有の仕組みの差違は縮まっている。ある法学者によれば、わたしたちは「信託を、他の事業組織や金融手法、とりわけ法人とのダーウィン流の生存競争に閉じ込められた競争者」とみなすべきだという。[156] こうして、わたしたちはオフショアの法律が信託に法人のような特徴を与え（とくにSTARやVISTAの仕組みのように、管理に関して）、オフショア法人が信託のような特徴を獲得しているところを目にしているのだ（とくに無記名株式、および名義人《ノミニー》株主や取締役などの利用による、プライバシーに関して）。企業と信託の最大の長所を併せ持つ財団でさえも、その魅力を増すために変更されつつある——たとえば、パナマとセーシェルでは創設者の名前が公開されず、課税対象にならないなど、いっそう信託との類似が進んでいる。表4-1は、この三つの資産保有方法

表 4-1　企業法人と信託の比較

	信　託	財　団	法人企業
主な目的	受益者の最善の利益のために富を保有し分配すること	慈善事業を目的として富を保有し分配すること（オフショアでは私的利益のために使われる場合もある）	通商貿易、株主の利益の最大化（オフショアでは資産保護目的のみの場合もある）
所有権	受益者と受託者の間で分割されるが、受託者が賠償する	財団が保有資産を所有する	株主。彼らは自ら株式を購入し、投資した資本を失う可能性がある
法的地位	法主体ではなく、私的合意。コモンローの国家のみで認められる	世界中で認められる独立した法主体	世界中で認められる独立した法主体
管　理	受託者	理事会	取締役
納税責任	受託者は信託財産の所得に対して、受益者は分配に対して納税義務がある（オフショアでは減税か免税の可能性がある）	所得税、物品税、贈与税が課せられる（オフショアでは減税か免税の可能性がある）	所得税の二重課税。最初は企業レベルで、次に株主に配当したとき（オフショアでは減税か免税の可能性がある）
資産保護	債権者と訴訟当事者は信託財産に手を出せない。信託が破綻することはない	債権者と訴訟当事者は財団資産を差し押さえられる。財団が破産する場合がある	債権者と訴訟当事者は法人資産を差し押さえられる。法人企業は破産する場合がある
プライバシー	登記不要。受託者の名前が公式記録に記載される法域もあるが、受益者の身元は秘匿される	財団証書は公開登録する必要があり、創設者と理事の名前は公表される（オフショアではノミニーが使われることもある）	公開登録する必要があり、取締役と株主の名前は公表される（オフショアではノミニーが使われることもある）
コンプライアンス・コスト	移動と分配に報告義務や制限は、ほとんどないか、まったくない	財務報告の義務に加え、最低限の分配義務がある（オフショアではこの規定は緩和される場合がある）	財務報告の義務に加え、移動と分配に制限がある（オフショアではこの規定は緩和される場合がある）
移転しやすさ	異なる法域間の信託の移転は、比較的容易であり費用も低額である（オフショアでは「避難条項」が自動的に付帯される）	異なる法域間の財団の移転は難しく、費用もかかる	異なる法域間の法人企業の移転は難しく、費用もかかる
時間的制約	永続性を禁ずる規定の対象（オフショアではこの規則は撤廃された）	なし	なし

を比較したものだ。

オフショアのイノベーションにより、信託、財団、法人企業の相違がずいぶんと縮まっているが、やはりそれぞれの方法にはウェルス・マネジャーと顧客にとって有利な点と不利な点がある。よって、ウェルス・マネジメントの戦略は一般的に、このうちの二つか、ときには三つすべてを使用する。よく使われる解決策は、「複合的な信託会社構造」である。[157] これには、オンショアの事業をオフショア法人――顧客の指示に従いノミニー取締役が運営する――に移転し、企業が発行する全株式を所有するためにオフショア信託を設立することも含まれる。

こうすれば一度にいくつかの問題が解決する。たとえば富裕層の多くは、ビジネスの利益をオフショアに移転させることによって、課税や規制から守りたい、あるいは企業を債権者や法制度から保護したいと思っている。だがそれは、ビジネスの管理運営を新たな所有者、つまり受託者に譲り渡すということだ。一般的に言って、受託者はその事業を運営する専門知識を持たず、利益目的の事業運営に関連する責任を負いたいとも思わない。[158] しかし、持ち株によって創設者がコントロールを握ったままで、その事業が単にオフショア法人に移転された場合、別の問題が持ち上がる。その人物が死亡したら、株式はどうなるのだろう？　株主は故人の財産の一部なので、検認裁判所の判事の承認を得た場合のみ、移転することができる――この手続きには時間も費用もかかるし、相続人に納税義務が発生する。[159] これは明らかに、課税やその他いかなる法的手続きからも可能な限り財産を守りたいと考える顧客の意思に反する。信託と会社を結合すれば、顧客が価値を置く二つの特徴、つまり保護とコントロールを最大限に活かせる。

この考えについては、図1－1で説明した。STEPの研修マニュアルに掲載された顧客が直面する一般的状況を基にした図である。この場合、ケイマン諸島の一つの信託が、二つの下位会社の株式を保有する。一社はBVIに拠点を置き、積極的に商業活動に従事し、もう一社はバミューダに拠点を置き、有価証券のポートフォリオを保有する。このように資産を構成することで、租税と規制から資産を最大限に守ることができる。STEPの研修マニュアルは次のように説明している。「このような方法で、受益的所有者の死亡に妨げられることなく、受託者は会社の株式（したがって原資産）に対し、法的権限を引き続き保有する。受託者による、下位会社の株式の所有には継続性がある。こうした状況においては、受益的所有者の死亡に際して、その故人の意思に従い株式を移転する必要はない。また、検認の申請に、その株式の時価総額を含める必要もない」[160]。信託と会社の結合は、単純な構成の資産を有する顧客にとっては、両者の長所を活かした結果をもたらす。

だが、莫大で複雑な財産を有する顧客にとっては、何重もの組織的な構造に資産を配置して、多数の仕組みに資産を分散させるほうが望ましい場合がある。設立して運営するには費用がかさむが、こうした複雑な構造を用いれば、プライバシーおよび資産へのアクセスがいっそう保護されることにもなる。このような構造に関する世界銀行の研究は、次のように結論づけた。「階層的な企業実体の利用によって受益的所有者は、関連する法的所有権や、コントロール、いくつもの法域に広がる資産を組み合わせて自分のものにすることがより可能になる。これらはみな、受益的所有者にとって以下のことを容易にする。（a）最終的には同じ目的を抱く、複数の異なる組織名で金融機関を利用すること。（b）主要な所有企業（つまり、資産を保有し、受け取り、移転する企業）に対しコントロールを維持すること。階層的な企業実体を用いれば、複雑で間接的なヒエラルキーにより、完全に隠れたままで、受益的所有者はこうした目的を達成できる」[161]

一例として、図4－2を検討してみよう。最低1億ドルの純資産を保有する顧客に適した構造を示したものだ[162]。明確にするために各層を数字で分けてある。第5層は、原資産を示す。ファミリー・ビジネスと、二つの有価証券のポートフォリオ、ヨット1艘、不動産数件だ。次に、これらの資産は第4層の会社と第3層の信託により、典型的な信託と会社の組み合わせ構造で保有されている。資産所有に伴うリスクと義務を個別化するために、各

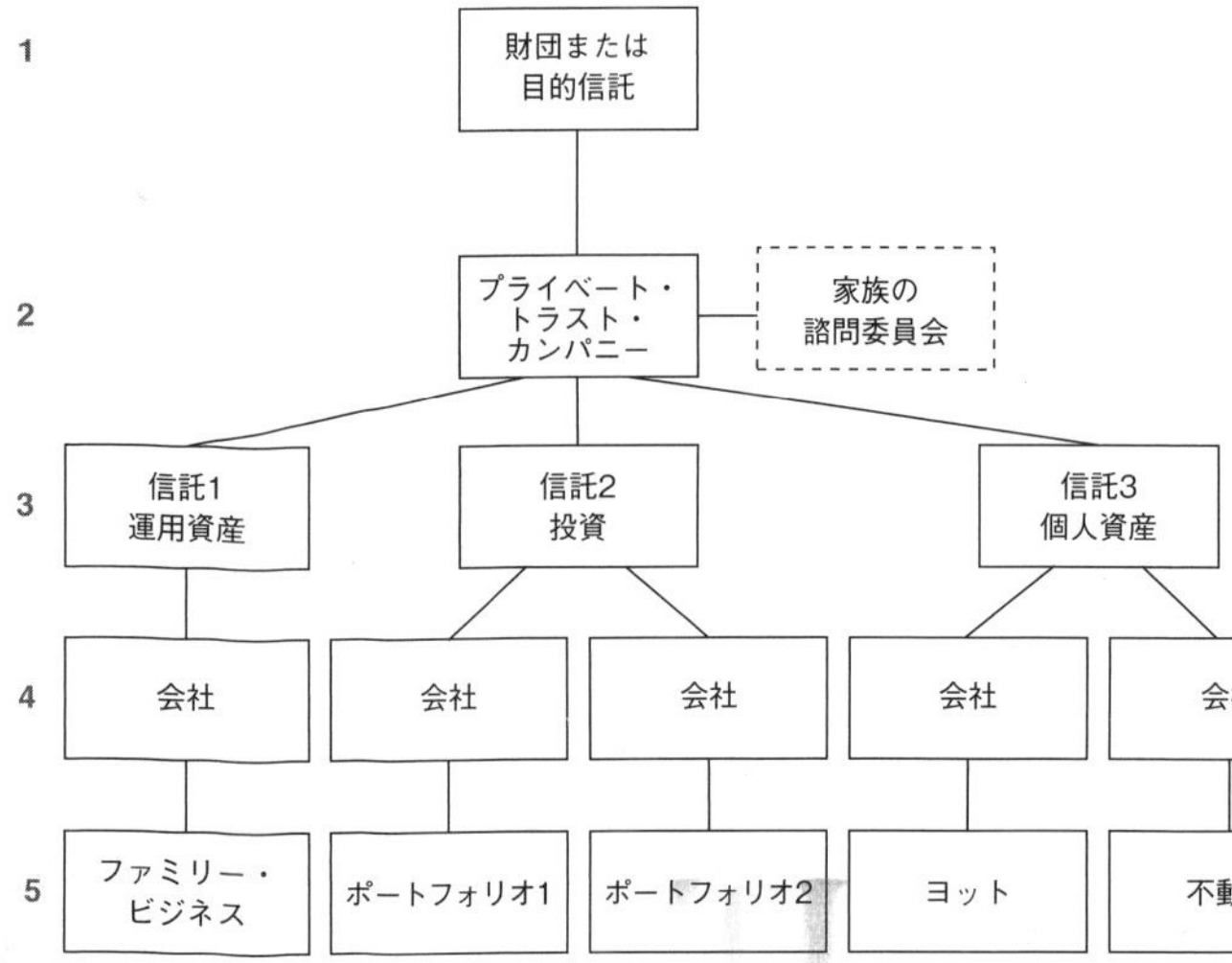

図 4-2 プライベート・トラスト・カンパニーの構造

資産は別個の法人に「切り離されて」いる。もし課税や司法判断が資産の一つに降りかかった場合でも、いくつもの会社に資産を分けておけば、一つの資産に対する脅威はほかの資産にまで及ばない。第4層の各企業は、外部から資金調達――たとえばヨットや不動産は、融資の担保として利用できる――もできるし、ファミリー・ビジネスやポートフォリオを保有する会社がその資金を借り入れることもできる。この融資に利子をつけて返済すれば、節税対策になる。

第3層は、下位会社の株式を保有する信託で構成される。この場合、信託は目的別にまとめてあり、運用資産は投資と個人資産から分離されている。前述したとおり、こうすることによって、第4層で保有する富は相続税や検認手続きから守られる。そのうえ、第3層は、下位会社で生じる法的責任が上の層に及ばないようにしている。投資が損失を被ったり、ファミリー・ビジネスが倒産するなどした場合、三つの信託に分かれた層によって、三種類の資産が分かれていることが強調されることになる。これにより、債権者や税務当局が、これらの構造は関連しているので他者の負債を清算するためにプールできるではないか、と主張することは難しくなる。

第2層のプライベート・トラスト・カンパニー（PTC）は、完全に一家族が所有運営する法人企業である。ここでの目的は、基本となる信託を保有し管理することである。法人企業なので、プライベート・トラスト・カンパニーは無制限の存続期間を有する——長期の富の保全に不可欠な継続性を提供する——が、第三者のトラスト・カンパニーを利用するよりも、さらに大きなコントロールを得られる[163]。またプライベート・トラスト・カンパニーは、家族の諮問委員会に有限責任を与えて、会社の舵取りをさせている。多様な原資産が数々のリスクにさらされていることを考えると、この委員会は絶対に必要である[164]。

プライベート・トラスト・カンパニーは、明らかに財産世襲を目指すための手段である。富の管理の継続性、および継ぎ目のない世代間資産移転を確実にすることにより、数世代にわたる富の集中を制度化することを目的として設計されている。現代のウェルス・マネジメント業界のトップ企業数社（ノーザン・トラストやベッセマー・トラストなど）は、19世紀にプライベート・トラスト・カンパニーとして始まり、各社が一つの家族に仕えていた。現代においては、プライベート・トラスト・カンパニーをうまく使えるか否かは家族の諮問委員会にかかっている。この委員会は、「PTCの取締役として、将来の世代が家族の仕事を引き継ぎ運営できるように手はずを整える[165]」

この入念な信託と会社の「何層もの構造《レイヤーケーキ》」の一番上に、オフショア財団、またはときに目的信託——受益者が不要な、オフショア信託の特殊なタイプ——がある[166]。第1層は、プライベート・トラスト・カンパニーの株式を所有するためだけに存在し、規制と世間の詮索からプライベート・トラスト・カンパニーを完全に守る。この構造において財団や目的信託は、「「所有者不在」の経済実体」という法的地位を享受する[167]。これはつまり、自然人が原資産の所有者として特定されることはなく、この資産に付随する課税または判決に何ら責任を負わないということである。したがって、プライベート・トラスト・カンパニーを中心としたこのアレンジメントが、「来たる幾多の世代のために、財産を守り増やす目的で大金持ちが用いる、一連の積極的な計画技術の妙手（税金対策であれ何であれ）」と言われているのも、驚くに値しない。(168)

第5章　ウェルス・マネジメントと不平等

「富は三代を過ぎず」という中国のことわざに似た言い回しが、世界中の多くの文化に見られる。イタリアでは、「三代で厩から星へ、そしてまた厩へ戻る」と少々詩的な表現になるが、言わんとしていることは同じである。つまり、私有財産はあっというまに消え去るという意味だ。親が築いた財は子どもが使い、孫の世代で使い果たしておのずとなくなる。ドイツ人が言うように、「稼いで、残して、失くす Erwerben, verderben, verderben」となるのだ。(1)

ウェルス・マネジャーの役割は、この成り行きを阻むことだ。前章で紹介したようなテクニックを用いて、彼らは一家の財産の消散を遅らせるか止めようとする。結局これがさらに大きな不平等のシステムを支えることになる。つまり、ウェルス・マネジャーが私有財産を減らさずに家族内で維持させることにより、また資産が再分配される通常のプロセスを阻止することにより、彼らは階層化が永続するパターンに貢献しているのだ。彼らは法的手段と金融技術を用いて、一世代の剰余金を代々受け継ぐ財産に変えることができる。ある研究によれば、「適切なアレンジメントの下に信託管理することだけが、富の消滅を遅らせ、最終的には諸制度を通じて富を永続させることができる」(2)

職業集団としてのウェルス・マネジャーの勃興は、１９８０年代以降の富を基盤とした著しい階層化と一致する。[3] この不平等の拡大の直接の原因は、専門職の介在にあるとみなす者もいる。たとえば、「富を受託者の管理に任すことは……さらなる富の集中につながっている」と結論づけた信託研究もある。[4] 顧客の何十億ドルもの税金逃れに手を貸す役割を指摘して、ウェルス・マネジャーに間接的原因があるとみなす者もいる。[5] とくに懸念されるのは、「貧しい者から富める者へと富と権力を移動させた史上最大の力」とされる、オフショア金融の利用である。[6]

世界的に深刻さを増すこの問題にウェルス・マネジャーがどれほどの責任があるのか、数値で示すつもりはない。判断に必要となるデータが入手できないからだ（その詳細については以下に示す）。その代わり、増える一方の不平等に関する研究結果に著者が付け加えることができるのは、この現象の基になるメカニズムについてのより正確な理解である。第4章のウェルス・マネジメントのテクニックに関する考察をさらに詳しく説明し、そのテクニックのおかげで顧客がこれほど莫大な富をいかにして確保できたのか、また無防備になりがちな数々の危険と損失から富を守り、富を増やす剰余資本の分配をいかにして実現させたのかについて示すつもりだ。その主な方法とは、租税や債務や罰金の回避、公開市場では利用できない独占的な投資の機会、そして相続による何世代もの富の集中である。よって本章では、「ウェルス・マネジャーは世界的な経済的不平等についてXパーセントの責任がある」というような主張はできないが、ウェルス・マネジメントのテクニックが世界中の社会的成層の発展と維持に与えた広範な影響についての考察を提示することはできる。

さらに、所得ではなく富を重視することで、本書は不平等に対して新規のアプローチをとっている。２００８年の世界金融危機によって、いわゆる「１パーセント」と経済力集中に、新たな関心が幅広く寄せられるようになったが、この危機から発生した新たな研究の方向性は、ほぼ例外なく所得に集中していた。けれども、不平等に関して概念的に重要なもの、たとえば人生のチャンス、教育を受ける機会、求人市場の好機、政治的権力などについては、富のほうがはるかに多くを示せる。所得は変化することが多いが――賞与、予期せぬ収入、失業、課税などのため――、富は所得よりも安定し、未来の世代に引き継ぐことが可能で、社会経済的な構造を生み出す。経験的に言って、わたしたちが富の不平等について知り得たわずかな情報は、これが所得の不平等よりもはるかに大きな問題であり、急速に拡大していることを示唆している。[7]

だが、富の研究は難しい。所得に関するデータのほうがはるかに入手しやすいからだ。ほとんどの政府は、税制度の一環として所得を追跡し、その記録を公開している。これに対し、私有財産の規模と所有は、たいていウェルス・マネジャーの介入のために明確に知ることができない。不平等について公に入手できるデータから、裕福な人々はほぼ完全に除かれている。[8] 調査は「体系的に金持ちを低く見積もり、大金持ちの所有財産を反映していない」。[9] 確かに、『フォーブス』誌の長者番付400人に名前が挙がる人々は、「消費者財務調査」などの富に関してオーバーサンプリングしたデータセットからも、明らかに除外されている。[10] プライバシーを厳重に保護するために、金を払ってこの400人のリストから名前を外してもらう人もいる。[11] 結局のところ、信託の利用と登録されていないオフショアの資産保有が、本来の富の不平等の度合いにまつわる戦略的曖昧さに大いに貢献している。[12]

実際に、不平等への関心が高まるにしたがい、貧富の格差の程度を推計するために必要とされる「政治的に危険な」情報が、いかに慎重に隠されていたのかが、明るみに出てきている。[13] 顧客の資本移動の情報を少しでも漏らせば、ウェルス・マネジャーは多くの法域で民事または刑事処分を科せられる。顧客が違法行為に関わっているとの疑念が湧いた場合、その懸念を他人に報告することに関し、ＳＴＥＰの研修マニュアルは次のような「厳格な秘密保持の法律」を理由として、プラクティショナーに警告を発する。「この法律では、顧客情報を第三者に開示することは、民事訴訟の対象になるとされるうえに、刑事犯罪として罰金と収監、またはそのいずれかを負う職業的責任の違反となる[14]」

時おり明るみに出る、上流階層の資産とウェルス・マネジメント戦略に関するデータは、たいてい二つの情報源から出てくる。一つは訴訟である。公判記録から個人の富の規模と構造が明らかになる場合が多い。第1章で触れたプリツカー家や、第4章で述べたワイリー兄弟などが、その例である。きわめて参考になるとはいえ、このようなデータは非体系的で偏りが見られる傾向があり、分析と一般化に利用するには価値が限られる。

これと同じことが、もう一つの情報源である窃盗にも当てはまる。最近、オフショア銀行の行員やその他ウェルス・マネジメント会社の従業員が、顧客のデータを政府やジャーナリストに漏洩する事件が何件か起きて注目を集めたが、これにはリヒテンシュタインやルクセンブルク、一部のカリブ海諸島の組織から抜き取られた私的な口座の情報も含まれていた。直近の例としては、過去40年間の顧客データが記録された１１５０万件ものファイルが、パナマを拠点とする法律事務所モサック・フォンセカから匿名の情報筋により漏洩された事件がある。このファイルによって、企業のトップや著名人、政治家など、実質的に世界のエリートの名士録とも言えるほどの人々がオフショアで保有していた、莫大な資産が明らかになった。そのなかには、ロシア大統領ウラジーミル・プーチンが恩恵を受ける、オフショア信託財産の数十億ドルも含まれていた。これはプーチンが実質的に所有する信託財産の氷山の一角にすぎないとして、反汚職活動家のアレクセイ・ナワルニーはこう語っている。「ロシアではきっと、「たった20億しか見つからなかったって？」と笑ってますよ。これは個人支出用の小口現金ですね[15]」。だが、こうした主張がさらなる証拠によって立証される可能性は低いだろう。プーチンか彼の仲間についての情報漏洩が新たに起こらないかぎり、ロシア大統領のオフショア保有資産の情報は今後も厳重に保護されるだろう。こうした状況は、富の不平等の問題のみならず、触れてはいけないとされる情報の保護の問題についても、緊急に検証を加える必要性を浮き彫りにしている。[16]

不平等に関連する問題

不平等のすべての形態が、社会問題を引き起こすわけではない。リベラルな資本主義的民主国家においては、とくにその傾向がある。それどころか、短期の社会経済的賞罰システムにおいては、ある種の不平等は必要かつ望ましいものと広くみなされている。[17]だが、「不平等」を「機会へのアクセスの差異と、社会生活の複数領域における優位」の省略表現と理解するならば、問題は明白になる。不平等が資本の入手、教育や雇用の機会の獲得、政治家への影響力に対し、何世代にもわたり障壁を作り出す場合、不平等は問題となる。[18]

富と所得

富は「純資産」としても知られており、基本的ニーズが満たされ、債務が返済された残りの余剰資産である。富が累積したリソースのストックならば、所得はそのリソースがわたしたち個人および家庭の経済システムへのフローである。[19]ほとんどの人は所得を日々の必需品の購入や債務支払いに充てており、これに使われなかった分を貯めて、富の蓄えとする。この蓄えが安定性や機会、安全をもたらす。[20]これに対して、思いがけない収入（特別手当など）や不運（失業など）のために、所得は短期間のうちに著しく変化する。

所得は短期的に測定される――時間給や月給、年俸など――が、富は長期的に考えることが可能であり、社会経済構造にわたしたちが占める位置を変える可能性も秘めている。次のように述べる研究もある。「富は、ミルクや靴などの生活必需品の購入に充てられない金銭の特別な形態である。多くの場合はチャンスを生み出し、望ましい地位や生活水準を確保するために、あるいは階級的地位を子どもたちに引き渡すために使われる。この意味において、富に由来するリソースに対する支配力は、所得や教育よりも包括的であり、意義においても理論的重要性においても、経済的幸福や人生のチャンスを手に入れる機会といった伝統的概念のほうに近い。さらに重要なのは、過去の産物であり、世代を越えて引き継がれるきらいのある不平等を……具現化したのが富であるという点だ[21]」。したがって、多角的な側面で、また相互補強的な側面からも、富は特権を生み出すのだ[22]。

富という観点から――所得とは対照的に――階層化が問題であるのは、このような優位性を強固にして、持続的な階級構造を形成するからだ。所得にも世代間の継続性はいくらか存在するが、世代を越えた富の安定性の度合いのほうがはるかに高い[23]。それは、裕福な人々を保護し、他者より資産を増やすことを可能にする、経済的、政治的特権を富が伴うためである[24]。たとえば、富はセーフティネットの形で安全を提供するので、危険を冒す自由や、裕福でない人なら人生を棒に振るような失敗から立ち直る自由を授ける[25]。そのうえ、個人や家族が景気後退を乗り越えることも、資金繰りが苦しい他人を横目に、底値で投資対象を購入して利益を得ることも可能にする。次いでそれが新たな所得とさらなる不平等を生み出す。C・ライト・ミルズが20世紀半ばに著した名著『パワー・エリート』で述べているように、「富は自らを永続させる傾向を持つばかりか……「大きな富」を得る機会を独占する傾向がある[26]」

この富の自己永続性は、とりわけ所得との関連で、不平等に関する議論では見逃されることが多い。データが示すように、所得格差さえも、給与ではなくてむしろ資本として働かせる富によって助長される。とくに、たいていの場合、「最高所得者の莫大な所得は、株式などの資産の売却による実現キャピタルゲイン」であることが、経済研究から判明している。(27) だが、富が所得を生み出す一方で、所得が富を生み出すことは困難である。(28) 労働所得だけを基盤にして富を獲得することは可能だが、それはスポーツのスター選手や芸能人などによる例外的事例だろう。最近、経済学者のトマ・ピケティはこの観点から、「富もまた所得を生み出す。……過去に創出された富は労働を加えなくても、労働に起因する貯蓄可能な富より自動的に急速に増大する」と述べている。(29)

1パーセントの人々

富と所得の相対的重要性を示す例として、次に示すアメリカのデータを検証してみよう。連邦準備制度理事会のデータによれば、所得者の上位1パーセントの平均年間所得は１３８万ドルだが、この1パーセントの人々についてとくに目立つ点は、彼らの富（純資産）が1世帯あたり平均１６４５万ドルであり、所得よりも一桁多いという点である。(30) これに対して、アメリカの世帯の保持する純資産の平均はおよそ6万４００0ドルである――これは、平均所得の5万３０００ドルよりは少々多く、過去50年間に集計されたどの時点の世帯資産平均と比べても少ない。(31) 節約に励めば蓄財は可能だとはいえ、1パーセントの人々の富の源泉は別のところにあると示す証拠がある。彼らの純資産の75パーセント以上は、金融商品（株や債券）と不動産（主たる住居を除く）から生じているとされるのだ。(32)

言い換えれば、1パーセントの人々を目立たせて――しかも目立って問題にして――いるのは、仕事の報酬というより、急速に所得を伸ばし富を増やしている資産の所有なのである。たとえば、アメリカの上位1

パーセントの人々の所得は、国民所得の17パーセントを占めるが、彼らの富は、国富の35パーセントを占めている。[33]富の不平等は所得格差が数字で提示する問題の2倍に相当するだけではなく、富の格差が急激に広がっているのである。[34]実際、ある推計によれば、２００３年から２０１３年の間に富の差は2倍に広がった。[35]

これがどんな意味を持つのかを明確に示したのが、２００８年の金融危機とその後の回復の極端な格差だ。金融危機による損失を完全に取り戻していない大多数のアメリカ人とは対照的に、２００８年以降、1パーセントの人々の富は年率9―18パーセントで着実に成長している。[36]２０１５年、彼らの富の総額は過去最高となる15兆ドルに達した。[37]『フォーブス』誌の現在の米国長者番付４００人は、２００７年と比べて45パーセントも裕福になっている。[38]

似たような傾向はアメリカ以外でも見られる。世界人口の1パーセントが世界の富の半分をコントロールするまでに、世界的にも富は急激に集中している。[39]一般的に言えば、金融危機以降、富裕層の総人口はその富とともに着実に増えている。今や世界で富裕層に分類される人はおよそ１４６０万人にのぼり、その富の総計は50兆ドルを超える――実にアメリカのＧＤＰの3倍に等しく、経済規模で世界上位15か国の総額を上回る。[40]

相続

目下の経済不平等の水準が問題であるのは、現在、少数の人々が不相応なほど裕福だからというだけではない。将来への影響も懸念すべきだからだ。富の現在の所有者が全員世を去ったときに、この富に何が起こるだろうか？　アメリカでは今後数十年の間に、10兆―41兆ドルの私有財産が相続されると見込まれている。[41]その正確な額については学者の間で諸説あるが、一番重要な点については意見が一致している。つまり、人ロのごく一部の人々がその富のほぼすべてを受け継ぎ、大多数——80パーセント——の人々は何も受け継ぐことがないという点である。[42] アメリカで遺産を相続する世帯の割合は、過去数十年の間に減少しており、しかもその相続額は著しいねじれを見せている。もっとも裕福な1パーセントの世帯の平均相続額は270万ドルであるのに対し、世帯資産中間層の平均相続額は3万4000ドルとなっている。[43]

アメリカ以外でも、相続の格差はほぼ同じ傾向を示している。[44] 西ヨーロッパでは、遺産相続額はアメリカよりも少ない——たとえば、ドイツでは年間で1000億—1500億ユーロと推計される——が、相続する人々はやはり一握りのエリートに限られる。[45] そのうえ、ヨーロッパの人々にとって思いがけない収入を得ることの人生のチャンスの重要性は、1970年代以降大きくなっている。[46] これはヨーロッパの大企業の所有構造によるところが大きい。つまり、その大半は公開市場で株を販売するのではなく、創業一族が実権を握る「非公開会社」の形態であり、結果として相続により、「その一族が国家の経済の相当部分のコントロールを握ることになる」。[47] イェンス・ベッカートが世界の相続財産を分析して記しているように、この現象は経済をはるかに越えた影響を及ぼす。富の移転は「社会的地位の世代間の継続性を可能にし、所属領域を固定化し、その結果、社会構造も固定化する。さらに、市場での予測のつかない成功を妨げる」[48]

また、所有と世代間移転のこのパターンは、中国やロシア、アフリカなどの資源豊富な発展途上国で、不平等の形成に重大な役割を果たしてきた。こうした国家では、私有財産が世界のどの国よりも急速に伸びており、しかも——欧米とは異なり——国家の介入による歯止めがほとんどきかない。その富の大半はオフショアに流出しており、最近では、アフリカの私有財産の約30パーセントが、またロシアの富の50パーセント以上が、スイスやその他タックス・ヘイブンに保有されると推計されている。[49] OECDは最近こうした国家に対し、世襲パターン形成による経済的、社会的悪影響を減速させる目的で、さらに強気な課税制度と再分配率の上昇を促した。[50] 発展途上国にすでに見られる極端な富の不平等と基本的インフラの欠如を考慮して、複数の公共政策研究機関が、世襲財産による富の集中がこれ以上進めば、政府も市場も不安定化する恐れがある、と警鐘を鳴らしている。[51]

世界的に見た場合、富の世代間移転に関して大きな問題となるのは、これが今後の経済資源と政治力の形成に与える影響である。ある法学者によれば、「エリート、つまり上流階級は相続する階級であり、下層階級は何も相続しない階級である」。これにより、蓄財の移転は、「あらゆる社会的プロセスのなかで、もっとも肝要であり根本的なもの」となる。[52] この考察は、トマ・ピケティほかの経済学者が見出した実証的事実により裏づけられる。これらの研究は、世代間の富の移転は、長者三代続かぬの轍を踏んで富が消失するパターンを防止し、金ぴか時代につきものだった不平等の状況を再現して、自己永続的な推進力を獲得していることを示した。[53]

19世紀初頭、相続財産と特権に反旗を翻した啓蒙主義時代の影響をアメリカがまだ色濃く受けていた頃、アレクシ・ド・トクヴィルはアメリカについて、富が「目にもとまらぬ速さで循環する」ところであり、「富の恩恵を二代続いて完全に享受する例はめったに見られないことが経験からわかる」と書き残した。[54] トクヴィルの記した機会の均等や民主主義への参加、起業活動はすべて、この激しく動く一時的な経済の不平等のパターンと密接な関係にあった。

このように、一部の人々が他人よりも稼ぐ――それもかなり稼ぐ――からといって、必ずしも民主主義や資本主義に対する脅威とはならない。[55] 問題が生まれるのは、トクヴィルが記した繁栄する資本主義的民主主義国家を支える能力主義のプロセスと個人の達成が妨げられ、そうした不平等が固定化したときである。確かに、政治哲学は数世紀にわたり、財産相続は社会の発展に対する大きな脅威であると指摘していた。ルソーやミル、ベンサム、トクヴィルなどの思想家は、18世紀の諸革命が破壊しようとした政治力と経済力の集中の再建を防止するため、相続権を廃止するか厳しく制限するように主張した。[56]『共産党宣言』は、「存在する全社会秩序の強制的転覆」の実現に必要な10の方策の3番目に、「相続権の廃止」を挙げた。[57]

相続財産に対する敵対心は、革新的思想とはかけ離れているが、啓蒙主義時代以降長らく政治思想と社会思想の主流であった。多くの社会が、公正と能力主義と民主主義の保護の名の下に、相続権を制限する目的の法律を施行してきたのは確かである。[58]最近では20世紀半ばに、フランクリン・ルーズベルト米国大統領が「相続権は悪」だと公然と発言し、「遺産や相続、または贈与により巨万の富を代々受け継ぐことは、アメリカの理想とも国民感情とも一致しない。……［それは］比較的少数の人々がその他大勢の人々の楽しみと安寧に対して、大いに望まれぬ集中的な支配を永続化することになる」と警鐘を鳴らした。このような言い方をして、富裕な市民に課す相続税を上げるようルーズベルトは議会に説いた。だが、最近ある法学者が述べたように、「現在は誰もこんな物言いはしない」[59]。ルーズベルトが１９３５年にこの議会演説をしたとき、相続税に反対する税務専門家（ほとんどが会計士と弁護士）はわずか8パーセントしかいなかったが、１９９４年には、相続税に反対する者の割合はこの3倍以上になった。[60]これは、２０１０年にアメリカで相続税の全面廃止（一時的ではあったが）につながる国民感情の幅広い変化によるものであり、現在も永久廃止を目指して議会の尽力は続いている。[61]その他の西洋諸国でも、１９８０年代の新自由主義の変換点の一つとして、同様の変化が発生した。たとえばイギリスでは、「歴代政権の再分配に対する熱意の低下」が、国内の経済不平等が拡大した主要因だと論じられた。[62]

数十年という比較的短い期間で、富――とくに代々の遺産――についての道徳値は大きく変化し、不平等階層の最上層から注意とリソースを逸らしたのである。

ウェルス・マネジメントの役割

代理人の問題がまったくと言っていいほど検証されていないのも、こうした軽視の一環である。たとえば、相続の重要性が数十年のあいだ低下したのち、階層化のパターンに対する相続の影響が急に高まったことについてピケティは考察したが、これを起こした当事者の体系的な調査にはいまだつながっていない。富の不平等の原因となった背後の力について調査が実施されても、もっぱら政策と税制に焦点が絞られていた。(63) この二点は確かに重要な要因である。だが不平等を増大させた代理人という、単純化できない要素がいまだ調査されずに残されている。すなわち、これに関わった主要な当事者について、および彼らの手法と動機についての一貫した説明が、まだ欠けているのだ。こうした問題が検討されためったにない機会でも、重要な当事者とされたのは裕福な人々自身だった。2012年の大統領選のミット・ロムニーについての報道など、そうした見方を覆す証拠が近年見つかっているが、状況は相変わらずである。報道によると、ロムニーの2億5000万ドルの私財は、ゴールドマン・サックスのプライベート・バンク部門が管理する、複雑な信託基金に保有されていたという。「彼のゴールドマン・サックスへの投資は、ジム・ドノヴァンが管理している。ドノヴァンは……ロムニー氏の信託に、富裕層に限定したゴールドマンの投資基金を利用する権利を与え、2002年、「為替基金」として知られる、積極的かつ複雑な課税繰延べ戦略の実行を幇助した（2003年以降、ロムニー氏の資金のほとんどは、「ブラインド・トラスト」〔白紙委任信託〕に保有されている。つまり、彼はもう自分で投資の決定を行わないということだ）。今週公開された納税申告書によると、ロムニー家の所有する三つの主な信託は、2010年にゴールドマン・サックスの多様な投資手段から、900万ドル以上を生み出した」(64)。このニュースは『ニューヨーク・タイムズ』紙の一面を飾り、ロムニーのウェルス・マネジメント計画の担当者の名前も——さらにロムニーがこの過程とは無関係であることも強調して——載っていたのだが、経済的不平等を生み出す職業の役割を検証させるほどの刺激にはならなかった。だが本書が示すように、ウェルス・マネジャーはこの点に関して、研究者やジャーナリストからこれまで以上に大きな関心を引くに値する存在である。不平等の根源を追究するならば、「新しい種類のコスモポリタン・パワー・エリートに基盤を与えている……「汎地理的」で国際的な専門知識の形態」を探究すべきなのである。[65]

近年の世界的な富の集中が、ウェルス・マネジメント活動を示す指標の増加と一致していることは、とくに示唆に富む。たとえば、オフショアに保有される富は2008年以降に25パーセント増えており、その間にペーパーカンパニーの利用は著しく増えている。[66]この変化によって、ウェルス・マネジャーの顧客はかつてないほど裕福になったようである。顧客の数が全体的に減少しているのに対し、運用資産の額は大幅に増加しており、その増加は5000万ドル以上の財産でとくに顕著である。[67]言い換えれば、顧客数は減っているが、その顧客は以前よりもはるかに裕福であるということだ。ウェルス・マネジャーの仕事によって、超富裕層は繁栄し、不平等は拡大している。[68]

最後に、ピケティをはじめとする経済学者は、相続の経済的重要性は1980年代に復活したとしている。ウェルス・マネジメントの職業化とおおよそ同じ時期だ。ついでながら、富のパターンの変化に気づいた時期として、著者の研究の協力者数名がインタビューでやはり同じ時間枠を指摘していた。たとえば、ウェルス・マネジメント業界の主要動向について質問した際、ケイマン諸島で働くイギリス人プラクティショナーのニールの回答は次のとおりだった。「拡大する一方の富の不平等。……すこぶる裕福な人たちは、わたしの仕事やこの業界がなかった場合に納税する額と比べて、はるかに少ない納税額ですむようにできます。しかも、ひとたび富を増やすために有利なスタートを切ったら、累進課税や再分配政策をものともせずにその差は大きくなる一方です。革命でも起きなければ、こうした不公平を覆すことは時間がたつにつれていっそう難しくなります」。彼の意見は、本研究が示す独自の見方を強調する。富の不平等に関するその他の研究は、まず構造から取り組んでいるのに対し、本研究はその構造を作り上げた人々に光を当てる。不平等に関する大規模な計量分析では、個人または集団的主体の役割は曖昧にされるきらいがある。富と相続の歴史について再検討したある文献にあるように、「金が金を生む」のは、蓄積が自然で不可避だからではなく、「金持ちは……投資顧問も会計士も弁護士も、最高の人材を雇う余裕がある」からだ[69]。したがって、不平等をめぐる対立と変化の原因を理解するには、より大きな制度を作り上げた当事者たちを検討することが肝要なのである。

世襲財産を生み出す

世襲財産の決定的な特徴は、持続性があり、法慣行や法体系により「破壊されることが比較的少なく」なるという点だ[70]。この特徴は過去に限嗣相続や長子相続制、信託の形で行われたが、現在では、ウェルス・マネジャーが導入するイノベーションを通じて、富の新たな保全方法がふんだんに存在する。顧客の状況とその資産や制約や目的に応じて、オンショアであれオフショアであれ、豊富な仕組みを利用できる。一般にその仕組みのおかげで、ウェルス・マネジャーは図5－1（一八八頁）および次で示す3点を成し遂げることができる。

1　租税、債務、罰金などによる、顧客の所得（労働によるものでも資産によるものでも、あるいはその両方でも）の

消散を抑えること。剰余金として残った所得を最大にすることが目標となる、

2　その剰余金の一部を高成長で低リスクの投資機会に向けること——必ずしもウェルス・マネジャーが投資を運用する必要はなく、ウェルス・マネジャーが仲介して手配する。

3　最低限の経費しかかけず、かつ最大限に成長する機会を与え、家族対立などの消散要因に邪魔されずに、顧客の財産を次世代に確実に引き継がれるようにすること。

以上の条件がひとたび整えば、永久に金を生み出す機械を作動させるようなものである。信託とオフショア機関に守られながら、さらなる所得を生み出してこのシステムに経済力をつぎ込み、富は増える。トクヴィルはこう書き残した。「いったん動き出した機械は、永久に動き続けるものだ。［それは］……財産と権力を結びつけて少数の手に集中させるので、言うなれば、貴族はおちおちしていられなくなる」[71]

この仕組みと戦略にはそれほどの力があるので、顧客やウェルス・マネジャーにそのつもりがなくても、世襲財産を生み出すことが可能になる。ある研究にこうある。「私財を構造化する確立されたプロセスに、王朝的傾向が組み込まれているというだけで、意図に反して家族は王朝のごとき特徴を帯びうる。……その場合は主に、信託証書と法慣習を基本的手段とする信託の専門業務により、王朝が形成されてきた」[72]。つまり、ウェルス・マネジャーを財産管理に携わらせれば、持続的で急速に拡大する不平等につながる状態へと、たちどころに動き出すということらしい。専門家の介在でそれが可能になるメカニズムを図5－1で示すとともに、次の項で各メカニズムを分析する。

所得の消散を抑え、剰余金を増やす

労働であれ投資であれ地代であれ、顧客が所得を得ると、それはたちまち課税対象、および債務の返済や罰金の支払いのための差し押さえの対象となる。専門家がこの段階で財産形成に関与する場合は、損失の防止を重点的に行う。信託とオフショア機関を利用した減税方法、ならびに債権者や離婚予定の配偶者、訴訟当事者が顧客の財産に手を出せないようにする方法については、第4章で詳細に述べた。こうした方法に加えて、多くのウェルス・マネジャーはさらに踏み込んだ対策をとる。会計士や弁護士に「意見書」の作成を依頼し、納税や債務を逃れるために採用した方法が合法であると、専門家の判断として証明してもらうのだ。意見書は100ページにおよび、5万—7万5000ドルの作成料がかかる。これはウェルス・マネジメント業務において「免罪符」のような役割を果たす。「意見書の真の価値は、政府から処罰を受けないための盾だということにある」と結論づける報告書もある。[73] たとえ「所得防衛」戦略が法に触れていたとしても、顧客が専門家の助言に善意で頼ったことを前提として、通常は処罰が免除される。

剰余金を高利益、低リスクの投資に振り向ける

意見書の使用が示すように、剰余金を世襲財産に育てる際に、リスク回避は重要な役割を果たす。実際に、ウェルス・マネジャーが顧客のために考案する成長戦略の共通点は、「ほぼすべての投資リスクを排除するべく慎重に構築」されていることだ。[74] これは、リスクを受け入れる者だけが経済的報酬を得られるとする、現代資本主義の基盤となる経済理論に反する。[75] これは起業家精神の基盤であり、歴史的に巨額の財産に与えられてきた正当性の基盤でもある。

だが、裕福な人々が他者より抜きんでている点の一つは、リスク回避なのである。意見書のような法的隠

れ蓑や、オンショアの判決を受け付けないクック諸島の信託での資産保護、投資で分散型のポートフォリオを選択するなど、リスク回避は多くの分野で同時に行われる。[76] すべての卵を一つのバスケットに入れるな、と投資の世界で戒められているように、個人の財産を一つの分野に集中させると、景気の悪化の影響を受けやすくなる。株式や債券、不動産、美術品、現金などに財産を分散させている人のほうが、市場の下落に耐えるうえで有利な立場にある。それどころか、市場下落を利用できる。たとえば、2008年の金融危機のとき、富裕層は株式や債券に関して一時的に損をしたが、価値が下がらない別の資産をいくつも保有している者が大半だったので、誰もが売りに出しているときに安値でそれを買うことができた。金融危機の直後にインタビューした、ニューヨークを拠点とするウェルス・マネジャーのマリクはこう話していた。「大金持ちはますます金持ちになっているようで、お買い得品を探しています。昨日仕事仲間から電話があって、超富裕層の顧客がデパートを一軒か二軒購入するので、手伝ってほしいと頼まれました」

この発言は、ウェルス・マネジャーが顧客の財産を増やす三つ目の方法を浮き彫りにする。つまり、一般大衆には手に入らない特別な投資の機会を顧客に与えることである。ガーンジー島のマイケルが言っていたように（第3章参照）これには美術品や家屋、その他資産の個人取引の形式が取られるかもしれない。また、富裕層限定のハイリターンの金融商品も多数ある。たとえばウェルス・マネジャーは、顧客の資産をダークプール——取引価格が公開されておらず、招待者しか参加できない私設取引所——や、純資産が500万ドル以上の投資家しか受け入れられないと法律で定められているヘッジファンドに預けることができる。[77]

このような個人投資の機会に対する規制は、オフショア法域ではとくに緩やかである。この機会は取引参加者にプライバシーを与え、公開市場と比べて取引コストが安価なので、さらなる利益を生み出す余地がある。[78] 金持ちになり金持ちのままでいる方法の一つで、重要だが見逃されがちな点は、取引コストを最低限に

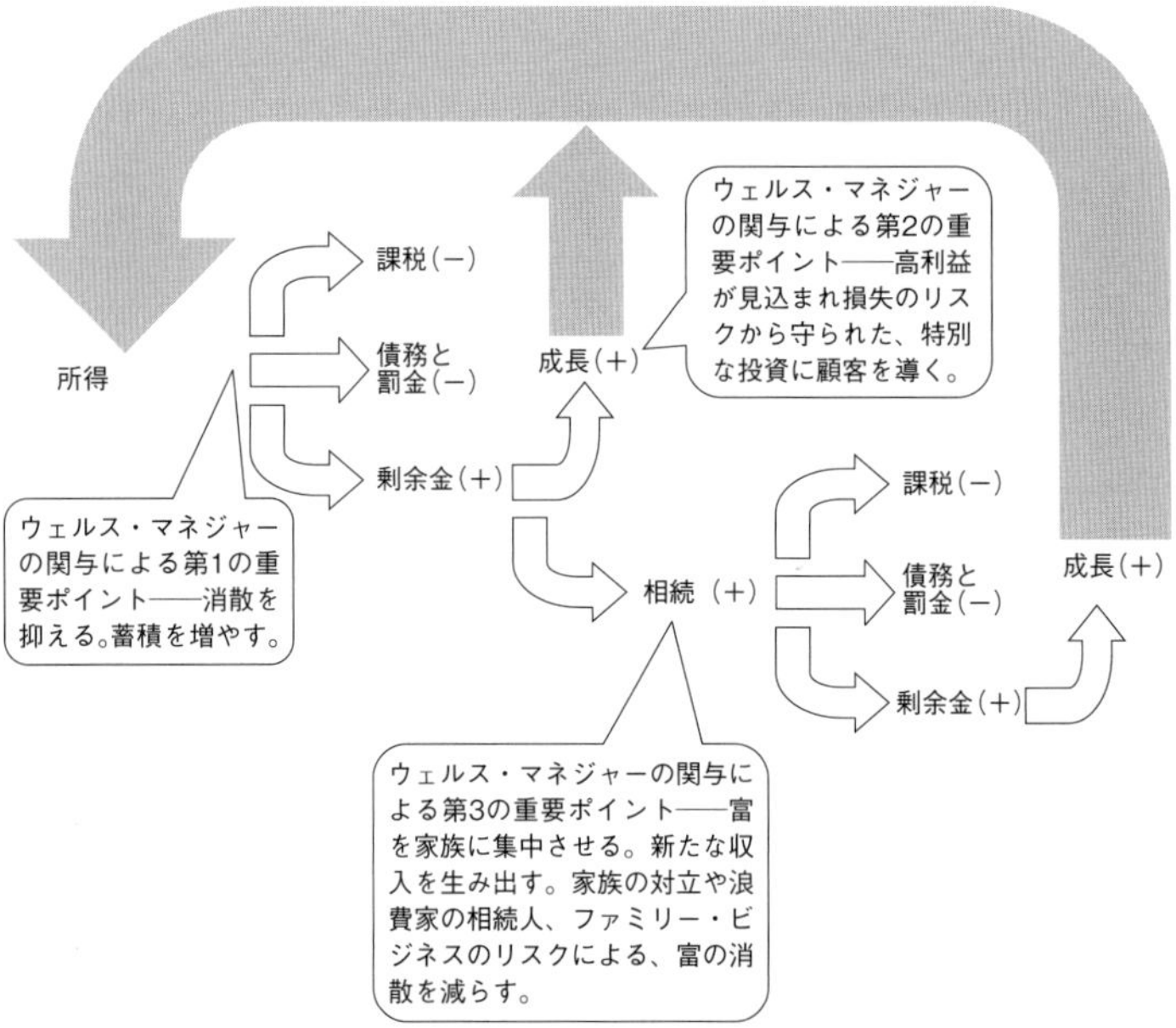

図5-1　富の不平等の「永久機関」

抑えることなのである。アメリカの有名投資家のビル・ミラーが、「最低平均コストが勝つ」と言ったことはよく知られている[79]。すなわち、最大の利益を得る――「勝つ」――方法は、最大のリターンを得るだけではなく、コストを最低限に抑えることなのである。取引コストが世界的に富（と貧困）の最大の決定要因であるとした、ノーベル賞受賞者の政治理論学者ダグラス・ノースの考察とも、これは一致する[80]。

したがって、ウェルス・マネジャーと仕事をする人たちには、最低のコストとリスクで富を増やせるという特権がある。この保守的な増益方法は、投資銀行家やその他の金融関係者からは軽視されるかもしれないが（第2章参照）、長期的に見て、顧客の富の保全と拡大にきわめて効果的であることがわかっている。コストとリスクを抑えるこの戦略は、２００８年の金融危機からの不均衡な回復に重要な役割を果たした。連邦準備制度理事会のデータによれば、2008年の経済恐慌により、アメリカの中間層の保有していた財産の38・8パーセントが損失を被り、この層は打撃からの回復が「ひときわ鈍い」とされている。[81] 対照的に、アメリカの富裕層は中間層と比較すると、はるかに損失の割合が少なく、すみやかに回復したのち、堅調に財産を急増させた。2008年から09年にかけて、アメリカでもっとも裕福な上位10パーセントの層の平均損失は6・4パーセントだった――これはアメリカの中間層が受けた影響のおよそ6分の1である。[82]『フォーブス』のアメリカ長者番付400人は、その番付に載っている人たち全員が保有する総資産の19パーセントに相当する損失を経験した。[83] 暴落に見舞われた際、富裕層は他者よりも手持ち財産があったので、株式や不動産、その他資産を買い占めることができた。おかげで、景気が回復した暁には、その他の層よりも利益を得られたのだ。『フォーブス』の長者番付400人に関する研究が結論づけたように、「金儲けの一番簡単な方法は、まず金から始めることである」[84]

家族の富を集中させる

できるかぎり少ない損失で、次世代に確実に財産を移転させることは、歴史的に見ればかねてから、ウェルス・マネジャーの主要業務および専門分野のひとつだった。[85] この任務の起源は中世の信託と受託者にまで遡る。中世の受託者の唯一の役目は、土地の所有権を保有し、委託者の指名した相続人にそれを譲渡することだった。21世紀には多くの任務が新たに生じたとはいえ、相続にまつわる一連の過程は、やはり専門のウェルス・マネジャーの中核をなす仕事であり、富が時間の経過に耐えられるようにするための重要な関与である。[86]

図5－1で示した関与のポイントのように、富の継続性を確実にするということは、富を消散させるおそ

れのあるリスクと取引コストを減らすこと、ならびに富を増やす状況を生み出すことを意味する。これはまず、円滑で低コストの世代間移転を確実にすることから始まる。こうして富が保存されるようになるほど、富は楽々と自然に増えていくようになる。ピケティが実証したように、「相続財産を持つ人々は、資本からの所得のごく一部を貯蓄するだけで、その資本を経済全体より急速に増やせる。こうした条件下では、相続財産が生涯の労働で得た富より圧倒的に大きなものとなるし、資本の集積はきわめて高い水準に達する」[87]。したがって、顧客の資産を保護するというウェルス・マネジャーの任務には、取引コストと消散リスクを減らすために役立つ、何らかの相続計画が含まれる。

驚かれるかもしれないが、この種の計画の主眼となるのは相続人に恩恵を与えることではなく、財産をそのまま保全することである。確かに、相続人は遺産相続で数々の個人的利益を得る。しかし詳しく調べてみると、その利益の多くは、家族の財産の利益を保存するために、代々継続されるように構築された戦略の副産物なのである。たとえば、信託ファンドの受益者になることは、個人の経済状態の向上に加えて、社会的地位も向上させる可能性がある。詩人で劇作家のジョン・ドライデンは、富が結婚の可能性を高める実態を、「女性相続人は誰もが美しい」とユーモアある表現で書き残した[88]。だがこの点に関して言えば、受益者は裕福な相手と結婚できるようになるので、信託はやはり家族の財産に利益を与えている[89]。こうして、家族の富と権力を確固たるものにして増大させる、古くからの手法が可能になる。すなわち、「名門は一族のなかで近親結婚を行い、まぎれもない集団的錬金術で、キリストのパンの奇蹟を資本のあらゆる形態で生み出すのである」[90]。同時に、信託やその他の仕組みを用いれば、財産継承に関連する取引コストを大幅に引き上げる離婚やその他の家庭争議から、家族の財産を保護することができる[91]。

相続の場合と同様に、信託にまつわる税制上の優遇措置は信託受益者に利益をもたらさないと、法学者は指摘している。優遇措置の対象になるのは、やはり信託から受け取る配当にかかる所得税である。その代わり節税分は、「姿の見えない先祖伝来の遺産、つまり信託に回される」[92]。浪費者信託についても同様の考察がされている。この信託は主に、相続人から、そして彼らが原因となるかもしれない債務や罰金から、家族の財産を守る役目を果たす。第3章と4章で紹介したインタビューが示すように、相続人は家族の財産の継続性にとって、ときに最大の脅威となる場合があり、ウェルス・マネジャーは状況に応じて彼らから財産を守る[93]。このような背景から、相続計画は受益者の利益を意図して立てられるのではなく、受益者によるリスクを軽減するために立てられるのである。ある裕福なボストン市民は、19世紀のエリート階級について次のように書き残している。「莫大な富がボストン社会の最初の60年間に蓄えられた。自分の息子たちを信頼し、その責任に任せるのではなく……彼らは息子たちの能力を信頼せず……すべて信託に預けた[94]」

組織が何をおいても生き残ろうとするのは、社会学理論では自明の理である[95]。この考察は、ウェルス・マネジャーが作り出した組織にも、法人や政府機関にも、同じように当てはまる。そのため、専門家は富の移転を組織化する際に、たいていは顧客の高潔さではなく、そのシステムの利益に基づいて行動する――つまり、富のために富を永続させるためである。ある研究によれば、「世代間の利他主義はほとんど見られない。予防の遺産のほうが移転の遺産より普通なのである[96]」。この点は、いわゆる代々の資産家では明白である。たとえばロックフェラー家の財産相続人たちは、遺産は贈り物ではなくむしろ負担であり義務であるという印象を受けた、と書き残している[97]。ブルデューの思想を言い換えて、相続の実質的意味を次のようにまとめた研究もある。「ある意味、個人は相続財産によって相続される。相続によって利益を得られると思っていたのに、確実に継承しなくてはいけないという義務にとらわれる[98]」

顧客を越えたところで——ウェルス・マネジメントが不平等に与える広範な影響

以上の説明が示唆するように、ウェルス・マネジメントが不平等に与える影響についての議論は、実は世襲財産の影響に関する議論なのである。とくに近代においては、世襲財産をそのままにしておいても維持することはできず、専門家の手を通してのみ維持できる。それが影響を及ぼす範囲は広く、経済的、政治的リソースの分配に影響を与える。この意味で、ウェルス・マネジメントが影響を与える社会構造は、階級化を支えるとともに民主主義と文化を形成している。次の項から、その影響について詳しく述べていく。

経済的影響

ウェルス・マネジャーの仕事は、二つの点で経済的不平等を悪化させる。一つは家族内に富をつなぎとめておくことによって、もう一つは租税や債務を回避することによって、彼らの仕事は、私的事業や政府のコストを裕福でない人たちに転嫁している。相続は経済的流動性を完全に排除するわけではないが、かなり妨げることになる。相続財産の目的は、とくにそれが信託で保有されている場合には、他者の再利用のために市場に投入することではなく、資本の集中を固定化することである。マックス・ウェーバーは、「ワクフ」と呼ばれるイスラム版の信託について言及し、この点を強調した。ワクフは慈善目的で資本を集中するものとみなされているが、相続により富を移転する手段として利用されることで、主に不労所得者層を生み出す役目を果たしていると、ウェーバーは考えた。「ワクフの形で蓄積された富が持続的に固定化されたことは、オリエントの経済発展にとってきわめて重視すべき点である。……この制度は、蓄積された富を利益追求のための資本としてではなく、地代源として使っていた」[99]。後の研究はより明示的である。中東の何世紀にもわたる低開発はとくにワクフ制度に責任があり、ワクフは「莫大なリソース」を市場と中東地域の人的資本の向上にあてる機会から切り離し「閉じ込めた」、と指摘したのだ。[100]

啓蒙時代の学者は、長期間にわたり一族に富が継承されるようにヨーロッパで伝統的に行われてきた、信託、限嗣相続、その他手段が、同じように経済発展を妨げたと考察した。結果として、貴族の称号から先祖代々の土地所有まで、多数の身分的特権がこの時代に廃止された。[101] 自由市場の信奉者でさえ、このような封建的慣行が富の移動性を減じて、商業とイノベーションの脅威となることに気づいた。近年、世襲財産が経済の不平等の主要因として再び登場し、階級構造における個人の移動も、これに付随して減少している。[102] その結果生じたのが、とくに経済の領域の最上位と最下位における、富と所得の「実質的な固定化」である。[103] これは、個人の努力による運命の浮き沈みの機会をなくしてはいないが（富の不平等な分配を正当化する主たる理由）、移動性をかなり減少させている。次のように結論づけた研究もある。「あべこべに、実力主義はほとんど相続と同じなのである――実績や運による効果が表れるのは、異なる相続による効果という文脈においてなのだ」[104]

ウェルス・マネジャーがこの傾向を後押ししているのは、家族の財産を効果的に確実に継承させることによるものだけではない。これには顧客の租税や債務を回避させる手腕も含まれる。信託の利用は、オフショア企業などのその他の租税回避手段と同様に、信託を利用しない人々を貧困化させ、彼らが利用できる公共サービス――利用できれば彼らに社会的向上をもたらすはずの教育、ヘルスケア、インフラなど――を減らしている。ウェルス・マネジャーの租税回避戦略は、このような戦略を採用する余裕のない（もしくはあえて使わない）人々に余分な負担を課し、国家の財政負担を重くしている。アメリカの富裕層が支払わなかった350億ドルを補塡するには、アメリカでは7―15パーセントの追加的な税が必要だと推計されている。[105]

同様に、イギリスでは数万人の富裕層が所得税を本来より低額で納税しているかまったく納めていないので、租税回避によって年間1000億ポンドの損失があるとみられている。

税制優遇措置を求めてオフショア法域に資本が流出する傾向を食い止めようと、オンショアの政府は、投資収益にかける税率を筆頭にいくつかの税率を引き下げてきた。つまり、顧客の利益となるウェルス・マネジャーのオフショア戦略は、二つの点で国家の歳入を奪い、不平等に二重に悪影響を与えている。一つは、彼らの合法的な租税回避戦略の成功によって、もう一つは、その戦略のせいでオンショアの法定税率を引き下げることによってである。この歳入の損失を補塡するために、政府は租税回避ができない人々に対し増税するか、人生のチャンスにおける不平等を相殺できるかもしれない公共サービス費用を削減することを余儀なくされる。[106] いずれにせよ、この戦略のせいで貧者はますます貧しくなり、金持ちはますます金持ちになる。

こうしたことは、人的資本と国家の発展に長期的な悪影響を及ぼすおそれがある。ギリシアやスペイン、その他EU加盟国では、現在公共サービスが大幅に削減されている。これらの国では、金融危機に先立ち、富裕層による多額の租税回避のせいで国庫が枯渇した。[107] このような税金不足には、絶えず「脱税や租税回避の技術を導入する」ウェルス・マネジャーの関与に直接の原因がある。[108] 資金不足の国家が崩壊の一途をたどるにつれて、有能な市民が海外に流出することも多く、残された人々が「ナショナリスト的な解決策、民族分裂、憎悪政治に惹きつけられ」ようとしている。[109] このように、租税回避と高まる不平等は民主主義そのものにも脅威となるのである。

最後に、債務返済や罰金を逃れるための信託利用も、他者の債務コストなどの取引コストを増やすことになる。ある法学者は次のように説明する。「永久拘束禁止則の撤廃と資産保護信託の急増……は、受益者の債権者、納税者、一般の人々など、信託を持たない者に負担を移すことにより、委託者、受益者、および信託運用業者などの信託の利用者に恩恵を与える。……永続信託も、現在の社会の階層を固定化する一因と見られ、現在の富裕階級の子孫が、今後100年か200年後の富裕階級である可能性を高める。要するに、永続信託は信託利用の必然の結果として外部性を高めるのである。それは社会経済的不平等を悪化させる」[110]。とくに、資産保護信託と永続信託（第4章で説明）は、本来それがもっとも必要のない人たちに特別な保護と特権を与えることにより、不平等を深刻化させる。信託を設立する余裕のある人たちは、そもそも裕福なのである。

裕福ではない人々にさらなる不利を生み出す経済制度を通して、この不平等は広まる。たとえば、資産保護信託の利用で彼らが被る損失に応じて、銀行および融資を提供するその他組織（自動車や家電製品の代理販売店など）は、借入コストを上げることができる。この取引コストの増加は、社会でもっとも豊かでない人々に多大な影響を与え、債務を増やし、社会的地位の上昇をますます困難にする[111]。返済義務と納税義務の盾として信託を効果的にした多くの変革は、ウェルス・マネジャーが政治の領域で陣頭指揮を執って進めたものである。

政治的影響

ウェルス・マネジメントが政治的不平等に与える影響には、直接的なものと間接的なものがある。直接的影響には、ＳＴＥＰや個々のプラクティショナーが議会にロビー活動をして、富裕層の利益に資するような法案の可決に働きかけることなどがある。ウェルス・マネジャーは、「富裕階級の利益にとくに役立つ一連の法律の発展」に貢献してきた[112]。第4章で述べたように、これには永久拘束禁止則の撤廃や、資産保護信託の開発なども含まれている。ウェルス・マネジャーによるこの種の政治的活動としてよく知られた別の事例は、イギリス領バージン諸島（ＢＶＩ）のものである。アジアの富裕層を呼び込むために、ＶＩＳＴＡ（第3章を参照）という新たな信託の仕組みを承認した法律が、ＢＶＩで制定されたのだ。これは、「ソサエティ・オブ・トラスト・アンド・エステイト・プラクティショナーズ（ＳＴＥＰ）のＢＶＩ支局の創設時に支局長だったクリス・マッケンジーを委員長とする委員会が起草した[113]」

このようなＳＴＥＰの正式な関与に加えて、個々のウェルス・マネジャーも、オフショアの金融法の草案に協力を求められることが多い。シンガポールで信託業務に従事するイギリス人のサイモンによれば、これは強力に結びついた「規制側と専門家の非公式な協力関係」の一環に当たるという。最近もサイモンのところに、「シンガポール金融管理庁から公表前の信託法の草案が送られてきて、コメントを求められた」という。香港で働くイギリス人弁護士のデイビッドは、彼が仕事で協力する政府は、専門家の代表を通じて、富裕層の利益にあからさまに応えようとしている、と語った。「香港では、法律はかなり専門家主導なのです。専門家がどんな法律を制定すべきか政府に進言します」

ウェルス・マネジメントはこのように、社会で経済的にもっとも恵まれた人々の「声」と影響力を拡大することにより、政治的不平等に寄与している。立法への直接的関与に加えて、顧客が選挙や公共政策に影響を及ぼせる――しかも、結果が気に入らなかった場合、その影響を免れることができる――財産を育てることにより、ウェルス・マネジャーは間接的に政治の不平等の一因となっている。この点において、「積極的な計画手法（租税回避ほか）を用いて、超富裕層は来たる世代のために財産を確保し増やすが、この手法は健全な民主政体に重大な結果」をもたらす可能性がある[114]。

富が並外れて大きな政治的影響をもたらすのは、政治参加が「贅沢品」、すなわち、生活必需品を手に入れるために汲々としていない人がもっぱら手に入れられるもの、そして、投票や組織活動に参加する間、家事や子どもの世話を他人に頼む経済的余裕のある人が手に入れられるものだからだ[115]。そのうえ、金持ちのほうが税政策など政府の日々の決定に利害関係があるので、政治に積極的に関与しやすいと考えられている[116]。多くの国で、富は政治的影響を獲得する機会を提供する。腐敗した政権ならば、賄賂という形が用いられる。しかし、アメリカのようにめったに賄賂がないところでも、選挙献金は、上流階級が政治的影響力を行使する合法的かつ効果的手段となっている。「裕福な資金提供者は、連邦選挙の資金に、不釣り合いなほど多額の金額を提供している[117]」。これは企業ではなく、個人からの数百万ドルもの寄付金によるものである。金持ちが政治に不釣り合いな影響を与えるというパターンは、途方もなく広がっている。近年、ヨーロッパやアフリカ、南北アメリカを対象に数千年にわたる政治経済史が再検討されて、富の不平等がもたらす最大の危険は経済的なものではなく、上流階級が政治体制を掌握したことだと明らかになった。経済と政治の力を相互に強化する「悪循環」は、こうしたエリートの所得によって起きるのではなく、むしろ「彼らの力の継続を確実にする彼らの富」によって起こるのである[118]。

ウェルス・マネジャーは富裕層の顧客に、普通の人以上に政治プロセスに影響を行使する手段を与えるだけではない。政治がもたらす結果と説明責任を免れる方法も与える。よってアメリカの富裕層は、古い歴史のあるヘルスケアと年金制度（メディケアとソーシャル・セキュリティー）の削減を支持している。これは連邦税を原資とするが、結局のところ富裕層にこのような公的制度は必要ないだろうし、制度が削減されても悪影響を受けることがない[119]。大多数のアメリカ人（両制度の拡大を望んでいる）とは正反対の志向を持つにもかかわらず、2016年の大統領選で、裕福な人々は制度の削減を主な政治的課題とした。最近の研究が示すように、彼らは「政治に非常に積極的」で、「それほど幸運ではない一般市民よりも大きな政治的影響力を行使している」からである[120]。言い換えるなら、富は人々の意思をしのぐのである。

ブラジルでも、裕福な人々は同じような方法で公共政策を形成するので、彼らに圧倒的に有利となり、中間層を犠牲にする税法となっている。左派でポピュリストのルイス・イナシオ・ルーラ・ダ・シルヴァ大統領の政権下でも同じことだった。[121] ところが、政府の財源不足のせいで大都市の道路がぼろぼろになり、社会に危険を及ぼしかねないほど警察の活動が機能しなくなってくると、ブラジルの上流階級は自分たちの政治的影響力を用いてその状況を改善するのではなく、多くの者は個人用のヘリコプターを購入し、専用のパイロットを雇って、自宅から職場や学校まで自分たちは安全に移動できるようにした。[122] ウェルス・マネジャーが慎重に管理する財産のおかげで、彼らは「別の世界」で生活することができ、その世界では、他人の犠牲で自分たちだけが得をする政策や法律がもたらした結果を、経験する必要はないのである。[123]

何より重要な点は、現在のウェルス・マネジメント計画は、社会でもっとも豊かな人々に匿名性と秘匿性を授けるということである。この二つともインターネット時代では希少であり、「ウォール街を占拠せよ《オキュパイ・ウォール・ストリート》」のような抗議運動が起きた点を鑑みても、その価値は増している。信託とオフショアの利用は、徴税や、債権と罰金の回収を困難にしているだけではない。プライバシーという戦略的ベールで、政治的、経済的特権を覆い隠しているのだ。顧客たちは、たとえば慈善事業の寄付時など、好きなときにそのベールをはがせる。だがそれ以外は、彼らの身元は世間から隠され、反対運動や説明責任からほとんど逃れられる。

最重要の政治的問題はおそらく、ウェルス・マネジャーによる信託などの仕組みの巧妙な使用が、富裕層全体にどのような影響を与えたかだろう。これは、富裕層の経済力の集中とそれがもたらす影響について社会の認識を低下させたことによりなしとげられたからだ。「信託概念の一番の貢献は、大まかに言えば、社会の内部の不平等の程度の隠匿に資したことである。それは、私有財産——力の主たる源泉——とその最終的な所有者との結びつきをわかりづらくしたことにより行われた」と、ある法律の専門家は述べている。[124] ウエルス・マネジャーがこの情報を隠蔽したこともあり、アメリカ人は富の不平等の程度を42パーセント過小評価していることが、調査で明らかになっている。[125]

STEPと変化する不平等の概念

STEPと個々のウェルス・マネジャーは、自分たちが経済的、政治的不平等を助長していることを十分承知している。「多数を犠牲にして少数の富を保全することについて、どのように思いますか？」とSTEPの資格取得基礎コースの研修用マニュアルに質問がある。[126] STEPは租税回避に関して、「没収も同然の」見当違いの福祉国家政策に対する起業家の防御であると、堂々とウェルス・マネジメントを位置づける。[127] TEPコースの会計学の教科書には次のような記述があり、同じような論調はSTEPの諸刊行物に見られる。「バラマキ政府への出資を求める、負担ばかり大きく、倫理に反するとも言える徴税は、富の創造者としての起業家に明らかに水を差している。その一方で、貧者は貧困の罠にはまり、生産性の高い仕事につくのではなく国家の福祉補助金に頼ることになる」。[128] つまり、STEPは組織として、合法的租税回避を促進する会員の役割に、否定的な意味を与えることをいっさい拒んでいるのだ。それどころか、資本主義、自由市場、競争を守る役目としてこの仕事を正当化し、崇高なものだとさえ定義している。STEPはこの立場を取ることで、租税回避の業務に対する政府の異議をはらいのけることに概ね成功を収めている。[129]

ところが、先の引用を記載した会計学の教科書は、顧客の相反する心情についても期せずして触れている。租税回避の倫理的防衛について熱を込めて述べた次のページに、「倫理に反する」租税レベルに直面した、仮想の富裕な起業家について述べている。「彼がもう耐えられないと思ったら、いつでも自国の税制度から抜け出し、他国へ移ることができる。だが、そこまでしたいと思う人は少ない。母国に滞在したいが、納税額は減らしたいと考える。自分のケーキは自分で食べたいと思うのだ」[130]

TEPコースの信託法の教科書も、顧客の財産が債務や裁判の影響を受けないように資産保護信託を利用することに関し、やはり相反するメッセージを載せている。STEPの研修用教科書で倫理という考え方について触れた数少ない事例の一つに、「正真正銘の資産保護計画を希望する委託者に助言する際には、倫理的緊張が生まれることは避けられない」とする記述がある。[131] この二つの事例は決して債務逃れと租税回避を告発するものではないが、「世界でもっとも裕福で強い影響力を持つ人々が、まれに見るスケールで集合財を利用しようとする大規模な組織的試み」に、自分たちが荷担していることに関し、ウェルス・マネジャー側の不安感がいくらか表れているのかもしれない。[132]

研究協力者へのインタビューにも、この種の相反する心情が表れていた。とくに租税回避促進をめぐり自分たちの仕事を傷つける悪評が世間にあることを、全員が痛感していた。奇妙なことに、相続に関しては——著者がインタビューしたウェルス・マネジャーにもTEPの教科書にも——防御的な姿勢は見られなかった。これは、富と権力を公平に分配するという理想に対して、最近数十年の間に広まった反感と、獲得したのか相続したのかにかかわらず、あらゆる形式の「成功」に対する尊敬とを反映しているのかもしれない。[133] 対照的に、課税問題と租税回避については、インタビュー協力者からかなりの反応があった。この問題に対する複雑な感情は、TEPの教科書に記された相反する心情と一致していた。

協力者のいく人かは、第1章の付録で紹介したBVIのウェルス・マネジャーと同じ怒りを共有していた。自分の職業が「誹りを受け」て、顧客が「本来支払うべきと思われているほどの税金を納めていないとして倫理にもとる」とされたことについて、このウェルス・マネジャーは怒りを露わにした。こうした人々は、租税回避への世間の批判を個人的権利の侵害とみなしていた。つまり、自分たちの名声と優れた働きぶりに対する中傷であると受け止めたのだ。だがほかの多くの者は、冷静な見解だと受け取り、自分たちの仕事に対する否定的な解釈を悪意あるものというより、見当違いか知識不足だとみなした。STEPと同じように、租税回避は単に理不尽で不法な決まりに対する合理的反応だと主張する者もいた。ドバイを拠点とするイギリス人プラクティショナーのマークは言う。「税金のおかげで基本的サービスを受けられるのだから、わたしたちはみな文明社会の税には正当性があると思っています。しかし、言い換えれば泥棒とも言えます。ばかげた租税が課せられる場合などに、租税回避の業界が台頭するのです」。ロンドンのプラクティショナーで貴族階級出身の控えめなルイスが、これまでのところもっとも興味深い論拠を示した。彼は顧客を無害で賢いリスになぞらえることにより、貪欲な租税回避者のイメージを覆した。

社会民主主義は富を成した者に過大な要求をしています。あなたのように学問の世界に身を置く人間にとって、それは自明の理にちがいありません。莫大な給付金が大勢の人に支給されているので、給付金制度を支持しないかぎり、今の世の中では票を得られません。その結果、政府は公約を果たすために、右肩上がりのGDPを必要としています。よって自然と、富の創造者は、ナッツを集めるリスのように縮こまっています。つまり、どうせ政府に木の実を取り上げられてしまうのだから、翌年はもう今年ほど多くの木の実を集めるのはやめようと思うのです。……これは自然なことです。労働の成果を勝手に取り上げられるのは誰だって嫌でしょう。リスは言います。「あのね、去年すごく頑張って、集めた木の実をあの木にしまっておいた。でも、政府は僕がどこに住んでいるか知っているから、その木の実は政府に全部取り上げられてしまった。だから今度は森の中の誰も知らない場所に隠して、誰かに取られていないかどうか、ときどき見に行こうと思うんだ」。これが富の創造者を闇経済などに関わらせる背景なのです。

つまりルイスの観点からすれば、富裕階級は法の抜け穴をかいくぐって、あるいは正直な納税者にただ乗りをして、利益を得ているわけではないのだ。それどころか、富裕階級のほうが搾取されているとみなしている。ルイスとその同僚の一部の者は、自分たちがこの不当な行為の影響を軽減させる役割を果たしていると考えている。この見解は、信託の世襲が社会に与える影響に関する、ある法学者の言説を思い起こさせる。「財産と権力を集中させ保証することは、道義的責任を権力のある者に課すことができないばかりか、彼らが負うべき道義的責任についてわたしたちに考えさせるものだ(134)」

一方で、少数ではあるが無視できない意見として、広がる一方の富の不平等と「倫理的にグレーな領域」――正式には合法であるが、社会的には認められない活動分野――での自らの立場について、少なからぬ嫌悪感を抱く者もいた(135)。金融の「汚れ仕事」を担う自分たちの職業に向けられる評判を、彼らは認識しているばかりか、その悪評のいくばくかは当然だとみなしているようだ(136)。パナマでウェルス・マネジメントを行っている南アフリカ出身のトレバーは、「誠実な人たちの評判を悪くする」活動に関わっていることを嘆いて言った。「この業界以外の人たちが、わたしたちの仕事を邪《よこしま》で、マキャベリズム的だと思っていることは承知しています」。ケイマン諸島でウェルス・マネジャーとして働くイギリス人のニールは、諦めたように言った。「この仕事では自分の倫理観を完全に棚上げしないとやっていられません」。彼はさらに、顧客に慈善活動に関与するよう勧めるとも言っていた。自分が促進した租税回避が社会に与える損失を少しでも取り戻すためだという。「社会が崩壊している一因は、ここ［オフショア］で納税が行われていないことにありま す。だから、顧客には慈善事業に多額の寄付をするよう勧めます。それによってセーフティネットが作られるからです」。同じようにエライアス――パナマ市のプラクティショナーで、大学時代、貧困にあえぐパナマ先住民族の権利を求める運動をしていた――も、顧客の租税回避に手を貸す自分の仕事を埋め合わせるために、あるいは取り消すために、顧客に対しある種の「意識向上」を非公式に行っていると言っていた。富裕層と交流する際、エライアスはパナマについて、タックス・ヘイブンとしてだけではなく、甚だしい経済的不平等により分裂した国であることも話すという。「顧客にプレゼンするときに、この国の貧困についても話します。すると、「きみはコミュニストか何かかね？」と言われます。……パナマについて話すとき、この国の経済が活況を呈していることはわかっていますが、一方で国民の25―30パーセントが貧困のなかで暮らしていることも、わたしは承知しています。アマルティア・センやジョセフ・スティグリッツについて話します。多くの人から、資本主義の最深部で仕事をする者がそんな話をするなんて奇妙だと思われますが」

富裕層に不平等を認めるように頼むことは、必ずしもビジネスのためにならない。だが、顧客に慈善活動参加を促すニールの尽力のように、エライアスの貧困についての説明は、「悪人が悪行をなす」というこの仕事の評判に対して反論し、富とウェルス・マネジメントに対する社会の見方の変化に付随する、道義的曖昧さの一部を解決しようとしているように思われる。

結び

フランスの社会学者レミ・クリニェが記しているように、不平等の研究で直面する大きな課題は、「いったい誰が、どのように事態を継続させているのか」ということだ[137]。本章では、エリートの知的専門職集団が、その過程でリソース分配の幅広いパターンを築きながら、いかにして顧客の財産を維持しているのかを突き止めることにより、この課題に取り組んだ。これがどのように生じるのか理解するためには、所得とは対照的な、社会階層化における富の独特の役割を正しく評価することが、まずは不可欠だった。第4章で述べた重要なツール——信託、財団、オフショア法人——を用いて、顧客の蓄財サイクルの三つの重要な局面で、ウェルス・マネジャーは関与した。一つ目は、ウェルス・マネジャーは徴税、債務、罰金による富の消散を最小限に抑え、さらなる成長のために使える剰余を最大化する。二つ目は、ウェルス・マネジャーは、低いリスクで相当な利益を得られる独占的な機会を顧客に与える。三つ目は、慎重に管理された継続プロセスにより富を少数に集中させて、邪魔をされずに財産を増やす。その結果、富を生み出す永久運動機関が出来上がる。「売り家と唐様で書く三代目」のパターンを踏襲して富を消滅させるのではなく、この仕組みは富を保全し、時間とともに増やすのである。

ウェルス・マネジャーとその顧客は政治的影響力を行使し、富の集中とその幅広い影響を妨げる法律と政策の制定を阻んでいる。この権力の行使には、オンショアの政府にロビー活動を行うこと、オフショアで新法案を起草すること、蓄財戦略を守り向上させる努力の一環として選挙に影響力を与えることなどが含まれる。この影響により、金持ちがいっそう金持ちになるだけではない。実力主義や移動性、他者のための政治的発言などを衰退させてしまう。

ウェルス・マネジャーはこのような不平等の一翼を担っていることを痛感しているが、その役割の道義性についての解釈は各自で大きく異なる。自己防衛的姿勢を取る者や、罪悪感を抱く者がいる一方で、自分たちの側に正当性と常識があるという自信を抱く者もいる。ウェルス・マネジメントはそれほど世間に知られておらず、一般に学者やジャーナリストから見過ごされているが、この仕事についてのわずかばかりの世間の認識は否定的である。いささか驚いたことに、ウェルス・マネジャーが富の集中に関与する一部分、すなわち租税回避に、この種の非難は集中している。財産相続に関しても彼らが不平等に寄与していることがほとんど注目されていないのは、一つには、経済的成功と正当化について世間の論点がずれているからである。[138] こうした領域における不平等についての矛盾や不作為、両面性を明らかにすることが、パナマのウェルス・マネジャーのエライアスいわく「資本主義の最深部」で働く、この知的専門職を研究する主な利点である。

第6章　ウェルス・マネジメントと国家

国家とその法制度とウェルス・マネジメントとの関係には、この仕事を論じるうえで確かに注目すべき特徴がある。歴史的に、知的専門職は国家の庇護のもとにあると考えられてきた。職業の資格と権威を正当化するためにも、専門実務の市場を創出するためにも、政府の認可に頼っているからである。(1)この関係はきわめて強力なので、労使関係を形成する権力の観点や、職業訓練制度や教育制度の観点から、国家を定義する社会科学者もいる。権威ある研究が説くように、「専門性でもっとも予測しがたいのは、国家とその政策である」(2)

これは多くの職業に当てはまる。法律や医療などは、国家資格なしには業務ができず、しかも国家が定める範囲内でしか業務を行えない。しかしウェルス・マネジメントは、ほかの職業がその権限を承認し合法化するために従来から国家に依拠しているのに対し、異なる立場を取っている。医師や弁護士とは異なり、免許または業務認可を得るために、ウェルス・マネジャーはこれまで国家に依拠したことはない。ウェルス・マネジメントの職業はイギリスに歴史的ルーツがあり、職能団体はロンドンを本拠地にしているが、基本的に国家を越えたパラダイムに基づき、世界的に通用する資格を授けている。多くのウェルス・マネジャーは法律や会計の分野で国家資格を取得しているが、ウェルス・マネジャーになるうえでこれらは必須条件ではない。国家資格がなくても、たとえSTEPの資格がなくても、この仕事で成功することは可能である。たとえば本書で紹介した、ドイツ貴族の出身で、高校卒業の資格以外に何ら正式な資格を持たないディーターは、この道で輝かしいキャリアを築いている。船大工だったニックは、アメリカズカップのクルーになったことでこの道を見つけた（第3章を参照）。

おそらく、国家の権威からめずらしいほど自立しているおかげで、ウェルス・マネジメントの仕事はときには国家権力に異議を唱え、ときには特定の方針でその発展を支持しながら、国家権力を利用して成功を収めてきたのだろう。だからといって、ウェルス・マネジャーが反国家的とか反法律的であるというわけではない。そうある理由は何もない。それどころか、国家構造を破壊することは逆効果になるだろう。「創造的コンプライアンス」は、専門家としての彼らの力の主たる源であり、彼らの報酬の基礎でもある。[3] ウェストファリア的国民国家システムにより作られた迷路のように複雑な法律は、富とその移動を定めた国際法の欠如と相まって、顧客が求める自主性を作り出す機会をふんだんに提供している。スイスで働くアメリカ人ウェルス・マネジャーのブルースは、自分の仕事を一言で言うなら、「要するに世界中の税務当局とのいたちごっこ」だとした。国家機関を互いに競い合わせながら、顧客の最善の利益のために国家機関を利用するという点に、プラクティショナーのスキルの価値がある。彼らの仕事は、「グローバルレベルでの現在の規制能力の欠如」を際立たせ、深刻化させる場合も多い――要するに、国際的な資本フローに対して、国内法にある隙間と矛盾に対処できる実効的機関が存在しないということである。[4]

国家とウェルス・マネジャーとの関係の検証は、グローバリゼーションの範囲と影響に関して、現在進められている議論と結びついている。このグローバリゼーションこそ、「社会科学の全領域で一番論じられている問題」である。[5] その一方で、国家権力の形成に深刻な変化が起きているという認識がある。次のように、これをウェストファリア体制の終焉と見る向きもある。「現代の重大な特徴は、資本主義の組織原理としての国民国家が置き換えられていることである。……国境を越えた、またはグローバルな空間が、国家空間に取って代わるときが近づいている」。[6] だが「グローバリゼーション懐疑論者」はこれを、国家の役割に対し悲観的すぎる見方だとする。[7] とくに、経済的なグローバリゼーションの力は国家権力にとって大した障害にならないとして、彼らは国際金融システムにおける協調関係の不足を指摘する。とはいえ、この見方は異なる種類の協調関係を見逃している可能性がある。つまり、明文化された法律や公式な制度に基づくのではなく、専門業務の普及に基づく協調関係のことで、これが直接的にも間接的にも国家の法律や政策に影響を与える。望ましい金融規制の世界基準を作成するのではなく、ウェルス・マネジャーのような専門的仲介者は、隙間と矛盾を拡大する結果をもたらしている。[8] これはウェルス・マネジャーとその顧客には恩恵をもたらすが、それ以外の者には功罪相半ばする結果をもたらしている。

確かに、このプロセスはウェルス・マネジャーからではなく、国家そのものから始まった。国家が資本規制を緩和し、自国通貨を完全に交換可能にし、富の国際移動の制度的枠組みを作ったからである。これに続いて、豊かな人々の国際的な移動性が高まり、主に固定した主体に基づく国家権威システム、つまり明確に定義された法域内の特定の区域に定住する個々人を基盤とするシステムを弱体化させた。[9] 資本とその所有者に移動性を認めた結果、グローバリゼーションに新局面がもたらされた――「地元の交流で生まれる社会的関係からの「脱出」と、無限の時空間を軸とした社会的関係の再構築」である。[10] これが、国際的エリートの出現の一因となった。彼らは自身の資本と同様に超移動性を持っている。それに伴い、ウェルス・マネジャーは活動域を世界中に拡大させ、国境を越えた取引に以前にも増して専念するようになった。

ウェルス・マネジャーは国境を越えた関係者として、国民国家システムで対立と変化が見られるいくつかの重要な領域で、重要な役割を果たすようになった。対立と変化には、国家の権威や地理的遠隔性に関わる問題、国家の競合相手としての富裕家族の影響についての問題、旧植民地国を中心とする発展途上国に対する国際金融の影響についての問題などがある。

主権、国境、国家の目的

概念上、ウェルス・マネジメント業界の正統性と存在意義は、ごく限られた国家理論に根拠がある。実務的には、この職業は国家の定義を、目的と権威を持つ狭義の集合体として扱っている。TEP資格取得コースの教科書には、この国家観が次のように概説されている。「すべての政府の広義の目的は、国家と国民全般の利益のために、事業を呼び込み、国家の経済を拡大することである。したがって、金融サービスに関するかぎり、各法域は外国人投資家にとって魅力的な法制度を作ることが認められる」[11]。この文言を、世界最古の憲法であり現在も使われているマサチューセッツ州憲法——この憲法は成立以降、多くの国家憲法の条文に着想を与えた——の文言と比較してみよう[12]。「政府は公益のために制定される。すなわち、市民の保護、安全、繁栄、幸福のためであり、一人の人間の、一つの家族の、または一つの階級の利益、名誉、私益のためではない」[13]。STEPとウェルス・マネジャーの視点では、この二つの国家観は矛盾しない。事業や外国投資を呼び込むことは、市民の繁栄と幸福も含めて、公益に対する配慮の中核を成すものだとみなすからだ。第5章で述べたように、ウェルス・マネジャーは、富裕層の関心を引きつけるような法律を国家が制定することに手を貸して、この取り組みに貢献している。このようにして、ウェルス・マネジャーは国家に仕える役目を大いに果たしているのだ。

しかし同時に、現在の法域間の競争でウェルス・マネジャーが果たす顧問的役割は、往々にして税率や規制内容を最低限に引き下げかねない。ウェルス・マネジャーはさらに、信託や財団といったツールを用いて国庫歳入を抑制するので、本来なら納められるべき税金の徴収を困難にして、国家に打撃を与える（第4章を参照）。これが問題なのは、税金は学校や道路など公共サービス――国家が当然保証するとされる「公益」の要素――の資金源となるからだ。税収は規制などの国家活動の資金となるので、税金なくして国家は成り立たない[14]。哲学者のエドマンド・バークが書き残したように、「国家の歳入が国家なのである[15]」。この点において、外国の資本家に魅力的に映るようにと、国家の減税または非課税に手を貸すことは、その国家が自らの首を絞める行為に荷担するも同然と言えよう。

だがウェルス・マネジメント業界には、法域間の競争のために税率削減策を取る国家は、別の手段でその損失を埋め合わせることが可能だと主張する者もいるだろう。この見方によれば、ウェルス・マネジャーは時代遅れの政策と予期せぬ影響のために、数十年前に国家が失った財政力の一部を、国家が取り戻す手伝いをしている。政治学者が指摘するように、「租税国家の伝統的仕組みでは、あらゆる課税可能事象は空間的に明らかに特定できるという前提に基づいていた[16]」。これを構成したものが、土地などの移動不可能な、または移動困難な物品の所有権登録に基づいた、資産税のモデルである。現在では、大半の私的な（法人の）富は金融資産であり、代替可能資産なので、近代国家は所有権と納税責任の特定に苦労しており、不利な立場に立たされている。

動産に関し、公共政策はまだ現実に追いついていない。近年トマ・ピケティが租税回避について記しているように、「これは近代国家の問題であるというのに、国家は今なお、200年以上も前に考案された財産登録制度を甘受している」[17]。それどころか、これは問題軽視である。国家政策が富の性質の変化についていけないだけではない。実質的に、多くの国家は効果的に課税する力を自発的に放棄している。1950年代から60年代にかけて、多くの国家が自国通貨の交換制限を撤廃し、国外に持ち出せる通貨量の制限を取り除くようになった。イギリスなどの国々は、オフショア産業の開発に積極的に取り組んだ[18]。

要するに、税をめぐる有害な国際競争、とくにオフショア金融センターとの競争について不満を述べる国家の多くは、問題を生み出したという点で責められるべきだとも言える。彼らの責任は、不作為（課税モデルを新しくしていないこと）と作為（通貨管理を緩め、オフショア・システムの開発を後押ししたこと）の両方に関わる問題である。このことから、租税回避を厳重に取り締まろうとするOECDなどの機関は偽善的だという印象を、多くのウェルス・マネジャーが受ける。ロンドンのウェルス・マネジャーのルイスは次のように語った。「彼らはブリュッセルで自由貿易を促進する一方で、それを阻止しようと躍起になっています。かつて政府は裏で糸を引いていましたが、今ではすでに破綻していて、富の創造者に頼っています。これこそが問題の核心です。しかもブリュッセルに行けば、あちこちで課税漏れがあると絶望している人ばかりです――飛行機で簡単に移動し、国境管理ができない時代に、人間の移動性を管理することはできない、というわけです」

この対立は、2008年の世界金融危機とその後のユーロ圏の銀行危機のあとでとくに激化した。この二つの危機のため、各国政府は税収を求めて奔走し、租税回避を厳重に取り締まるようになった。財源不足が逼迫し、危機に見舞われたスペインやキプロスなどの国々は、個人富裕層――主にロシア、中国、中東の富裕層――に市民権変更を促すなど、取り組みを強化した[19]。新天地での投資と納税の見返りに、富裕層以外が対象になる不確実で長々としたお役所仕事の審査を受けなくても、自動的にEUのパスポートを取得できる制度を導入したのだ[20]。合法とはいえ、金でパスポートを売るようなプログラムは、国家権威の正統性を損なうとして、欧州委員会から非難されている[21]。

横行する租税回避にさらされて、その他の国家は国庫を補うためにさらに過激な手段に打って出ている。たとえば、ドイツとイギリスは盗難データを高額で入手した。これはスイスとリヒテンシュタインのプライベート・バンクから不法に取得された記録で、裕福な顧客の名前、住所、オフショア保有財産などの詳細が含まれており、顧客のなかには納税義務を違法に逃れている者もいた[22]。だが、この戦略は――市民権販売のように――国家の正統性と支払い能力を対立させることになった。盗難データに基づき脱税者を追跡した結果、国庫に大金の入った国はあったが、その国の政府こそ法の支配を守る義務に背き、「倫理に反し犯罪に手を染めている」と非難を浴びたのである[23]。たとえば、500万ドル払って入手したデータを使って、ドイツは追徴課税としてさっそく3000万ドルを徴収したが、国内のメディアから糾弾され、隣国デンマークの税務担当大臣からは、「盗品取引の進化形」と痛烈に非難された[24]。

ウェルス・マネジャーのなかには、支払い能力と正統性の対立から抜け出す方法を国家に示せると考える者もいる。資本移動を促進し、個人富裕層のビジネスを引きつける最適な方法を政府に示せれば、国が別の経済ルートによって税金損失を穴埋めする手助けができる、と彼らは主張する。アメリカのある実証的研究がこの発想を裏づけているようだ。数州で永久拘束禁止則の撤廃――これにより信託基金に連邦税の一部免除が認められる――に着手したところ、この規則を廃止した各州で、信託財産が新たに60億ドル増えて、事業件数が平均20パーセント増えた。州の税収は増えなかったが、運用資産残高の増加は、州の金融業者が徴収できる手数料などのレントの増加につながった[25]。

ロンドンを拠点にするカナダ人ウェルス・マネジャーのドリューによれば、この現象は世界各地で起きているという。ドリューの勤務する法律事務所は、事務所の富裕層顧客に影響を与える法律制定に関して、イギリス議会に定期的に助言している。そのなかには、とくに不動産投資を用いて資産を非課税にできる、外国人富裕層にとってイギリスを魅力的な場所にすることに狙いを定めた法改正もあった。「イギリス経済はここ20年間、資産価値の高騰を基盤にしてきました。だから、この国は超富裕層を呼び込もうと必死なのです。たとえ彼らに課税できなくても、彼らは税金逃れの手段として大規模な不動産を購入するので、全体の資産価値を引き上げます。すると、自宅の不動産価値が上がるので、国民は安心感を抱きます。安心すると消費します。こうして経済が回るのです」とドリューは説明した。ドリューによれば、ロンドンの不動産を購入した外国人投資家（やその家族）が商品やサービスを消費し、同時に消費税や資産税などを支払うことによって、結局はイギリスに経済的恩恵をもたらすことになるという。これは法域間競争のゼロサム計算における勝利である。そこでの「これらの国家の動機は」、さもなければ他の国に「まわっていた所得から余剰レントを引き出すことにある[26]」。かくしてドリューと同僚は、こうしたレントを獲得する最善の手段を政府に助言することになる。

だがこの法域間競争は、金融サービス業界に属しておらず豊かではないイギリス市民と居住者に恩恵をもたらすのだろうか？　ドリューの言う商品とサービスの消費という論拠は、通用しないかもしれない。外国人が所有する税金逃れ目的の不動産の多くは空き家になっているので、食料品を買いに行ったり、家事を手伝ったりする者は「自宅」にいない[27]。しかも、外国富裕層による不動産購入によって資産価値は実際に上昇しているが、ロンドンの不動産は富裕層以外が手を出せる価格ではなくなってしまった[28]。ロンドンの住宅地の価格は、２００９年から２０１２年にかけて、49パーセントも上昇した――イギリス全体の資産価値の伸びの5倍である。すでにロンドンに不動産を所有している者にとっては吉報であるが、さまざまな国内メデ

ィアからは外国による「侵略」だとみなされている。(29)

財産所有者には恩恵となるが、それ以外には損害を与えるこの不均衡な影響は、ウェルス・マネジャーが法律制定に影響を与えたことによる、長年にわたる制度的バイアスの帰結かもしれない。たとえば、ドリューの事務所の何人かは「議会代理人」の役目を務めている。これは非常に力のある立場で、歴史的にイギリスの最富裕層の利益になるように利用されてきた。ドリューは次のように説明した。「イングランドには全部で14人の議会代理人がいます——彼ら［の多く］はうちの事務所に勤務しています。彼らは法案を起草し分析します。法律制定のために議会で発言しますが、議員以外で発言が許されているのは、議会代理人だけです。14人のメンバーは固定で事務所が代々引き継ぎます。議会代理人を持つことでとてつもなく利益を上げたのは、鉄道新設がブームになった時代でした——特定の企業が政府の土地を接収し、ここからスコットランドまで線路を敷設するための独占権と制定法上の権利を得たのです。19世紀には、そうして私有財産が作られました」

議会代理人の歴史的役割は、STEPの行うロビー活動を超えている。首相の義父と親しい、ロンドンのウェルス・マネジャーのジェームズのように（第3章参照）、特定の政治家に話を聞いてもらえるといった以上の問題である。政府の最高レベルの場所で、制度の一環として、社会でもっとも豊かな人々の意見を代弁するのである。かつてはイギリスの地主階級と鉄道王を代表していたわけだが、ドリューの事務所などに所属する現在の議会代理人たちは、もっぱら外の個人富裕層の利益を代弁する役割を担っている。(30)ロンドンのウェルス・マネジメントに関する報告書は、この職業に従事する知的専門職は、「とくにイギリスに関心があるわけではない。バンカーの間の用語で「EMEA」と呼ばれる地域、すなわち、ヨーロッパ、中東、アフリカに奉仕するために存在する」としている。(31)

国家権威に難題を投げかける世襲財産

海外の顧客のために立法や政策で力強く訴えることで、ウェルス・マネジャーは国家と富裕層との間の力のバランスに変化を起こしている。法律制定への直接介入によってだけではない。ウェルス・マネジメントが可能にする富の蓄積の規模によっても、この変化は引き起こされている。ドバイで仕事をするイギリス人プラクティショナーのマークは、巧みなウェルス・マネジメントのおかげで、この地域の顧客は世界のどこよりも豊かになったと語った。「数千億ドルもの私有財産を持てるようになります。——ドバイの首長の弟はロンドンの法廷の尋問で、190億ドルの資産を保有していることを認めました。これは小国の、しかもヨーロッパの小国のGDPにも相当する額です」。それどころか、この金額はEU加盟国のマルタ、および世界のその他51か国のGDPを上回る額である。[32]

これほどの経済力があるため、富豪とその家族は、運用資産を置いている国家で、異例とも言えるほど大きな影響力を持っている。たとえばジャージー島では、ウェルス・マネジャーが派遣されて島の当局者と秘密裏に話をまとめるので、「超富裕層は……税率の交渉が実際に可能である」と言われている。[33] ジャージー島の最高税率はわずか20パーセントとされているが、富裕層のなかには、じゅうぶん低い島の法定税率よりもかなりの低率、または完全に非課税という秘密協定を結んでいる者もいる。この協定による国家の税収の損失の一部は、消費税率の上昇で埋め合わされている。こうした税金転嫁の影響もあって、ずっと島に住んでいる島民の45パーセントが毎月の支払いに苦労していると言っている。[34]

世界でもっとも裕福な人々は「民主主義の軛《くびき》からの自由」を追い求め、法律を自分に有利になるように曲げることを、または作ることをやめない(35)。極端な場合には、国家が見て見ぬふりをしている間に、法律も国家の権威もないがしろにされることもある。チューリッヒでウェルス・マネジャーになる前は、グリーンピースで働いていたというドイツ人のエリカは、「国家も法律も超越した存在」と自らをみなす超裕福な顧客の対応にとくに苦労していた。どういう意味か例を挙げてほしいと頼むと、彼女はある顧客との対面コンサルティングの話をしてくれた。その顧客はどうやら、何のお咎めもなく数か国の法律を無視する策を思いついたらしい。非常に大きな影響力を持つ人物だったので、自分が法の適用を免れるだけではなく、エリカとその上司も――少なくともその顧客と仕事をしている間は――法律の適用を免れた。

会社のCEOと一緒にその顧客に会う約束があり、飛行機でヨーロッパを発つことになっていました。いつもと違うハンドバッグで行くことにしたので、バッグにパスポートを入れたまま、自宅に置いてきてしまいました。顧客が用意したリムジンでチューリッヒ空港まで行き、空港からプライベート・ジェットで出発する予定でした。空港に着いてからパスポートを忘れたことに気づき、自宅に取りに帰らなくてはとCEOに伝えたんです。すると、「心配しなくていい」と言われました。「でも、ヨーロッパを離れるんですよ。パスポートがいります」と訴えると、「本当に必要ない。家に戻る必要もない」と言われました。CEOがそこまで言うならと、わたしはそれ以上何も言わないことにしました。空港で引き留められて足止めされたら、それはそれで仕方ない、と。わたしたちはチューリッヒ空港でプライベート・ジェットに乗り込みましたが、誰もわたしたちのパスポートや書類をチェックしませんでした。現地に到着すると、空港にリムジンが迎えに来ていました。誰からもパスポートを見せろとは言われませんでした。プライベート・ジェットでスイスに帰国したときもです。CEOの言う通りでした。あの人たちは、わたしたちの超裕福な顧客は、法律を超越していたのです。……とても危険なことだと思います。

このような人たちがいくら裕福で強い影響力があるとしても、やはりエリカのような専門職のサービスを必要としているようだ。その点をエリカに質問したところ、勤務先の会社は顧客を裕福にするというより、別の方法で顧客の役に立つのだと彼女は答えた。具体的には、訴訟や離婚、期待外れの相続人、その他財産を消散させる力から顧客の財産を守り、同時に顧客のプライバシーを慎重に保護するという面で貢献するのだという。「顧客は慎重で忠実な態度を求めて［弊社に］来るのです」とエリカは結論づけた。

富が政治経済に与える影響

ときには一国のGDPに匹敵するほどの私財を顧客が蓄積し維持する手伝いをすることにより、ウェルス・マネジメント業務につく者は、国家の方針に変化をもたらしている。彼らはときに国家の力や、その居住者や市民の権利と福祉に不利益を与える場合もある。たとえばジャージー島は、ウェルス・マネジメント・センターとして発展した影響で、土地や商品、サービスが値上がりし、島の経済の牽引役だった観光と農業を著しく衰退させた。[36] 結果として、島の経済的自立傾向は弱まり、世界のどの国よりも不況の影響を受けやすくなった。オフショア金融に専念したことが、確かに悪影響を及ぼしていると思われる。「豊かさの奇跡」——低税率福祉国家——を実現した年月が、財政赤字の「ブラックホール」を招いたのである。代替となる経済基盤が残されていないので、政府は職員を一時解雇し、年金受給者や児童など、もっとも支援を必要とする市民の給付金を削減する計画を立てている。[37]

ウェルス・マネジメントは顧客を国家権力から自由にする一方で、国家の権威の全体的な正統性も弱めている。一部の人間が法を超越し、税制度から国境検問まで法の適用をすべて拒否したら、ほかの人たちがそうした制限を受けるいわれはなくなるのではないか？[38]　国家の正統性の危機は、「島で生まれた半数の人が島から出て行き、大半の島民が政府や島の司法制度をもはや信用できないとして、投票率が大幅に落ち込んでいる」事態を、ジャージー島に引き起こした。[39]　だが、不信に対して見せた島民の反応は、抵抗というよりも無気力である。この現象はジャージー島特有のものではない。各オフショア金融センターで繰り返されるこのパターン――破壊的な経済のモノカルチャー化と結びついた市民社会の空洞化――は、「金融の呪い」と呼ばれている。[40]

著者がインタビューしたウェルス・マネジャーはこの点に気づいていた。自分たちの仕事の成功が社会全体に、とりわけ豊かでない人々に与えた影響について、多くの者があからさまに疑問を抱いていた。ドバイで仕事をするイギリス人プラクティショナーのポールは、世界を飛び回る顧客のために行った節税対策についてこう話した。「これは悪循環に陥ります。税負担が今度は移動できない人たちにのしかかり、怒りを抱いた彼らも税金を逃れる方法を考えようとするからです」。クック諸島で漁師として成功している地元民に出会い、ウェルス・マネジメント業界とそれが諸島に与える影響について島民の心の内をいくらか垣間見ることができた。「あいつらのせいで、今ここは「詐欺師諸島《クルックアイランズ》」と呼ばれている。おれたちの政府をあいつらはまんまと手に入れた。あいつらがこの国にしたことを恨むよ」

したがってウェルス・マネジャーは、国家権力がどのように用いられるか（あるいは、エリカの例を鑑みれば用いられないか）を方向づけているだけではない。国家が対応すべき有権者に影響を与えていることから、新たな「富の政治経済」で主導的役割を果たしていると言えるかもしれない。驚くべきことに、ウェルス・マネジャーの関与によって、国家の注意は、その国のために投票できる人々をなおざりにして、投票できない主体の利益に向けられるように見える。ロンドンを拠点にするプラクティショナーのルイスは、このように力が使われている状況について述べている。「世間の人たちが理解していないのは、政府は今や小さな教区にすぎないということではないかと思います。プロクター・アンド・ギャンブル（P&G）とフランス政府とどちらのほうが力があると思いますか？　もちろん前者です。P&Gは世界中どこでも好きなところで事業展開できます。それは個人富裕層も同じです。政府はある程度それを承知しています。だから、イギリスでもアメリカでもどこでも、税制優遇措置のようなものが講じられれば、それに反応して世界中を動き回る人たちがいるんです」。ルイスの言う税制優遇措置は、彼のようなプラクティショナーが作成する場合が多い（第4章と5章を参照）。これが超富裕層の移動パターンに影響を及ぼすことで、政策に作用する。最近の研究がまとめているように、「この種の優遇措置の小さな変化に応じて、世界の金融資本の流れの方向が変わる」(41)。

ルイスが念頭に置いている人々は、自らの富により事実上「世界の市民」となる人々の集団である。彼らはパスポートを――ことによると複数――持っているかもしれないが、その経済力のおかげで、自らの意思で市民権を放棄することも取得することもできる。その証拠に、最近オフショアで実施された租税回避の取り締まりの結果、市民権の放棄は史上最多に達したという(42)。オンショアでの法人化をあきらめて、オフショアで再法人化して節税する企業と同じように、ますます多くの富裕層が、市民の義務を課そうとする国家に対して、「主権国家の鳥かご」から逃れることで対応しようとしている(43)。ウェルス・マネジャーの指示にしたがって、個人富裕層は低税率または非課税の法域で都合のいい市民権を取得するだけでいい(44)。このようにして、ルイスのような専門家の関与により、個人富裕層は多国籍企業と同じほどの租税と規制の回避手段を、ひいては国民国家に匹敵するほどの力を蓄える能力を獲得する。

解き放たれたクロイソス

国家と最富裕市民の間の権力闘争は目新しいものではない。国王の課税と相続法から領主を逃そうと、最初の受託者が協力してからというもの、ウェルス・マネジャーの先達は、この争いで中心的役割を果たしてきた（第2章参照）。19世紀から20世紀にかけて、ウェルス・マネジメントが職業として認知され始めた段階で、彼らは顧客の財産を守るだけではなく、社会や国家との関係でパワー・エリートの雛型も提供した。とくに、世襲財産を保全するために設けられた制度が、名目上は実力主義、資本主義、機会均等を中心にしていた社会で、裕福な家族の継続的な支配を法制化するモデルとなった。信託とフィデューシャリーの役割は、「民主主義政体と市場経済においても、上流階級の制度と人が道徳的にリーダーシップを発揮するというイデオロギーを提供した。……その社会においては、上流階級が社会に対してフィデューシャリーとして仕えるのである」[45]。そのおかげで少数の家系が、その支配を脅かすと思われた大幅な政治的、経済的変化にもかかわらず、家族、市場、国家という制度的三者関係の中で優位を保ったのである。

ある面では、エリート家族制度が公になることで、これは成し遂げられたともいえる。富裕家族を基盤とする独立した力であった諸組織は、かつては富裕家族に国家管理からのある程度の自律を与えていたが、のちにより拡大されて、「フィデューシャリーの役割の構造的拡大」のために、以前は国家によって行われた銀行、教育、保健などの機能を果たすようになった[46]。信託構造とフィデューシャリーによって提供されたモデルによって、こういった制度的サービスを提供することを通じて富裕家族は国家に挑戦できるようになった。世襲財産が国家に与える影響のおかげで、これは驚くほどたやすく成し遂げられた。たとえばアメリカでは、裕福な者は自分の銀行を、「非規制、もしくは「軽規制」トラスト・カンパニー」の形で設立することが長年認められていた(47)。ベッセマー・トラストとロックフェラー・トラスト（現在のロックフェラー・アンド・カンパニー社）はこのようにして設立され、本来それぞれフィップス家とロックフェラー家だけに仕えていたが、のちに世界中の顧客の1500億ドルの資産を管理する大手ウェルス・マネジメント企業となった(48)。

驚かれるかもしれないが、現在のウェルス・マネジメントは、富裕層家族がこの流れを踏襲し、国家や市場が創設する制度に匹敵するものを作り出すようにと、はっきり勧めている。著者のインタビュー協力者のなかで「バイブル」と呼ぶ者も多かった1997年刊行の書籍は、財産保全のために「代議制システムの創設と運用」、さらにできたら共和国の創設が必要だとアドバイスをしている(49)。これは『ファミリーウェルス』という、第二世代のウェルス・マネジャーが執筆した書籍で、ウェルス・マネジメントの他書によく引用されている(50)。著者のインタビュー協力者の多くがこの本を大量に購入して、長期間の富の保全の戦略について指南するため顧客に渡したと言っていた。

この本で示されている戦略は、富裕層家族に自己統治のための規約を作らせること、家族の富と組織について共同で意思決定を行う定期的な代表集会を作らせることなどである。これには「ファミリーバンク」も含まれている。この銀行は「商業的にはありえない条件で家族のメンバーに融資を提供することによって、家族の富を飛躍的に増大させる」ものである(51)。融資は、事業計画を提示するなどの形式的条件にしたがい、また「家族の資産長期保全計画に対する貢献」に基づき評価される(52)。言い換えれば、国家や市場を模した組織を作るように勧めているのだ。だが、重要な違いが一つある。家族制度は、特定の家族を裕福にしていくという目的のためだけに設けられるという点だ。その結果が「私的福祉体制」である。この体制によって富裕層は、一つの家族だけにサービスを提供し、十分に蓄財し、公共向きの活動を可能にする制度を持続的に維持して、国家と張り合う(53)。

このような活動には慈善事業も含まれる。慈善事業は、国家と張り合い、個人富裕層の利益を公的領域で制度化するのにもっとも効果的で一般的な手段である。この種の事業のおかげで信託を永久に存続可能にできるうえ――永久拘束禁止則の廃止が広がる前は、慈善目的の信託はこの禁止則からずっと除外されていた――富裕家族は、国家のイデオロギーと正統性に対抗する制度を設立することができた。慈善事業信託のトップとして、エリートとその代理人（ウェルス・マネジャー）は、「家族の財産ではなく、一般社会秩序の私的なフューディシャリーとなる」ことができた[54]。これは非常にプラスの影響をもたらす場合もあった。慈善目的の信託や財団を用いて制度を設立した裕福な後援者の名前を、世界有数の大学や博物館、病院などにつけることができるのだ。

一方で、裕福な家族は（ウェルス・マネジャーに補佐されて）新たな制度を作り、公選政府などの公的統治制度の政策とプログラムに対抗しようとしている。アメリカでは、「大きな政府」は失敗したという考えや、民間のプログラムのほうが公共部門よりも効果的で効率的だという考えから、一部の個人富裕層または富裕家族が慈善目的の信託や財団を用いて、公に対する説明責任なしに教育や貧困などの社会問題に取り組み、功罪相半ばする結果を生み出している[55]。発展途上国では、裕福な慈善事業家が統治の隙間とみなす問題に直接介入し、公共部門を不十分で非効率的だとして素通りしている。新帝国主義的な課題が慈善事業を隠れ蓑に進められていると、先進国の間でとらえる向きもある。一例を挙げれば、ビル&メリンダ・ゲイツ財団によるマラリア研究への支援は、「世界の保健政策の決定プロセスに危険な影響を与え」、発展途上国の国家制度を弱体化する「カルテル」とみなされている[56]。

発展と植民地後の難題

ウェルス・マネジャーは国家権威を支えるのか損なうのか？　本章のこの疑問に対する答えは、どちらもイエスだと思われる。しかし影響の程度は、どの国か、いつの時代かによる。一部の国家にとっては、個人富裕層を引きつける魅力を最大化するためにウェルス・マネジャーと関わりを持てば、利潤がもたらされるかもしれない。とくに、税率競争においては小国が有利なことが多い。「小国は失うべき国内の税基盤は少なく、得られる海外の税基盤は大きい」からだ。[57]このような国にとって、減税または免税は経済的観点から大きな負担にはならない可能性がある。それどころか、個人富裕層の顧客を呼び込めば、「経済的後進国」――イギリス領バージン諸島（ＢＶＩ）は１９７０年代半ばまでそう呼ばれていた――を金融センターに転換できる。[58]ＢＶＩはほとんどの税を撤廃し、世界企業が母国での税金を回避できる革新的な法律を制定した。これによってＢＶＩは現在、数千億ドルの企業資産と私有財産に相当する、世界のオフショア・ビジネスの40パーセントを擁している。[59]しかし、次で説明するように、この経済の活性化はＢＶＩの地元住民にとっては善し悪しである。自分たちの税負担が重くなり、民主的なプロセスが損なわれているのを彼らは目の当たりにしている。

ウェルス・マネジメント、グローバリゼーション、植民地後の発展

グローバルな金融化が「明らかにアングロ・アメリカ的現象」ならば、それは主として、18世紀から19世紀にかけて大英帝国の拡大とともに広まった、信託とフィデューシャリーの役割が原因である。[60]植民地政策がもたらした直接的結果として、信託と受託者の任務という概念――ウェルス・マネジメント業務の核となるツール――が、帝国支配下の領域の法制度に広まった。その体系の名残は、現在有力なオフショア金融センターに依然として見られる。その大半はシンガポール、香港、チャンネル諸島、バミューダ諸島、ケイマン諸島、バージン諸島など、現在またはかつてのイギリス領である。およそ1世紀前にある学者が書き残したように、「コモンローの及ぶところはどこであれ、信託のあらゆる機能と、コモンロー上の、そしてエクイティ上の所有権の特徴とともに、妹分のエクイティを連れて行く」[61]

かつて植民地だったこうした法域で、現在、法律とウェルス・マネジメントのツールの数々のイノベーションが生まれている。[62] ある意味、1950年代から60年代にかけての独立運動の多くは、かつての帝国主義国家の手ほどきによって、元植民地国家を世界金融の非公式な植民地としただけだった。独立以前、帝国主義国家のエリートたちは財産が自国で課税されないように、植民地を利用していた。[63] こうした植民地が政治的に帝国主義国家から切り離されたのち、オフショアの限界税率が当時90パーセントを超えたこともあり、エリートは新たなタックス・シェルターを探す必要に迫られた。[64]

それほど意外ではないかもしれないが、植民地後の政策は、この新国家を国際的な金融センター、および自由貿易センターとして開発することを重視した。その主な魅力は、低税率とヨーロッパの大国が残した法制度にあった。エリートの財政的な動機が、当時広まっていた政治的感傷とうまく適合した。かつての帝国主義国家、なかでもイギリスとオランダは「宗主国としての時代錯誤的役割に不満で」かつての植民地の「オフショアとしての役割を担うという野望を支持した」[65]

金融セクターの設立は、その他の産業と比べるとインフラの必要がないので、植民地を発展させ、経済的自立を図るにはもっとも手軽な方法と見られていた。現在パナマ市でウェルス・マネジメント業務を行うトレバーは、このプロセスで主導的役割を果たした。「金融サービス法を調べて、金融サービス委員会を設立するために、1969年にイギリス政府によってタークス・カイコス諸島へ派遣されました。当時の任務の一部は「この諸島はイギリスの納税者に多額の負担を強いている、よって経済的自立のために、オフショア金融とオフショア企業を促進してもらいたい」というものでした」。タークス・カイコス諸島は1970年代半ばに政治的独立を果たし、現在はGDPの30パーセントを金融サービス部門が占めている。[66]

経済的自立の選択肢がほとんどない小国にとって、ウェルス・マネジメントのサービス提供は、経済的独立を図るために非常に魅力的な近道に映る。そのため、多くのオフショア政府は自国の経済水準向上のために、金融サービス業界の規制者のみならず、その業界の建設者の役割も果たす。セーシェル出身のある金融規制担当者は、国際舞台でさらに競争力をつけるために、同国の金融規制機関がどのように島の基盤を構築したのか語った。「ええ、わたしたちは金融業界を成長させ発展させようとしました。……自分たちが設立したセーシェル・インスティテュート・オブ・マネジメントという仲介機関によって。機関の講師には規制担当者もいます。……この機関はSTEPのように、地元民にこの業界について教える、オフショア・ビジネスの世界での基本資格を授けます」。このような戦略によって、セーシェルはアフリカでもっとも豊かな国家となった。[67] オフショア・ビジネスにおけるセーシェルの成功、および現地の人々がこの達成について抱く誇りを見れば、なぜタックス・ヘイブンを「有害な税率競争」としてブラックリストに載せようとするOECDの取り組みが、「財政的植民地主義」や「経済的帝国主義」として非難されるのかがわかる。[68]

資本の移動が世界的になるほど、植民地から脱した小国が、領土の境界と主権の独立を強化することから得られる利益は大きくなる。たとえば、クック諸島の地理的遠隔性は、資産保護信託に有利な法域として顧客を引きつける主な要因である。その立地と、かつてスイスが金融大国になった例に倣って、複雑な国際条約と関わらない戦略を採用することによって、クック諸島は何らお咎めなしに国際的な圧力をはねつけ、比類ないほどの成功を謳歌している（第4章参照）。立地のおかげで、クック諸島など遠隔地にあるタックス・ヘイブンは、主権によって得られる可能性をうまく利用することができる。そのなかでもっとも重要なものは、自国以外の法律を認めないとする権限である。内陸のスイスの事例が示すように、中心部に位置する国家は、その地理的利便性が不利に働くこともある。国際的な法制度や金融制度に巻き込まれ、外部の圧力に屈しやすくなるからだ。

スペインの旧植民地で、その後に領土の一部がアメリカの管理下にあったパナマは、現在その主権をクック諸島と同じ方式で行使している。その顕著な地理的特徴によって、パナマは、OECDとアメリカからのタックス・ヘイブン事業の関与を縮小せよという圧力に抵抗することができる。現在パナマ市でウェルス・マネジャーとして働くニックは次のように説明した。「OECDは税金情報を明かさない国はブラックリストに載せると脅していますが……パナマには使える手があります。報復法と呼ばれるものです。反撃のために国が経済的手段を用いることを認めているんです。実際には、運河を封鎖することになります。これはとくに、1世紀以上もパナマの親分格であるアメリカにとっては重大問題です。つまりパナマには、OECDとアメリカの威圧に対して、確実に脅威を与えられる術があるんです。パナマはその気になればアメリカ東海岸の経済を停止できるのですから」。この国際的な圧力に対する抵抗——報復法という形式で——は、いわゆる植民地後のメンタリティから脱却している。オフショア金融とウェルス・マネジメントとの関係はすなわち、政治的独立と国家の威信の宣言だ、というわけである。

著者の研究に参加した多くのウェルス・マネジャーは自らを、旧植民地国家の経済発展において、非常に重要かつ建設的な役割を果たしているとみなしていた。国際開発機関の任務に相当する仕事を、自分たちは民間部門でしているという言い方をした。香港を拠点にするイギリス人ウェルス・マネジャーのスティーブは、この側面がほとんど理解されていないことを残念に思っていた。「わたしたちの仕事がなかったら、経済発展の後押しに使える大きな資本プールはないでしょう。だから、全員ではないかもしれませんが、わたしたちの多くは自分の仕事の目的は主に人助けだと考えています――投資や経済成長のための資本移動を手伝うことにより、顧客だけではなく、もっと幅広い人々を助けていると思っています。ただ、このメッセージを効果的に伝えられません。この仕事の性質上、わたしたちは秘密を守り慎重に行動するようにしてきたので、自分たち、ひいてはこの業界に現在要求されていることに対応する準備がまったくできていないのです。……世間の支持が得られなくても仕方ありません」

それは、このスティーブのようなヨーロッパの白人だけではなかった。地元出身のウェルス・マネジャーたちも同様の見解を述べている。たとえば、インドにルーツを持つモーリシャスのアルジュンも、ウェルス・マネジメントの仕事とそのオフショアでの活動に対する「否定的イメージ」に戸惑いを覚えていた。ウェルス・マネジャーがモーリシャスとインドの間の租税条約を推進しなければ、そして、それを利用した戦略を顧客に促さなければ、「おそらくインドは過去十年間に得た投資を得られなかったにちがいありません」とアルジュンは言う。元法学教授で、現在は出身地の香港でウェルス・マネジャーをしているジンは、この仕事の与える影響について同じ考察をしていた。アフリカの天然資源やニューヨーク証券取引所に投資するなど、香港の裕福な家庭にオフショア資産を取得する手伝いをすることにより、「母国が経済的に発展できるように、わたしたちは効果的な解決方法を提供し、同時に母国の制度はそれに追いつきます。世界がどんどん進んでいくというのに、母国の経済と政治制度が成熟するのを何世代も待ちたくはありません」

だが、植民地後の経済開発に好影響を与えるというこの主張は、ウェルス・マネジメントとオフショア金融サービスに参加していない多数の旧植民地国の現実を見ると、割り引いて考えなくてはいけない。こうした国では、エリートが海外のタックス・ヘイブンを利用することで、ますます財政困難に陥っている。たとえば、イギリスの旧植民地であるナイジェリアからの資本逃避は、対外債務の数倍を上回る3000億ドル以上の税収損失を国に与えている[69]。ナイジェリアの820億ドルの私有財産の4分の1は、現在イギリスの不動産とスイス銀行の口座の2か所に集中している[70]。

これはグローバルな資本移動の大きな流れと一致する。世界で新たに生じる富の大半はヨーロッパと北米以外の地で発生しているが、そのほとんどは従来のウェルス・マネジメント活動の中心地にたどり着く[71]。ウェルス・マネジメントはこのようにして、一部の発展途上国の弱体化に手を貸しながら、そうした国のエリートがオフショアの自立した「勢力基盤」を発展させるように支援している――その国々の貧しい人々を犠牲にして、彼らの私有財産を増やしているのだ[72]。

主権を台無しにする

グローバリゼーションについてあまり認識されていないパラドックスのひとつであるが、ウェルス・マネジャーがオフショア金融センターを国際資本のための「超自由地帯」にすることに手を貸す一方で、オフショア国家自体は「たいていはきわめて抑圧された地域」となっている[73]。この状況を、グアンタナモ湾にあるアメリカ海軍基地の状況になぞらえる者もいる。オフショアと旧宗主国の関係は、キューバのグアンタナモとアメリカの関係だというわけである。このような背景によって、裏で手を引く国が、「オンショアで違法なことはオフショアでする」ことが可能になる[74]。テロとの戦いで違法な活動が行われた、アメリカ国外にある「秘密軍事施設」のように、「タックス・ヘイブンは、自分たちを支援する大国の庇護を得ているが、その大国は、自分たちにそのタックス・ヘイブンの責任はなく、自分たちのコントロールが及ばない」と主張できるほど、独立性を備えている。[75] たとえば、ケイマン諸島は1980年代のイラン・コントラ事件に関わった。アメリカがケイマン諸島の口座を介してイランに非合法的に武器を輸出し、その代金をニカラグアの反共ゲリラに非合法的に提供した事件だ。[76] これは第1章で言及した、経済の「大ペテン」の政治版に匹敵する。[77] オフショア金融センターは、個人富裕層とその家族の「秘密法域」としての役割を果たすうえに、一部のオンショア国家に対して説得力のある反証を与えるので――イラン・コントラ事件のアメリカのように、あるいはテロ容疑者の「特例引き渡し」をめぐる最近のスキャンダルのように――、「位置を特定できない支配構造」の発達の一因となる。[78] 経済的グローバリゼーションと対照的に、オフショア政府とオンショア政府の間の力関係は植民地関係の再現であり、それが正式な仕組みなしになされるのだ。したがって、かつて統治国と植民地の関係に存在した、ある程度の説明責任や義務が欠けている。

当然、この捕らわれた国家という現象からはこんな疑問が浮かぶ――誰に捕らわれたのか？　答えはこうだろう。必ずしもかつての宗主というわけではない。個人富裕層と、その代理人の役割を果たすウェルス・マネジャーのようなエリート専門職を含む、「超国家階級」によってである。ウェルス・マネジャーは代償として地元エリートの協力、または何はともあれ黙諾を得る。たとえば、R・アレン・スタンフォード（第4章で取り上げた「ベビーママ信託」の設立者）は、政府に「融資」することにより、実質的にカリブ海のアンティグア島を購入した。要するに、実際には3000万ドルを提供して病院を設立しながら、その功績を政府首脳に譲り、スタンフォードはその見返りに法的、経済的特権を数多く手に入れたのである。彼の私有財産は最終的に、アンティグア島のGDPのほぼ2倍に相当する22億ドルまで膨れ上がり、島で2番目に大きな雇用主となり、島の主要新聞紙の社主となった。その見返りとして現地の政界エリートは私腹を肥やし、島民に一見気前よく金品をばらまくことで（裏でスタンフォードが融資していた）、政治権力を握った。[79]

このような成り行きで、国家権力はますます居住者でもなく市民でもない人間の利害に奉仕するようになり、「民主政治が金儲けビジネス（や横取りビジネス）に介入するリスクは、ほとんど、あるいはまったくなくなる」[80]。実際、オフショア金融センターの政治的状況では、国際資本とその代表者の選好に介入しようとする地元の人々は、権利を剝奪されることが多い。そのうえ、拘束や国外退去、ジャーナリストや研究者に対する弾圧などにより、調査や透明性は損なわれている[81]。これらの対応がうまくいかないと、地元エリートは帝国主義カードを切り、彼らの国の政治経済に関する金融業界の不適切な影響についての質問は、独立国家の市民たる彼ら代理人に対する侮辱だ、と主張する。この戦略的レトリックがたいへん効果を発揮したのは、ＯＥＣＤが今世紀初頭にオフショア金融センターの一部をブラックリストに載せようとしたときだった[82]。

インターネットに接続しているパソコンが、遠隔操作で送られたスパムメールやウイルスによって――たいていはパソコンの持ち主の知らぬ間に――不正侵入されるように、タックス・ヘイブンの実例からは、国家も不正侵入によって外国エリートの道具にされることがわかる。このプロセスをもう少し硬い言葉で説明すれば次のようになる。「超国家的ブルジョワジーが自身の階級権力を発揮するのは、正規の国をますます迂回しつつある超国家的制度と関係性の緻密なネットワークを通してであり、また、複数の国家を領域限定的な法域単位として道具化すること（国家間システム）を通してである。こうした国家間システムは伝動ベルトや濾過装置に変化させられるのだ」[83]。世界有数のオフショア金融センターであるイギリス領バージン諸島は、この現象を鮮やかに描き出す好例である。

捕らわれた国家？

イギリス領バージン諸島（ＢＶＩ）は一九八四年に国際事業会社（ＩＢＣ）法を制定し、オフショア金融業界を根本的に変化させ、同諸島を世界有数のタックス・ヘイブンという現在の地位に押し上げた。(84) この法律制定の経緯は、地元の公益を代表する国家と、世界中の個人富裕層の狭い関心事の代理人であるウェルス・マネジャーとの関係を、興味深い形で描き出してくれる。ＩＢＣ法が制定されるきっかけは、二重課税条約をアメリカが解消したことでＢＶＩの経済が急激に悪化する危険にさらされたからだ。だが、この法律を起草したのはＢＶＩの議会ではなかった。「大半の仕事をこなしたのは……ウォール街の弁護士」の助けを借りた「ロンドンから来た税務専門の弁護士だった」。(85) この法律は半年という「記録的なスピードで」草案が作成され、その後、ＢＶＩの議会は１日で立法化することを認める特別な決議を承認した。(86) こうした手順を踏むことで、世間で議論を呼ばないようにしたのである。それどころか当時の閣僚の一人は、「議論の必要性はないと考える」とすら言い放った。(87) こうして、主にイギリスとアメリカの専門家によって書かれた法律が、国民は蚊帳の外のままＢＶＩで立法化されたのである。

このような立法手続きが小規模なオフショア国家で仕事をする利点だと、ＳＴＥＰの刊行物は指摘する。「法域が小規模で金融に専念できる環境ならば、法規の改正が迅速にできるので、金融業界では有利である。大規模で多様性のある経済では、何らかの変更に際して種々の利害を検討し交渉しなくてはならない」(88)。種々の利害を検討し交渉することは、民主主義が健全に機能している証拠と言えるかもしれない。だが一方で、そのプロセスには時間がかかり、結果に対する不透明感を強めるので、外国人投資家の間に不安を生み出す。

このように不都合な点を進んで取り除くＢＶＩの姿勢は、自国の文化と制度よりも、一部の個人富裕層の志向を優先することをいとわない姿勢にもうかがえる。１９８８年、香港で働くオーストラリア人の会計士が、中国人にとって最高に幸運な日付である88年８月８日に中国人顧客がＢＶＩで法人化できるように、会社登記所を8月8日に開けるように、BVI政府に「懇願したか、脅したか、なだめすかした（実際にはどうだったか、記録には残されていない）」。[89] この日は奴隷廃止を記念する3日間の祝日に当たるので、通常なら官公庁はすべて休みになる。しかし、BVIにとってオフショア事業は、帝国主義のもっとも有害な制度からの解放という重要度を上回る、新たな優先事項となった。これがイギリスの旧植民地2か所の専門家の間で起きたことは、見えざる帝国主義の新形態とも言える仕組みを示す好例である。つまり「英タックス・ヘイブン帝国――ジブラルタルからジャージーまで、ケイマン諸島からイギリス領バージン諸島まで――では日が沈まない」というわけである。[90]

その後のBVIは、ウェルス・マネジメント業界とその顧客の利益を守るため、脱税操作と犯罪捜査を行うオンショア国家からの情報請求を、再三にわたりはねつけている。それはBVIに限らない。第4章で説明したように、クック諸島でも同じである。しかし、クック諸島とは異なり、オフショアの顧客の情報交換を約束した条約を、BVIはその他の法域と数多く結んでいる。それにもかかわらず、「海外からの依頼が、現実に受益者の特定に結びついた例はほとんどない。59回ものフランスの依頼は無視された」[91]

つまり、BVI政府の植民地後の開発戦略をわかりやすく言えば、たとえそれが国の制度や条約の無視につながっても、ウェルス・マネジメント業界とその顧客をできるかぎり厚遇する国になる、ということだろう。この戦略は政治的影響、さらには必然的に地元住民の経済的、文化的状況にも影響を与える。オフショア金融事業のおかげで、近隣諸国よりも暮らし向きが良いのは確かだ。BVIの住民は、「その他のカリブ海諸島よりもはるかに高い生活水準を享受している」とされる。[92] 最低でもGDPの60パーセントから70パーセントだとオフショア金融が占めるとされるが、ここでウェルス・マネジメントの仕事をするシャーマンは、70パーセントだとする。[93] その大半は完全にIBC法のおかげである。この法律は個人富裕層と企業を大いに引きつけるので、世界のオフショア・ビジネス市場の40パーセントをBVIが占めるにいたり、そのなかには6150億ドルのIBCの資産が含まれている。[94] この成功を踏まえて、「金融産業を育成しようとするその他の法域は、BVIのIBC法の文言を（一言一句まで）模倣」している。[95]

ところが地元住民は、外国人に提供されるこの法律とサービスを利用できない。たとえばBVIの国際事業会社には、BVIの市民との間での商取引はいっさい認められていない。さらに、2004年に個人と法人の所得税が廃止されたとき、IBCの潜在的利用者をBVIにさらに呼び込む目的で、新たな法律を制定して国家の財政負担を減らすことが決まった。2004年に給与法が可決されて以来、地元住民の給与から8パーセントが引かれている。オフショア業界でもっとも影響力がある高給の仕事は、今でもイギリス、北米、南アフリカから来た白人男性で占められているという事実が、さらに多くを物語る。[96] 地元住民が社会的地位を向上させられる機会は、オフショア業界においてはこのように、国籍、ジェンダー、人種によって大幅に制限されている。

著者がインタビューを行ったBVIのオフィスでは――セーシェルをはじめとするその他の多くのタックス・ヘイブンでも――顧客に直接対応する仕事は、ほぼ完全に英語圏出身の白人男性で占められていた。これに対し、事務仕事は有色人種の地元住民の主に女性が行っていた。アフリカ系カリブ人の弁護士で、BVIではめずらしく顧客と直接対応する仕事をしているコンスタンスは言う。「この業界は国際的に営まれていて、海外の人たちによって運営されています――イギリス人か南アフリカ人ですね。信託関連の仕事をしている人のおよそ8割から9割はイギリス人です。同僚のなかにはこの状況を再植民地化だと言う者もいるでしょうね」。彼女は植民地史で伝道師が主要な役割を果たしたことを引き合いに出し、「ウェルス・マネジメントの仕事をするためにここに来るイギリス人は、布教するみたいにSTEPを持ち込んでいます」と付け加えた。

ウェルス・マネジメントがＢＶＩで行っている浸食によって、誰が利益を得るのかを示すもう一つの事例として、首都の高校教師と生徒の間で交わされた次の会話が参考になる。添付写真から判断して、全員が有色人種である。

「バージン諸島は、ここに会社の拠点を置く投資家のプライバシーと資産を守ります」と、生徒たちは声をそろえて言った。

「税金を集めるのは？」スカットリフ＝エドワーズ〔教師〕が尋ねる。

「政府です」

「そのとおり！」

「みんな納税したがるでしょうか？」と再び教師が尋ねる。

「いいえ！」

「では、税金が低いところで納税することを選ぶ権利が、誰にでもあるのではないでしょうか？」

「はい！」

「選択の自由は市民の基本的権利です」と、彼女は教師らしく締めくくった。「だから、人々がバージン諸島を選ぶのは賢明なことです[97]」

この対話は金融の授業中に行われたものだが、その思想的本質は「主権を奪う」ように設計されているという印象を受ける。オフショア金融業界とそれが社会に与える影響について、選挙権を持つＢＶＩの国民に批判的考えを持たせないようにしているのだ。つまり、正式な民主主義国家であるのに、その民主的プロセスはウェルス・マネジメントとその顧客の力により歪められていると思われる。

結び

イギリス領バージン諸島のIBC法成立にいたる出来事は、グローバル化された富が国家権力に与える影響を垣間見るうえで役立つ。植民地時代の力関係が、オフショア金融とウェルス・マネジメントの仕事によって再現される様子もわかる。法案起草に果たした外国人専門職の役割と、議論を経ずに法案を可決させたBVIの役人の共同作業は、オンショアとオフショアが対立する勢力ではなく、「相互依存であり相対空間」であることを物語っている。(98)

また、IBC法の事例は、本章を通して提起した疑問を浮き彫りにする。このような主権と専門知識の利用によって、誰が恩恵を受けるのか？　第1章で述べたように、知的専門職に与えられる特権は歴史的に、「社会と公共の福利にとって、特別な重要性が彼らの仕事にある」から正当化される、と当然考えられてきた。(99)同様に、BVIの議会もそうだが、民主主義国家の議会ならば当然、国民全体の意思と最善の利益を代表すべきだとされている。確かにBVIは、オフショア金融で果たす役割によって、経済的な利益を得ることができる。さらに毎年、その利益の半分までもが国庫に入ってくる。だが彼らの民主主義は、さらに教育制度までもが、この島に何のつながりもない、地元住民の福祉や発展に何の利害関係もない、顧客の代理であるウェルス・マネジャーによって、不当な影響を受けているように思われる。

ウェルス・マネジャーがオフショア国家に与える二重効果が、ウェルス・マネジメントがこうした国の住民の間に引き起こす愛憎関係の主な原因なのかもしれない。この仕事が短期的には経済の繁栄をもたらす一方で、その見返りとして国家に求められる代償には、主要な制度の明け渡しが含まれているようだ。長期的には、このファウストの交わしたような契約を受け入れた国家の経済は、後援者が零落すれば立ち行かなくなり、その政治は機能不全の憂き目に遭うおそれがある。たとえばアンティグア島は、アレン・スタンフォードの金融詐欺が行き詰まったあと、「一夜にして」GDPの10パーセントと観光収入の25パーセントを失った[100]。最近では、島のオフショア金融業が傾くにしたがい、ジャージー島も同じような危険にさらされていると言われている。同島の経済は「破綻に向かいつつあり」、政治、教育、社会制度は、オフショア金融への依存によりひどく弱体化している[101]。国境を越えた富に、これほどまでに多くのものを明け渡してしまった国々が、果たして立ち直れるのかどうかは、現在の時点ではまだ不明である。

オフショアのある学者によれば、「グローバリゼーションは……国家や主権を犠牲にして起きているのではない――人民主権を犠牲にして起きている[102]」。これもやはり、富裕家族が国家に対して繰り広げる挑戦に如実に現れているだろう。彼らは公的に責任のある制度に対して優位に立とうとして、慈善信託を通して自身の統治モデルを作ろうとしている。これらの試みが正統性と組織的効率性を持つのは、信任に基づく信託管理のモデル――現在のウェルス・マネジメント職の先駆け――を通してである。現代のウェルス・マネジャーはこの伝統を踏襲し、顧客に自分の銀行の設立や、国家権力から自立するためのツールの構築を促したり、国家機関に有意義な挑戦をするための資本を築くよう勧めたりしている。

たしかに、こうした活動は決して国民国家を無意味にするものではない。むしろ、ウェルス・マネジメントの専門家の介在により、国家権力は「乗っ取られ」、居住者でも市民でもない人々の利益のために利用されている。名目上は民主主義国家であるオフショア国家においては、公共の利益に対する貢献は二次的であり、超国家的資本所有者中心の法律と政策の副次的産物となっている。ウェルス・マネジメントが国家権力を向上させるか弱体化させるかという質問に対する答えは、個々のプラクティショナーにとって、その顧客にとって、彼らの仕事にとって、もっとも利点となることは何かにより、両方の答えがありうるだろう。このような同盟関係の不安定さは、スーパーリッチとそれ以外の人々の間に広がる一方の隔たりとともに、グローバリゼーションの規範のようである。最近の研究で指摘されたように、「現代の富豪階級は、裕福な組織と個人の間で絶え間なく変化する同盟にすぎない。彼らの利害は、協力すべきときと競い合うべきときがわかるほど、それぞれ重なり合っているのである」[103]

確かに、競争は長らく国際的な政治経済の一部であった。ごく最近まで、国力の基準は競争相手を制圧する力だった。[104]最近では、制圧するのではなく反対者を取り込むほうが、大きな力とされているらしい。支配するために公然と戦うのではなく、国境を越えたエリート層の代理人（ウェルス・マネジャーが主導的な役割を果たす）が、次々と静かな無血のクーデターを起こしている。とくにオフショアで、この国家攻略のプロセスは大きな成功を収めながら進んでいるようである。

オンショアでは少し楽観視してもいいかもしれない。ウェルス・マネジメントの専門家を取り込み、個人富裕層による脱税などの違法活動を取り締まることに成功したという研究が、最近イスラエルで発表された。脱税者全員を追い詰める人的余裕がなかったイスラエル国税局は、ウェルス・マネジメントの専門職とその顧客の損得勘定に訴えるような法律を政府に提案した。これにより、外国のウェルス・マネジャーと仕事をするインセンティブは、顧客にとってさほどなくなり、イスラエルのプラクティショナーは、かつて租税回避を促進したときと同じくらい、現在は税法順守の推進によって利益を得られるようになった。「規制者はかくして、アドバイザーとその顧客という通常の連携を分断し、アドバイザーと規制者という、これに代わ

る新法を順守する連携を作った」とこの研究は結論づけた。(105)

このイノベーションがほかの国家に適応できるかどうかは、今のところわからない。イスラエルは伝統的に社会的連帯が強いので特殊な事例だと見る向きもあるが、イスラエルの最近の世論調査によれば、経済的不平等やその対策となると、社会的連帯は「きわめて弱い」という指摘もある。(106) 後者の指摘を鑑みれば、自国の課税漏れを防ごうとするオンショア国家に対して、イスラエルは有益な先例を示している可能性がある。

第7章　結び

「お金と権力の秘めた特徴は、お金で買えるもののためでも、力のための力でもなく……個人の完全な自由と、移動能力と、プライバシーにある」とジョーン・ディディオンは綴った。[1] 知的専門家ならこの目標が達成できるということを、本書は重要な論点として提示する。つまり、金融・法律の専門知識を駆使し独特の構造を用いて財務管理することにより、彼らは自由と移動能力とプライバシーを世界の個人富裕層に提供しているのである。ウェルス・マネジャーは信託や財団、法人を戦略的に用いて、こうした特典を顧客のために確保し維持している。これが世界的な職業として成立するまでにどのような発展を遂げたのか、その過程をたどることも本書の主な目的の一つである。

もう一つの目的は、ウェルス・マネジメントの社会組織への影響を検証することである。著者の考えでは、この専門職の形態は、個人富裕層の小規模な顧客基盤をはるかに超えたところにまで影響を及ぼす。データが示すように、彼らが管理する資本フローの規模と立法化の過程で果たす役割を踏まえると、家族や市場などの社会制度や不平等などの社会構造の大きなパターンに、ウェルス・マネジャーは多大な影響を与えている。社会生活のこうした領域で、彼らは往々にして対立と変化の最前線に立つ。それは、彼らの仕事が公私の領域にまたがり、富の世襲構造を世界規模の政治経済に結びつけているからだ。

莫大な私有財産を世界のどこに配置するか指示することにより、ウェルス・マネジャーは市場、国家、家族という「制度の三本柱」すべてに影響を与える。経済の分野では、「フィデューシャリー・キャピタリズム」という新時代を作り出し、多数の地域にわたる現代金融に貢献している。(2) 国際金融市場の複雑さはこの職業に有利に働いており、政治に対して積極的な理由の一つとなっている。つまり、法域での要求を主張するためであり、各国家間の国内法の矛盾と隙間を利用するためである。ウェルス・マネジメント業に関する研究が指摘するように、「単純な問題と明白な解決策は、専門知識の独占につながらない」のである。(3) ウェルス・マネジメントは、顧客の財産を世界中に移動させるという、法律面や運営面の複雑さを基盤にして繁栄している。この複雑な仕事を成し遂げるために、プラクティショナーは金融の古い仕組みを新たな状況に適合させ、法域の法律さえも作成（改正も）して、制度の改革者となった。(4)

それなのに、ウェルス・マネジメントの活動も社会組織に与える影響も、研究者からほとんど見過ごされてきた。この仕事が社会、経済、政治的関心の主要な問題に与える影響を描き出して、この軽視を正すつもりである。本章では、ウェルス・マネジメントをよりよく理解することによって、不平等や家族、グローバリゼーション、専門化過程、国家の権威について得られる新たな洞察を検討する。最後に、ウェルス・マネジメントの今後についての見解を示し、政策立案者への提言で締めくくる。

理論と研究への貢献

不平等

不平等はまさにいま盛んに議論されている話題であるうえに、ここ数世代で初めて、学術研究の焦点が社会的階層の最上層に移っている。(5) 本研究はその時流に乗ったもので、次の二つの方法で議論を進める。一つは、所得から富に注目を移すこと、もう一つは、階層システムの進展に作用した要素について、きめの細かい理解を提供することである――つまり、誰が、どのように不平等を作り出したのかについての説明である。入手可能なあらゆるデータが示しているのは、富に基づく不平等は所得に基づく不平等よりもはるかに影響力が大きいこと、そして、図5－1に概略を示した介入のために、富の不公平は格段に速いペースで増大していることである。(6) だが、第5章で説明した種々の理由から、この問題はほとんど一般に知られていない。富のほうが所得よりもはるかに不平等の核心をとらえていることを根拠に、本書は階層研究における富の役割の再評価を訴えるものである。所得は年によって変動するが、富は固定化する。富はまた、社会構造での個人の立場に何世代にもわたり深刻な影響を与えうる、教育や住宅、健康管理などの長期投資の基盤となる。とどのつまり、富は引き継ぐことが可能なのである。トマ・ピケティらが明らかにしたように、社会経済的特権のある立場を固定化するうえで、受け継がれた富が果たす役割の重要性が近年大いに増している。(7) 所得の不平等を研究する経済学者でさえ、自分たちの発見の重要性の一端は、時間が経るにつれ所得がどのように富を蓄積したのかにあることを認めている。(8) 知的専門家たちが富の不平等を――消散力と「売り家と唐様《からよう》で書く三代目」のことわざに反して――いかに育て拡大させたのか正確に示すことが、本書の主なテーマである。

ウェルス・マネジャーの顧客の財産への介在を検討して、これが階層の拡大にどのように働いたのかきめ細かく考察してきた。ほかの不平等研究がもっぱら構造に焦点を絞っているのに対し、著者の研究はその構造を築く人々に検討を加えた。富と不平等のある歴史的研究によれば、「金が金を生む」のは蓄積が自然、あるいは不可避だからではなく、金持ちには最高の投資顧問、最高の会計士、最高の弁護士を雇う余裕があるからだという――要するに、ウェルス・マネジメントの最高のプロ集団を使えるということだ。

不平等の力学を理解するためには、より大きな制度を形成する関係者を検証することが不可欠である。そのためには、第1章の付録で述べたように、長期にわたる「イマージョン・エスノグラフィー」が必要になった。不平等の定量分析では、仲介の役割は不明瞭なことが多い。しかし、著者がウェルス・マネジメントの研修コースを2年間受講し、その後「金の行方を追いかけ」、世界18か国にウェルス・マネジャーを訪ねたことにより、世界的な富の階層の大規模構造を支える、複雑に入り組んだ活動と相互作用をまとめることができた。

著者の研究が、不平等を広げるメカニズムとして相続の重要性を明らかにしたことは、今後の研究のためにも意味のあることだと思う。租税回避や投資顧問など金持ちの特権については、学術の世界でも一般社会でも大きな注目を集めているが、これらは構造的に最重要とされる事項のために舞台を整える裏役にすぎないことを、著者の研究は明らかにした――最重要事項とはすなわち、富の世代間移転である。一世代の余剰（おそらく租税回避や特別な投資によって生まれたもの）を世襲財産に変えることで、ウェルス・マネジャーは時間とともに階級間の分離を強固にすることに手を貸している。ウェルス・マネジャーは信託やオフショア法人、財団を利用して、革命でも起きないかぎり覆せないように、確実に不平等を維持し拡大することができる。この結果生じた私有財産の集中は次に、自分たちにもっとも有利な政治的、経済的団体を「手に入れる」ことによって、個人富裕層がそのまま未来を有利に形作っていけるようにする。

知的専門家の介在が、一握りの有力な家族に富を再集中させることにこれほどまでに成功していることは、ある意味、封建制への再帰を思わせる――ただし、エリートが庇護者に衣食住を保証するノブレス・オブリージュは伴わないが。中世人と現代人をこれほどまでに一体化させるものは、富の集中の程度ではなく、それが成し遂げられた方法である。言うまでもなく、信託は中世から現在にいたるまで存続し、個人にとっても公開会社にとっても、国際金融で重要な役割を果たすようになった。[9] さらに驚くことに、マネジャー従来の信託の仕組みの法-金融的イノベーションが、階級構造を生み出す新たな経路を作り出しており、このウエルス・マネジャーによる新経路は、封建時代とは言わないまでも、金ぴか時代を思い起こさせるものである。[10]

たとえば、1997年にケイマン諸島で制定された特別信託法(Special Trusts Alternative Regime Law STAR法)は、限嗣相続や長子相続制度、つまり土地その他の資産を分散させずに親族に渡すために、委託者が相続人――たいていは長男――を指名するという、数世紀にわたって続いた慣習を現代に復活させる手段となっている。[11] この慣習はオンショアのほとんどの国で違法とされているが、STAR信託は現代の裕福な家族にとっての回避策となっているのだ。つまり、信託財産を「閉じ込める」のである――受益者には、その財産を売却する権利がなく、その条件について法廷で争うこともほぼできない。[12] STAR信託と中世の信託の大きな違いは、後者は家族の土地しか認められなかったのに対し、前者は株式から債券、現在多いものとしてファミリー・ビジネスまで、どんな種類の資産も含めることができる点である。[13] しかし、何世紀も前の不動産相続人のように、STAR信託の受益者は、きわめて具体的に定められた条件の下で世襲財産と結びついており、受益者は世襲するのではなく、「相続財産によって、ある意味世襲」させられるのである。[14]

家族

STAR信託の事例が赤裸々に示しているのは、社会制度としての家族とウェルス・マネジメントとの間のパラドックスである。ウェルス・マネジャーは知的専門家として、マックス・ウェーバーの言う専門権威を代表しているが、その仕事は、エミール・デュルケームが分析した部族的連帯のようなものを、顧客である家族内に再生できるようにすることである。これは顧客にとっては意味あることだが、配偶者以外との関係や婚外子など、法的権利のない個人間の結びつきを認めることが含まれる場合もある。信託やオフショア法人、財団を利用して、こうした関係に経済的権利を与えることができる――たとえば、生涯にわたる収入や生活費の保証、遺産相続の分配などが可能になる。社会科学、とりわけ人類学では、このような移転こそが親族の結束と境界をきめるのであり、それは法的規定の比ではない、と論じられている。[15]ウェルス・マネジメントはこのようにして、かつてウェーバーの言った対立する「価値領域」を統合する。つまり、正規組織の理性計算的世界と、人間関係の社会情緒的世界を統合するのである。[16]

家族の財産を消散させるさまざまな要因から守るには、たいていは家族ではなく専門家によってまとめられる何世代にもわたる協調関係が必要となる。このように家族を指導する専門家の権威は、「サービスやスチュワードシップは、現在の個人に奉仕するのではなく……デュルケーム派の言う全体、すなわち部分の総和を上回る全体に奉仕するという主張」に根拠がある。[17]このスチュワードシップは当然ながら、封建領主の家政管理を端緒とする中世の名残である。[18]同様に、社会生活の組織原則としての家族「全体」は、個人主義が勝利する以前の、啓蒙時代以前のものである。[19]

よって家族に関するかぎり、ウェルス・マネジメントは、近代性と根本的に対立するものを作り出すために現代金融のツールを用いている。これは現代社会科学の家族理論に難題を突きつける。この理論では、断片化、多様性、急速な構造変化に焦点が当てられているからだ。[20]少なくとも自分たちの顧客に対しては、ウェルス・マネジャーは安定性と集産主義的オリエンテーションを促すためにできることはすべて行う。[21]自由主体としての自己とは対照的な、この家族内での自己の再オリエンテーションは、家族統治システムの創設や、第6章で述べたようなファミリーバンクの開設などの手段を通して制度的に強化される。その行き着く先は、通常は正反対の立場にあるとされる二つの組織形態の衝突である。すなわち官僚制度と家族だ。ウェルス・マネジャーが顧客に、現代の会社から借用した形式を取り入れさせるにともない、「普通なら親族を中心とした集団とは相反するとされる組織形態の特徴」を、家族は帯びるようになる。(22) これが家族の力学をどのように変えるのかが、今後の研究の課題だ。

グローバリゼーション

現行の家族生活モデルの見直しに加えて、グローバリゼーションについても新たな見方が必要だろう。本研究はとくに、グローバルな変化をもたらす重要エージェントとしての専門家の役割についての近年の研究を、顧客や仕事仲間、政策立案者とのミクロレベルの相互作用に注目することによって拡大したものである。(23) 本研究のデータはある程度、１９９０年代後半以降のグローバリゼーション研究の予測と一致する。この予測では、知的専門家たちが超国家的領域で裁定者、制度制定者の役割を果たすようになるだろうと予測されていた。(24) グローバル取引に法律の対立と規制の間隙が生じても、専門家によるイノベーション（主に金融と法律における）が、システムをまとめていた。

だがそうした予測が基にしていたのは、企業や職能団体など、組織の集団的行動としての専門家の活動だった。さらに、それらの行動は「重要プロジェクト」を軸に戦略的に計画されたものだと考えられていた。(25) こうした専門家主導のグローバリゼーションについての見方には、実証的研究である程度認められていたとはいえ、エージェンシーの役割についての知識に根強い食い違いが残されており、とくに問題が「ミクロレベルの経過と、制度との結びつき」となると、さらに顕著になる。[26] 本研究は、グローバリゼーションを、関係する個々人——とくにエリート専門家のような特権的な立場にある者——の即興を通して生じるプロセスとして提示することによって、その欠点に取り組んでいる。本書でこれまで検討したデータは「グローバル領域とグローバル・プロセスは下から創造される」という考察を実証するものである。[27] 本書で提示するもっとも重要な洞察は、「下」とは個人間レベルの相互作用、たとえばウェルス・マネジャーと顧客、同僚、政策立案者との間の相互作用で始まるということである。

グローバル現象の関係分析——つまり、個々の関係者とその出会いに焦点を絞った分析——を提示することによって、本研究は制度変化の力学をより詳細に精査することで、グローバリゼーション研究に貢献している。たしかにこれまでの研究は「グローバルは、現地慣行との関係の外側には存在しない。より厳密には、現地慣行の具体化の外には存在しない」と認識していたが、大半の超国家制度研究は個人関係を無視している。[28] 知的専門家が世界の制度の変化で重要な役割を果たしていることについては幅広く意見の一致が見られるが、職能団体やその他の組織による活動以外で、これがどのように起きるのかというモデルは、ほとんど存在しない。[29]

個人レベルの相互作用とエージェンシーについて調べてきた研究でさえ、たとえば知的専門家による世界的な変化がみな、「意識的、体系的プロジェクト」にちがいないかどうかなど、数多くの重大な疑問を未解決にしたままである。[30] 現在の大半の調査からも裏づけられているが、本書で紹介したデータからわかるように、異なる文化では発明と即興がきわめて重要な役割を果たす。たとえば第3章では、サウジアラビアと中国の顧客にアングロサクソンの信託を「現地化した」形で説明した、ウェルス・マネジャーの即席のイノベーションを紹介した。[31] 信託を預言者ムハンマドの生涯に関連づけたことは、見事なセールス技術の一例であるだけでなく、グローバリゼーションを実現させる方法でもある。この場合は、現代の中東の顧客に、中世イングランドの制度を採用するように説き伏せたことで、まったく異なる文化的、歴史的背景にこの制度を広めたのである。

このようにグローバリゼーションを見れば、即興が専門家活動における重要であるのに無視されがちな側面として浮かび上ってくる。(32) 一般に、専門的仕事は標準化されにくい。型にはまらない問題解決方法は、この種の仕事の目立った特徴である。(33) 多様な法的、経済的、文化的制度との交わりを突きつけられるので、グローバリゼーションによって柔軟性と適応能力の必要性は深まっている。このような状況で（ウェルス・マネジメントにとってはお決まりの状況だが）、「見たこともない制度的複雑性」に対応するには、ほぼ絶え間なく進化するイノベーションを必要とする。(34) インタビューに応じたプラクティショナーたちが語っていたように、彼らのイノベーションは、顧客からの特定の問題解決の要求によって生じる。信託など現地の制度をグローバル領域に広げる結果そうなる場合でも、一国全体の法体系を変化させる結果そうなる場合でも、触媒作用は個人的相互作用によって起きる。

これらからわかるのは、グローバリゼーション力学の関係を分析する必要があるということだ。具体的には、社会世界を、計画的、秩序的方法で構造を生み出す固定的世界としてではなく、「展開する動的関係」として扱うことである。(35) 関係的分析は相互作用分析とは異なる。後者は、固定的、分析的所与として社会的アクターを理解する。これは、ネットワーク理論が一義的には、個人間連結の構造と「機械的」属性に主に焦点を合わせるのと同じである。(36) 制度変化についてもっとも重要な点は、関係的分析は、出現、変化、即興を扱えるという点である。関係的な視点をとれば、制度理論において無視されがちな専門的業務の側面を分析することができる。とくに非決定性と専門知識の戦略的、創造的利用を分析できる。(37)

すでに気づいている者もいるように、制度理論が専門業におけるエージェンシーをさらに分析する必要があるならば、本書の関係的分析は、その目的を達成する手段になる。[38] 制度変化力学に対するグローバリゼーションの重要性を考慮すると、これはとくに特筆すべき問題である。グローバリゼーションに関するこれまでの研究が指摘しているのは、「グローバル化したローカルな制度的解決（グローバル化したローカリズムなど）」に、たとえばウォール街の法律事務所と信託のような、知的専門家が役割を果たしている、ということである。[39] しかし、エージェンシーについて考察しようとすれば、関係的理論に立ち戻らなくてはならない――とくに、ある国家的または制度的背景から別の背景へと、「慣行を引き離して再び組み入れることを可能にする」ミクロレベルのプロセスの場合にはそうである。[40]

要するに、著者の研究が示す理論モデルは、制度変化の源泉としての、状況に埋め込まれた即興の役割を強調することにより、専門家がグローバリゼーションに与える影響の理解を広げるものである。これは、制度理論において無視されてきたエージェンシーという側面に取り組むものである。制度理論においては、意図性と予見性がとりわけ重要視され、不確実性と発明性は排除されてきたからだ。[41] 現代の専門サービスの文脈で必要になるのは、「実践価値的な即興」であり、その中で「当事者は自身の利益を開発し実現する」のである。つまり計画ではなく実践を通してなのだ。[42] これは国際的な舞台でとくに当てはまる。この舞台で知的専門家は、法律や職業規律、文化、規範などの新たな制度的構造に各法域で直面するからだ。[43] このような場合、制度的エージェンシーを狭く構築し、「標準化された相互作用系列」や「確立された手続き」に基づくものととらえると、知的専門家の活動の重要領域を除外してしまうことになるのである。[44]

本研究が展開した関係的視点によって、専門職化研究に新たな洞察が得られる。つまり知的専門職の起源に関する洞察である。これは知的専門職が勃興した状況、それに関わる当事者、諸事象、諸制度についてであり、それらによって各職業は独特の形式を整える。ドイツ人社会学者の故ノルベルト・エリアスが、イギリス海軍将校に関する名高い論文で理論づけたように、知的専門職は「職務的技術または制度と、人間の要求を一致させようとする試行錯誤の過程」から発達してくる。「この方向に向かう一歩一歩は、個々人によってなされる。しかし、そのような過程、つまり知的職業であれその他の職業であれその創造と発展は、個人の行動の総和を上回る。過程にはそれぞれ独自のパターンがある[45]」。エリアスのモデルは専門的仕事の予備的かつ反復的な性質を認めており、関係的視点が即興を重視する点と一致している。結局のところ彼によれば、一連の慣行を職業にするものは、こうした試行錯誤の技術を固めて制度化することだ。これは仕事の形式を制度化するだけではなく、「複数の人間関係の制度化」を生み出し、「他者の特殊化した要求に応えて人々が行う特殊化した社会機能」から成る[46]。

ウェルス・マネジメントは、この制度化の過程をリアルタイムで観察するまたとない機会を提供する。第２章で述べたように、ウェルス・マネジメントの職業化は弁護士や会計士からかなり遅れて始まったので、今なお進行中である。たとえば法律と会計の分野では、19世紀初頭から半ばまでには職能団体と資格認定の慣行が確立されたのに対し、ウェルス・マネジメントは１世紀以上あとになってようやくその地点に達した[47]。１９９１年にソサエティ・オブ・トラスト・アンド・エステイト・プラクティショナーズが創立総会を開く頃、グローバリゼーションと金融化は最高潮に達し、この職業も国際化志向のような明確な現代的特徴を帯びるようになっていた[48]。これは関連するその他の職業とはかなり異なった傾向である。他の職業は現地の状況に深く組み込まれる傾向にあったからである[49]。

他にも二つ、ウェルス・マネジメントの専門職化に伴う独特な特徴があり、これらは社会科学理論、社会科学研究に興味深い新たな方向性を指し示している。一つは、そもそもウェルス・マネジメントの専門職化に抵抗する歴史があったこと。もう一つは、中流階級または労働階級出身者がこの仕事に参入しプラクティショナーとなることに対し、その他の職業の場合とは対照的に、表面上は確執がないことである。この特筆すべき二点の示唆するところについて次に述べる。

専門職化に対する抵抗　ウェルス・マネジメントは、素人が請け負っていたことが専門職化した唯一の例ではない。インテリア・デザインや料理などのクリエイティブな仕事も、このパターンの顕著な例である[50]。だが、ウェルス・マネジメントは、専門職化に際してあからさまな抵抗に遭った数少ない事例の一つである。第2章で示したように、文化的にも制度的にも、公式にも非公式にも抵抗は続いた。18世紀の法学者フランシス・サンダースの有名な見解を拝借して言うなら、現在ウェルス・マネジメントとして知られるこの仕事は、「任せられた人［受託者］の名誉と良心に負わされた負荷であり、報酬目当てで引き受け［るべきでは］ない」とみなされていた[51]。制度上、この慣習は法廷に支持された。顧客から給与を受け取るように指示された「補償条項」が付帯されている場合を除き、ウェルス・マネジャーは仕事の給与を受け取ることが禁じられていた[52]。21世紀に入り——アメリカ統一信託法典が成立し、２０００年にイギリスで受託者法が成立して——ようやく、仕事に対する給与を受け取るプラクティショナーの権利を法律が支持し、ウェルス・マネジメントの職業化が認められるにいたったのである[53]。

　この職業化への抵抗に対する異例のパターンと似た例は、スポーツの世界に見られる。ウェルス・マネジメントと同様に、技術的な革新とグローバリゼーションが相まって変化が引き起こされたようである。そのプロセスはオリンピックで大きく進んだ。ウェルス・マネジメントと同様、スポーツのアマチュア精神は長年、上流階級の例を見ればわかるように、名誉と紳士的行為の保護手段とみなされていた。ピエール・ド・クーベルタン男爵が1890年代に創始した近代オリンピックは、「厳格で、制限され、貴族的な」法体系に基づき、プロの選手を制限していた。[54] 参加選手をアマチュアに限定する規定は、1988年までオリンピック憲章に定められており、プロの選手の参加を認めなかったうえに、選手がプロへの転向を検討しているというだけで参加を認めない権限が、国際オリンピック委員会に与えられていた。[55]

スポーツの世界でアマチュアを理想とする傾向は、国際試合の急増と、医療技術の発展で可能になったパフォーマンス能力の著しい向上により、崩れたと考えられている。アスリートの代謝、心肺機能、動きを測定する機器の高性能化により、高水準のパフォーマンスが実現された。[56] パフォーマンスへの期待が高まるにしたがい、マスメディアはトップのアスリートを大々的に取り上げて有名人に仕立て、彼らのパフォーマンスで生み出される利益を押し上げるようになった。[57]

ウェルス・マネジメントの職業化にはこれといくらか似たパターンが――とくに技術とグローバリゼーションの果たす役割に関して――見られるが、その他の点では独自の展開を見せている。ウェルス・マネジャーは有名人にはならなかったし、スポーツのスター選手のような高給を獲得することもなかった。ウェルス・マネジャーにとっての「大きな飛躍」とは、規範と法律が変わり、ともあれ彼らの評判を傷つけずに報酬が支払われるようになったことだった。それどころか、プロのスポーツ選手が得ているほどの報酬を獲得すれば、フィデューシャリーとしての信頼性に疑問が投げかけられるだろう。テクノロジーのおかげで金融情報や専門家のサービスを値段で選びやすくなった現代においては、なおさらそれが当てはまり、ウェルス・マネジャーの報酬を引き下げている。[58]

参入と社会階級　ウェルス・マネジメントの歴史は、ノルベルト・エリアスの描いたイギリス海軍の将校の採用の話と、いくつかの点で重なる。ウェルス・マネジメントの世界では数世紀にわたり、信託に関しては「ジェントルマンは自分の金銭を……ジェントルマンに扱われることを望む」とされて、上流階級以外の人間には門戸を閉ざしてきた。(59) これは文化資本の役割であり、金銭の話に直接言及することを避けるような、第3章で述べた対人関係のきわめて特殊な規範であった。

同様に、イギリス海軍は貴族に支配されていることを、エリアスは慎重な調査に基づいた研究で明らかにした。たとえ基本的船舶操縦術をほとんど身につけていなくても、貴族だけが将校になることを許されていたという。それどころか、彼らにはいかなる海洋技術の習得も奨励されなかった。「ジェントルマンは、世間から見て低い立場にいると感じることなしに、船員の技術や船舶技術を学ぶことはできない」というわけだ。(60) やがて、ジェントルマンと「ターポーリン」（上流階級出身ではない船長に対するあだ名）との間を厳格に隔てる壁は低くなり、異なる二つの階級の将校が同時に養成されるようになった。海上では名目上同等であったが、それ以外では両者の間に深刻な対立が続いた。この異なる出身階級の将校の間の競争と摩擦は何世紀にもわたり長期化し、両者の敵対心が激化したために、その解決策が当時の有力な政府高官の間で論じられるほどだった。(61)

労働階級や中流階級出身のプラクティショナーが増える一方であるのに、このような社会階級と職業上の立場の対立は、ウェルス・マネジメントの世界では発生しなかったようである。たとえば、船大工出身でヨットのクルーだったイギリス人のニックは、エリアスの時代の言葉を用いるならば、ターポーリンと呼べるかもしれない。だが、労働階級出身だからといって、ウェルス・マネジャーのキャリアの足かせにはなっていないようだ。同じような背景を持つほかの協力者、たとえばシャーマンやエレインの場合もそれは同じだった。二人とも、当初は大学に進学せず、下っ端の銀行事務員として働き始めた。

ウェルス・マネジメントの世界が「ジェントルマン」階級より下の社会集団の人材を登用しはじめたのは、金融化がきっかけだったのではないかと著者は考える。この職業は多くの点で今なおアングロサクソン系の白人男性が優位を占めているが、表1－1で示したように、中流や労働階級出身者――女性や有色人種も――の参入は、エリアスが記録した異なる背景の海軍将校の間で生じた敵意のようなものを生み出さなかったように思われる。これは、金融化など、ウェルス・マネジャーに多くの専門知識が求められるような、広範な社会的変化を反映しているのかもしれない。たとえば、顧客の富が代替可能になるにしたがい、また富が土地ではなく株式や債券で構成されるようになるにしたがい、ウェルス・マネジャーは新たな金融・法律のスキルを習得しなくてはならない。たとえ外部から助言を受けるにしても、顧客の代わりにその助言を取捨選択するには、彼ら自身がその領域の専門知識を十分に身につけている必要があった。

だからと言って、文化資本の必要性がなくなったわけではない。第3章で示したように、裕福な顧客の流儀に則った信頼性を体現する能力はやはり重要である。しかし、ウェルス・マネジャーに対する専門面でのさらなる要求が、それまでの数世紀間に必要とされたよりも幅広い背景を持つ人材登用の道を切り開いたと思われる。この意味で、ウェルス・マネジメントの職業化は現代化を物語っており、帰属と社会階級に対し専門知識が優位に立つことを物語っている。(62)

要するに、エリアスのモデルを通して、ウェルス・マネジメントの職業化を、ひとつのプロセス、すなわち、小規模な集団――当初はイギリスの裕福な地主――のニーズを満たす目的で考案された技術で始まったプロセスとして理解できる。ウェルス・マネジャーは現在も、個人富裕層や個人超富裕層という比較的小規模な顧客基盤に奉仕しているが、過去180年の間に、そうした関係を脱皮し、徐々に制度を発展させてきた。このプロセスは、ウェルス・マネジメントの顕著な二つの特徴であるグローバリゼーションと金融化という、世界の歴史的変化と一致している。社会階級の出自にかかわらず（ただし、エリート層の顧客に期待される行動規範を習得できるという条件で）、優れた技術を持つ参入者に対して寛容であることも、このプロセスの一つである。同様に、専門法域についての並外れて広い理解もその一つであり、それによって彼らは、国境を制限要因ではなくうまく利用できるリソースとして扱うことができるのである。

政治経済

これまでの章で述べてきたように、ウェルス・マネジメントは国家の権威と独自の関係を有し、その他の知的専門職には知られていない自立性を享受している。ウェルス・マネジメントの仕事は、国家の力を強めることもあれば損ねることもあり、国家に対して相反する影響力を持つ傾向がある。ウェルス・マネジメントは一方で、オンショアでもオフショアでも、いくつかの法域で個人富裕層を呼び込みやすい法律の制定に手を貸し、国家主権の戦略的利用を支えてきた。これにより、富裕層に対する金融サービスの手数料や、財産税などその他の形式で、多数の国家に多額の歳入をもたらしている。

その一方で、ウェルス・マネジメントは裕福な人々とその財産を国家権力から引き離しており、多くの人の目には政府の正統性を害しているように見え、実際、国民主権を蝕んでいる。(63) これは、この知的専門職が富の新たな政治経済を推進していることを示すものかもしれない。この状況では、国家がその有権者の意思ではなく「市民権のないスーパーリッチ」に反応するのである。(64) 本書のデータが示していることだが、多くの国はすでにある程度まで、ウェルス・マネジャー（世界有数のリッチな人々の代理人）を受け入れ、またウエルス・マネジャーにとっては多くの国が利用しやすくなっており、選挙で選んだ自国政府の代表はないがしろにされている。ウェルス・マネジャーが政府に対して、個人富裕層の利益に反する国家法や制度を覆すように説く事例が、第6章でもいくつか描かれている。少なくとも、ウェストファリア・モデルの「寄生性双生児」とでも呼びうるこの国家システムは、このエリート専門職の業務を通じて登場してきたようだ。

このような考察は、国家権力の源と正統性についての社会科学の古典的設問とウェルス・マネジメントを結びつけるとともに、社会におけるエリートの役割ともこの専門職を結びつける。研究と政策に対する影響については次で述べる。

国なきスーパーリッチ　前章で示したように、国の全住民に適用されるべき法律が、ウェルス・マネジャーの介在により、個人富裕層には適用されない場合もある。富はいつの時代もある程度までこの種の自由を提供し、国家の権威を損ねてきた。1909年にG・K・チェスタトンは次のように記した。「貧者は心底国に関心を寄せている。金持ちはヨットでニューギニアに行けるので、国家に関心を寄せない。貧者はひどい統治に異議を唱える場合もあるが、金持ちはどんな場合でも統治されること自体に異議を唱える。貴族はいつの時代も無政府主義者である[65]」

チェスタトンの時代から現在までの間に変化したことは、金持ちが望まない統治から安心して離れられるようになったことである。ヨットもニューギニア旅行ももはや必要ない。金を出せばパスポートを買えるようなプログラムのおかげで、政権が彼らの財産に影響を与えるのと同じくらい簡単に、金持ちが対象になる法的制約を変更することができる。言い換えると、市民権と居住義務の代替性が高まったのち、資本の代替性が高まったのである。有利な条件を求めて富を世界中に移動することが容易になるとともに、富裕者自身の国家帰属も自由に変えられるようになった。結果として、何ら法を犯すことなく、ウェルス・マネジャーの介在により、法令順守は金持ちのご都合主義でなされることになる。裁判命令や家族義務は回避可能になり、美術品は文化遺産保護法に抵触しながら何のお咎めもなく世界中を移動できる。

たしかに無法者には誰でもなれる。ただ、形式上は法を破ることなく法の精神を無効化することは、大変な特権である。ウェルス・マネジャーを雇ったおかげで、一部のエリートはこの特権を手に入れられるうえに、彼らの利益を考慮して作られた法律の恩恵も受けることができる。第3章と第6章で述べたように、ウェルス・マネジメントの専門家によって、国際的個人富裕層は国の最高レベルでの制度的発言権を獲得している。しかも彼ら富裕層が実際には住んでいない国の発言権をである。[66]

国境を越えた顧客に立法と政治における強い発言力を与えることにより、ウェルス・マネジャーは国家と富裕層との間の力の均衡に影響を与えている。この力は政治的プロセスを歪める。オフショア金融に参入して植民地後の自立を模索する小国の場合、その影響をとくに受けやすい。この力は概して、金持ちの負うべき税金の減税や非課税の形で行使される。すると国家は経済的に逼迫し、公益のためのサービス提供や規制ができなくなるため、なおさら正統性を失っていく。

しかも、国なきスーパーリッチたちに納税を説くことはできない。それは自己の経済的利益にならないからというだけではない。とくにどこに属するわけでもなく、自分の意思で移動できるので（グローバル企業のように）、愛国主義や市民の義務などイデオロギーに訴えても無意味なのである。それどころか国家にしてみれば、一時的であれ金持ちを国内に置いておけることが幸運だと考えている節がある。

ウェルス・マネジャーが顧客を特定の国家に対する忠誠や義務から遠ざけているため、どこのいかなる法律であれすべて、顧客が法に従う必要性（とおそらくは意思）は弱まっている。社会科学がずっと認識してきたように、法を順守する市民であることは、共同体の一員であるという意識に依拠している。このような集団へのメンバーシップによって、規則の承諾と順守は生まれる。「権利と義務の意識は、政治的共同体のアイデンティティとメンバーシップ、およびそのコミュニティの制度に対するエートス、慣行、期待から生じた」のである[67]。

ウェルス・マネジャーが顧客を国家権威から、また、その結果生じた国家権威の正統性の衰退から解放することができた理由の一端は、「オールドマネー」倫理が金持ちの間で薄れていることにあるのかもしれない。公共サービスと模範的市民行動に対する義務感は見せかけの態度だとばかにされ、ノブレス・オブリージュかと鼻で笑われることもあったが、これらの感覚は現実に影響を及ぼしていた[68]。「オールドマネー」倫理の時代に裕福な人々がまだどこかに所属していた証は、アンドリュー・カーネギーの設立した数千軒の公立図書館や、第二次大戦後数十年の間に構築された州間幹線道路網やインターネット・システムに、今でも簡単に見ることができる。後者は当時――エリートによる抵抗にほとんど遭わずに――70から90パーセントの限界税率を課すことができた連邦政府により創設された[69]。

国なきスーパーリッチの間に見られる、市民義務の低下と国家権威に対する敬意の減少の問題に取り組むために、いくつかの政策方針が提案されてきた。極端な例だが、アメリカの政策立案者は市民権を放棄する個人富裕層を罰して、国家権力を再び強制的に課そうとしている。市民権放棄にかかるアメリカの領事手数料は、近年442パーセントも引き上げられており（先進国の平均額の20倍）、これが十分な抑制効果を上げない場合、元市民の一部にはアメリカ再入国が禁じられるだろう[70]。その一方で、市民権の概念を見捨てて、ウェストファリア体制の崩壊を受け入れたほうがいいと主張する極端な評者もいる。最近の政策研究は、「国境を廃止して全人類を一つの世界の市民にする」ことを提案している[71]。この提案が真剣に受け止められていることを見ても、世界中で何世紀も続いた、国家や主権、市民権の制度が深刻な行き詰まりを見せていることがわかる。ウェルス・マネジャーの仕事もこれに荷担している。

新国家システム？　経済学者のガブリエル・ズックマンは最近の研究でこのテーマを取り上げ、オフショア金融制度が古いウェストファリア的秩序にとって大きな脅威となっており、国家の将来にも疑問を投げかけている、と主張した。ズックマンの議論は主に租税回避に焦点をあてたものだが、彼はこれを「純粋かつ簡単な窃盗」と呼んでいる。(72) 納税者に自国政府の税収から毎年2000億ドルもの金額を盗ませているウェルス・マネジャーは、国家制度全体の経済的困難を助長していると、ズックマンは言う。

ズックマンはルクセンブルクの事例に注目している。この国の生産額のおよそ半分は、外国人か海外組織の懐に入っている。彼によれば、現地の生活状況は、一時的に居住するウェルス・マネジャー以外の誰にとっても「加速度的に悪化」しており、国家というより自由貿易圏の様相を呈しているという。(73) 彼以外にも、ジャージー島について同様の点を指摘する者もいる。ウェルス・マネジメントに経済的にも政治的にも支配されているせいで、あらゆる意味でジャージー島はもはや主権国家とは言えない（詳細は第6章を参照）。ある報告が呼ぶところの「魅力的な中間地点」となっているジャージー島は、大半の市民に主権国家の恩恵と保護を授けずにいながら、主権国家のあらゆる特権を有すると主張している。(74) 普通に考えても、あらゆる点から言ってジャージー島は「国ではない」状態で、むしろ「45平方マイルの自治的曖昧性」になっている。(75)

ズックマンの見解によれば、そのような場合「国家とは何か？」という疑問が湧き上がる。(76) 彼の研究からわかるのは、オフショア金融の結果、国家システムに現れた亀裂は、裕福でない人々には望ましくない国家権力の新形態を作り出す可能性がある、ということである。

著者の研究はズックマンの見方を裏づけ、今後の研究を構築すべき三つの新要素を追加する。その一つは、すでに強調したように、従来の国家体制を蝕む仲介の役割についてであり、本書で具体的に提示している。研究協力者のデータは、このプロセスにおけるオフショア国家の重要性についてズックマンの主張を裏づけているが、それに加えて、そのプロセスで重要な役割を担うのがウェルス・マネジャーであることも明らかにしている。オフショアは当然ながら自己管理体制ではなく、エリート専門職などが直接的に、間接的に操作している。ウェルス・マネジメントにとって、この仲介には、オフショア国家の法律を起草することや、オフショアやオンショアの政府首脳と非公式に接触できる特権を享受することなどが含まれる。

二つ目として、本書が提示した証拠からわかるように、さらに多額の税収の損失がウェストファリア的国家体制を衰退させている点である。本書がズックマンの研究よりもさらにはっきりと浮き彫りにしているのは、オフショアの活動の結果、国家の政治的正統性が衰退していることである。オフショアの世界は無法地帯を生み出している。税法だけではなく、ありとあらゆる法律に関してである。すでに何人かの評者が指摘しているが、ウェルス・マネジメントには「無政府主義的」側面がある。この活動の舞台は――オフショアであれ、ウォール街であれ、シティ・オブ・ロンドンであれ――無許可のラジオ基地局のように、左翼無政府主義者の隠れ家と驚くほど似通っている。[77] この比較は単なる隠喩ではない。ウェルス・マネジメントの無政府主義的影響力は、２００８年の混乱で見られた。このとき、規制者から逃れようと、人目につかないオフショア機関に隠された不良債権とリスクが制御不能なほど膨れ上がり、世界金融システムをほとんど破壊させそうになった。

さほど評価されていないのは、オフショアがいかにして、ウェルス・マネジャーが「どこの誰でも何でも回避する手助けをする」場所になったかである。[78] 租税回避かもしれないし、離婚後の生活費の支払いを逃れることかもしれないし、ちょっとした貿易制裁をかいくぐることかもしれない。しかしむしろ、このような地域が重要なのは、裕福な人々と彼らに仕えるエリート専門職が、選択的に無法行為の世界のパラレルワールドを作ってきた、という事実にある。選択的というのは、個人富裕層が自分たちに都合の悪い法律は無視しながら、利益に適う法律が生み出す恩恵に浴することが可能だからである。世間だって同じだと言う者もいるかもしれない。確かにそう言えるかもしれない。だが著者の研究データは、未曾有の問題が想像も及ばないほど膨れ上がっていることを示している。封建時代でさえ、もっとも豊かで恵まれた人々に法律を課す、特別な力を持つ権威が存在した(たとえば、ヨーロッパのローマ・カトリック教会など)。こんにち、そのような権威や権力はもはや存在しないように思える。世界の個人富裕層はほとんど制御されておらず、また制御不可能である。国庫が空になる以上に、この点がウェストファリア体制に最大の脅威を与えているのだ。

ここから、本書が国家と政治経済の研究に貢献できる三つ目の要素が導かれる。富裕層のためのパラレルな国家システムが生まれつつあり、このシステムは、それ以外の者が住まう世界を大混乱に陥れないかぎり、ほとんど気づかれないまま運営されている、という事実である。このシステムは、ウェストファリア・モデルの寄生性双生児のように運営されている。生物医学文献では、この状態は「同等でない、非対称的な双生児の結合」と定義されている。寄生する側の片方の胎児が、宿主となるもう片方の胎児より成長できず、片方に依存している状態である。[79] これは従来の国家に対するオフショアの世界の関係を示す、巧妙なたとえに聞こえる。だが、生物学上の双生児とは異なり、寄生性の政治体制のメンバーは、組織的、体系的な窃盗行為によりリソースを引き出すのである。ズックマンがとくに声高に言及しているのが「バージン諸島、ルクセンブルク、スイスの腹黒トリオ」で、この三国それぞれは異なる窃盗行為を専門に扱い協力し合っている。[80]

この体制についてもっとも厄介な点は、寄生する側が宿主の立法権限をすべて握っていることだろう。オフショア国家にはウェストファリア体制の主権国家と同じように、独自の法規を定める権利があり、その他の国家の法規を無視する権利がある。しかし、寄生する側の目的は完全に異なる。多くの民衆に統治と公共サービスを提供するのではなく、寄生システムは、国際的エリートだけのための公認無法地帯を提供するのだ。これが宿主のウェストファリア体制にしていることは、電子商取引が実店舗のビジネスに対してしたことと、いくつかの点で同じだ。徹底的に破壊したのである。大きな違いは、電子商取引の恩恵（事業主にとっても消費者にとっても）はインターネットに接続できる者なら誰でも受けられるのに対し、寄生性の政治体制の恩恵は、世界でも有数の富裕階級しか受けられない点である。宿主の国家から資本を組織的に引き出し、彼らの正統性を損なう。このことは、ほんの一握りの者の利益にしかならず、大半の者の生活をひたすら悪化させる。

ウェルス・マネジメントの未来

友人と親族による無償の仕事だった時代から、専門的能力を発揮する職業として成功を収めるまで、本書はウェルス・マネジメントの発展の足跡をたどってきた。地元官庁や海外組織からの異議申し立てにもかかわらず、基本的に国家から自立しているおかげで、主要な活動——顧客の租税回避や財産の秘密裏の保全に手を貸すこと——が攻撃にさらされたときでも、この職業は飛躍的な発展を遂げてきた。研究者の多くは、これらの攻撃が効果を持つのか懐疑の目を向けている。なぜなら、ウェルス・マネジャーはこれまで顧客の富を万全に保持してきたからである。経済格差の拡大によって、個人富裕層の経済的、政治的影響力が増大し、金融危機は依然として世界市場を危険にさらしている。そのため、彼らに対して国家の依存は増すばかりである。ある研究が結論づけたように、OECDなどの国際機関による名指しの批判にもかかわらず、「財政の秘密保持や不透明性は決してなくなっていない」ので、ウェルス・マネジメントの活動は今後も発展を続けるだろう[81]。

著者がインタビューしたプラクティショナーたちも、この結論に同意する。イギリス領バージン諸島出身で同地でウェルス・マネジメントを行っているコンスタンスは、この職業の将来性について楽観的な発言をしていた。「これからも世界の富がなくなることはないでしょうし……大金持ちのためにサービスを提供する場は必ずあるでしょうから」。チューリッヒを拠点とするドイツ人ウェルス・マネジャーのエリカも、似たような見解を抱いている。この仕事を「特注のオーダーメイドのスーツ」を提供することになぞらえた、ドバイのイギリス人プラクティショナーのマークを彷彿とさせるような発言をしたのだ。ちょうど「オートクチュールの市場が必ず存在するように」、今後もウェルス・マネジメントの需要はあると思う、とエリカは語っていた。

彼らの発言は、業界に影響を与える世界的変化を無視しているわけではない。たとえば、インタビュー協力者の多くが、業務を変化させる推進力として、プライバシーの低下とコンプライアンス費用の増加について言及していた。パナマ市でウェルス・マネジメントを行うアジア人女性のリンは言った。「結局のところ、これ以上は隠しようがないのです。それに加えて、コンプライアンスの高まりは一部の顧客を」ウェルス・マネジメントのサービス「から遠ざけることになるでしょう」。しかし、パナマ出身のプラクティショナーのエライアスは、新たな制限によって金融と法律のさらなるイノベーションが起こり、「別のレベルの隠蔽を金持ちに」もたらすと主張した。

エライアスの予測を裏づける証拠が最近見つかったようだ。ウェルス・マネジメントの租税回避などの目的と戦おうとする国家的、国際的取り組みが「創造的なコンプライアンス」によって妨害されている実例である。[82]たとえば、欧州連合（ＥＵ）は税金逃れと戦うべく、２００５年にＥＵ貯蓄課税指令を実行に移したが、ウェルス・マネジャーはたちまちその抜け穴を見つけ出した。貯蓄課税指令の対象となる顧客の個人口座を、対象にならないペーパーカンパニーの名義で開設された口座に移転したのだ。これは完全に合法的手段ではあるが、この法律が意図した効果を妨害した。その後も租税回避は増加の一途をたどっていたにもかかわらず、ＥＵは10年後に貯蓄課税指令を撤回した。この政策の失敗はヨーロッパのウェルス・マネジメント専門家による直接的な介入によるものでもあった。彼らは「入念かつ大規模に、貯蓄課税指令を粉砕した[83]」

成長の新たな機会

このように、「世界中の税務当局とのいたちごっこ」（本研究参加者の表現）は、すぐには終わりそうにない。その間にも、ウェルス・マネジメントの専門家は新たな方向に向かって成長している。たとえば、香港を拠点とするイギリス人ウェルス・マネジャーのスティーブは、調停がこの仕事の主要な成長分野になると予測した。スティーブいわく「世代間紛争と文化的紛争」が増えて、その必要性が増すだろうというのである。こうした紛争は、大陸法とイスラム法の国の人々が信託を利用することにより、さらにはプライバシーの懸念が広まるとともに増加する。プリツカー家とワイリー兄弟の事例が示すように（第1章および第4章を参照）、対立が訴訟にまで発展し、秘密裡の取り決めが公開裁判にかけられると、信託のおかげで保たれていた秘密は白日のもとにさらされる。結果として、スティーブが説明したように、「訴訟を起こさずに解決の手助けをできる人が必要になる。信託は個人的なものであり、誰もがそれを内密のままにしたいと思うからだ。調停ならそれが可能だ」

その他数人のプラクティショナーも、入り組んだ多国籍の資本フローをうまく調整する独自の専門知識を足場として、個人顧客向けでも法人顧客向けでも、この職業は今後も発展するだろうと述べていた。業務の目的が規制逃れだったこれまでとは異なり、コンプライアンスとコーディネーションが新たな目標となるかもしれない。アルゼンチンのプラクティショナーのカルロスは、ドイツに口座を持つ顧客の話をした。「わたしの顧客がドイツ銀行から、「当行の口座にあるお客さまの資産に関して、［アルゼンチンの］税務当局に申告済みだと証明していただかないと、この口座を閉鎖しなくてはなりません」と言われました。そうなったら、ドイツ銀行は顧客に小切手を送付することになります。アルゼンチンでは小切手をどう扱うか知っていますか？　トイレットペーパーになるんですよ」。このような状況においては、顧客の法令順守に手を貸すことが富の保全にとって最適の戦略である。この事例は、イスラエルで最近発表された研究（第6章を参照）と一致する。費用便益分析を変更したところ、ウェルス・マネジメント専門家が次々と国際的なコンプライアンス専門家になったという研究結果である。[84]カルロスが結論づけたように、「この仕事は今後……申告していない資金を申告するように顧客を手伝うことになります。未申告の資金の時代はもう終わります」

これは租税回避の終わりを告げる鐘のように聞こえるかもしれないが、「創造的コンプライアンス」の新たな幕開けにすぎないかもしれない。オフショア金融センターが、この業務の継続に一役買う。たとえば、受益所有権の登記簿を作成して未申告の富の流れを食い止めようという国際的要求に、ベリーズやケイマン諸島などの法域は正式に「応じた」。だが、そうした登記簿が存在しても一般公開はされず、特定の状況にかぎり法執行機関だけが利用できるようにされている。[85]このような管理体制では、名目上は「申告済み」だが、カルロスが扱っていたような資産は、実際には旧体制下で隠蔽されたときと同じ構造に置くことができる。

もう一つ、法にさほど抵触しない成長機会も現れている。給与や年金、保険の支払いに関して国境を越えた複雑なネットワークを企業のために築き、管理するのである。グローバリゼーションによる影響で、多国籍のプロジェクトや海外駐在者の労働力が増加するにしたがい、それらの人員のための国際的資金調達の複雑化は避けられなくなる。(86) 現在およそ５０００万人が自国以外で働いていると推計されている——２００９年以降、海外就労者の人数は年に２・５パーセントのペースで着実に伸びている。(87) 彼らのほとんどは、ウェルス・マネジャーが相手とする個人富裕層ではないが、その雇用主は、複雑な支払い調整を処理するために専門家を雇えるほど巨額の資本を管理しているかもしれない。著者がドバイでインタビューしたイギリス人ウェルス・マネジャーのポールは、次のように語った。

世界中に従業員がいる——スーダンとか——国際的企業の年金スキームと給与スキームが、わたしたちの業務に含まれるでしょう。給与システムは中央で管理する必要があります。これは税務上の理由から、どこか1箇所のオフショアで行うことが望ましいのです。というのも、従業員の出身国が20か国にもわたったり、雇い主はまたそれとは異なる地区にいる可能性もあるからです。イギリスで働いているアメリカ国籍の従業員に給与を支払う場合、二重課税の問題が出てきます。源泉徴収にするか、その他の方法にするかという問題です。でも、非課税法域のオフショアからスタッフに支払えば、さまざまな国の規制に対処する負担を減らせます（しかもそれらはつねに変化している規制です）。納税義務を従業員に押し付けて、雇用主は給与総額だけ支払えばいいんです。

したがって、富裕層の顧客に租税回避戦略や秘密保持を授けるビジネスが消滅したとしても、仕事のグローバル化の進展や働き手の海外移動を基盤にして、ウェルス・マネジメント業は今後も繁盛する可能性がある。新たな方向性に進めば、ウェルス・マネジメントのスキルは、民間の個人や家族ではなく、企業に提供されることになるだろう。このように、よりお役所的になり、富裕層向けの個人サービスから離れれば、この職への近年の悪評から遠ざかる良い機会になるかもしれない。

新たな政策の方向性

スーパーリッチの特権を抑える直接的取り組みが効を奏しないことは、今やあまりに明白である。富とその所有者の移動能力が、ウェルス・マネジャーの法律と金融のスキルと結びついて、形式上は法の精神を守りながら、実質的にそれをやすやすと反故にできるようになっているからだ。この点を踏まえて、本研究が政策について主として提言したいのは、エリートが相応の税金を負うか、さもなければ法の支配に従うべきだと考える政治指導者は、その関心を個人富裕層から彼らに仕える専門家に転じるべきだということである。

こうなると、政策立案者にとっての問題はインセンティブ構造の改革になる。つまり、家族紛争の調停や国際企業の複雑な給与スキームの設計などのほうが、税法などの「創造的コンプライアンス」よりも、魅力的なビジネスソースになるようにするのである。その目標は、ウェルス・マネジャーがその並外れた、法律、運営、金融の能力を国家や社会に害を与えない――むしろ利益をもたらす――方法で活かすように働きかけることになるだろう。これにより、彼らの力と専門知識と直接対決することは避けられるかもしれない。それに、直接対決戦略では効果がないこともすでに判明している。[88] エンジニアは洪水の起きやすい川の流れを変えて、川の水がコミュニティに打撃を与えず、むしろ役立つように改良できる。これと同じように、政策立案者はウェルス・マネジャーのリソースを転用するか、その方向を変えるように努められるはずだ。

このアプローチにはある程度見込みがあるように思える。それは、最近の実証的研究――たとえば第６章で紹介したイスラエルの研究など――の結果に加えて、著者の研究でインタビューに応じたウェルス・マネジャーたちの、この仕事の行く末についての見方からも裏づけられる(89)。この知的専門職の制度としての発展と、国家統制からの驚くべき自立性を考慮すると、さまざまな方法で避けるか戦ってきた国家の権威に対して、ウェルス・マネジメントがついに協力する方向に変わりつつあるのは皮肉なことだろう。

謝辞

本書は型破りな研究の成果である。データ収集に異例の手法を取っただけではない。通常なら大手研究所から（かなり）まとまった額の研究費を受ける場合が多いのだが、今回はあちこちから資金援助を受けた。著者がこの研究に着手した2007年当時、学術界でもマスメディアでも、不平等は現在ほど大きく取り上げられていなかった。そのため、数年かかるこの研究に必要な高額の研究費を研究費助成機関に申請しても、なかなか承認してもらえなかった。そのうえ、研修コースを受講してウェルス・マネジャーという秘密主義の世界のデータを収集する計画——第1章の付録に詳述——には、大きな危険が伴うとみなす人もいた。著者の研究を理論上は支持してくれた人たちも、内幕を暴露するなというウェルス・マネジメント業界の抵抗に遭い、失敗に終わるかもしれないと考えていた。多くの人から、「相手はきみに話す義理などないのではないか」と言われた。

よって、研修プログラムの受講料と超富裕層の「金を追いかける」ために世界18か国の訪問にかかった総額数十万ドルは、自身の貯金も含めてさまざまな資金源から集めなくてはならなかった。結局、本研究の基盤となった65人のウェルス・マネジャーとの詳細なインタビューを終えるのに、8年を要した。多くの機関に助成金を申請する都合上、プロジェクトの進行に時間がかかったのだ。次に挙げる方々と諸機関に資金面で大変お世話になり、本当に感謝している（資金を受けた年代順に列挙した）。

- ●イェンス・ベッカートと、ドイツのケルンにあるマックス・プランク社会科学研究所
- ●ミシガン大学社会調査研究所「所得動態に関するパネル調査」
- ●アメリカ社会学会の学術振興基金
- ●アレクサンダー・フォン・フンボルト財団のリサーチ・フェローシップ
- ●レオナルド・シーブルック。彼が関わる助成金プロジェクト2件を紹介してくれた。欧州研究会議の助成対象プロジェクト「国際政治経済における知的職業人」と、FP7の助成対象プロジェクト「世界の再秩序化――ヨーロッパのネットワークによる進化」である。
- ●著者の母親。母の貯めたマイルのおかげでクック諸島を訪問できた。

また、イェンス、レン、エレニ・ツィンゴウ（CBSの同僚）、ジョン・キャンベル（ハーバード大学時代の指導教官であり、現在は時折CBSで教えることもある）、ジークリット・クアック（マックス・プランク研究所の元同僚）、アダム・ホフリ（エルサレムのヘブライ大学法学教授）は、本書の草稿に素晴らしいフィードバックや提案をしてくれ、著者に大きな気づきを授けてくれた。ブラウン大学の教え子であり、15年前にこの企画を思いついたときに研究助手だったチャールズ・デンビーにも感謝したい。

多くの友人と家族に精神的にも現実的にも支えられ、この研究を成し遂げることができた。ピパルックとペリが息子を預かってくれたおかげで執筆時間をとることができた。二人ともどうもありがとう《クーヤナスアック》！ 親友のカースティンは、コペンハーゲンのど真ん中でアメリカの文化と友情を味わえる特別な場所を提供してくれた。そのうえ、

たびたび食事を差し入れてくれ、息子を何度もお泊り会に呼んでくれた。サラとトーマスはこのうえなく頼もしいご近所で、大西洋を挟んだここデンマークでアメリカ中西部の風をもたらしてくれた。また、ルアンの協力がなければ、アルゼンチンとウルグアイの訪問は実現しなかっただろう。サポート体制の中心役を担ってくれた母とケレムには、一生感謝してもしきれないほどの恩がある。息子は立派に13時間ものフライトに耐えながら、ブエノスアイレスから上海まで、ヨハネスブルクからラロトンガまでわたしに連れられて、ときには興奮でぞくぞくするような冒険も味わった。息子の成長は、そのままこのプロジェクトに費やした時間の流れと重なる。息子が生まれる直前にわたしはウェルス・マネジメントの研修プログラムを修了した。それから時が過ぎ、本書の編集作業進行表を見直しているとき、息子はわたしの側に座り、生まれて初めて物語を書き始めた（「猫さんは追いかけていました……」）。本書を息子に捧げる。

ブルック・ハリントン
ウェルス・マネジャー　富裕層の金庫番
世界トップ１％の資産防衛
庭田よう子訳

2018年 2月15日　第1刷発行
2022年 4月18日　第3刷発行

発行所　株式会社 みすず書房
〒113-0033 東京都文京区本郷2丁目 20-7
電話 03-3814-0131(営業) 03-3815-9181(編集)
www.msz.co.jp

本文組版　キャップス
本文印刷所　萩原印刷
扉・表紙・カバー印刷所　リヒトプランニング
製本所　東京美術紙工

ISBN 978-4-622-08680-2
［ウェルスマネジャー　ふゆうそうのきんこばん］

著 者 略 歴

(Brooke Harrington)

コペンハーゲン・ビジネス・スクール社会学准教授．ハーヴァード大学で社会学の博士号を取得後，プリンストン大学の客員研究員，マックス・プランク研究所研究員などをへて現職．著書 *Pop Finance: Investment Clubs and the New Investor Populism* (Princeton University Press, 2008).

訳 者 略 歴

庭田よう子〈にわた・ようこ〉翻訳家．訳書 ゲーノ『避けられたかもしれない戦争』（東洋経済新報社，2017）ロス『スタンフォード大学dスクール 人生をデザインする目標達成の習慣』（講談社，2016）ほか．

索 引

【さ行】

【た行】

【な行】

【は行】

【ま行】

原 注

第1章

1. Charles Dickens, *Bleak House* (London: Penguin Classics, 2003 [1853]), 19〔邦訳　チャールズ・ディケンズ『荒涼館』全4巻、青木雄造・小池滋訳、筑摩書房、1989年〕
2. George Marcus, "The Fiduciary Role in American Family Dynasties and Their Institutional Legacy," in George Marcus, ed., *Elites: Ethnographic Issues,* 221–256 (Albuquerque: University of New Mexico Press, 1983), 222.
3. Dickens, *Bleak House*, 540〔邦訳　ディケンズ『荒涼館』〕。Max Weber, "Bureaucracy," in Hans Gerth and C. Wright Mills, eds., From Max Weber, 196–244 (New York: Oxford University Press, 1946 [1922]), 233〔邦訳　H・ガース、ライト・ミルズ『マックス・ウェーバー――その人と業績』山口和男・犬伏宣宏訳、ミネルヴァ書房、1962年、1967年改訂版〕も参照。
4. Marcel Mauss, *Essai sur le don* (London: Routledge and Kegan Paul, 1969 [1924])〔邦訳　マルセル・モース『贈与論』吉田禎吾・江川純一訳、筑摩書房、2009年〕
5. Pierre Bourdieu, *Outline of a Theory of Practice* (Cambridge, UK: Cambridge University Press, 1977).
6. James Hughes, *Family Wealth: Keeping It in the Family* (Princeton Junction, NJ: NetWrx, 1997), 119〔邦訳　ジェームズ・E. ヒューズ『ファミリーウェルス　三代でつぶさないファミリー経営学――ファミリーの財産を守るために』山田加奈・東あきら訳、文園社、2007年〕
7. Michel Pinçon and Monique Pinçon- Charlot, *Grand Fortunes: Dynasties of Wealth in France,* trans. Andrea Lyn Secara (New York: Algora, 1998), 35.
8. Brooke Harrington, "Trust and Estate Planning: The Emergence of a Profession and Its Contribution to Socio- economic In equality," *Sociological Forum* 27 (2012): 825–846.
9. 同上
10. Jonathan Beaverstock, Sarah Hall, and Thomas Wainwright, "Servicing the Super- rich: New Financial Elites and the Rise of the Private Wealth Management Retail Ecology," *Regional Studies* 47 (2013): 834–849.
11. D. Maude, *Global Private Banking and Wealth Management: The New Realities* (Chichester, UK: Wiley, 2006).
12. Brooke Harrington, "From Trustees to Wealth Managers," in Guido Erreygers and John Cunliffe, eds., *Inherited Wealth, Justice, and Equality,* 190–209 (London: Routledge, 2012).
13. 「財務の錬金術師」は次を参照。Peter Pexton, "Fast Forward: 2015," *STEP Journal,* April 2010.「取引プランナー」は次を参照。John Langbein, "The Contractarian Basis of the Law of Trusts," *Yale Law Journal* 105 (1995): 630.「所得防衛事業」は次を参照。Jeffrey

Winters, *Oligarchy* (Cambridge, UK: Cambridge University Press, 2011), 219.

14. Mark Del Col, Andrew Hogan, and Thomas Roughan, "Transforming the Wealth Management Industry," *Journal of Financial Transformation* 9 (2003): 105–113. 次も参照。Pexton, "Fast Forward."
15. Anton Sternberg and Michael Maslinski, "Trustees: The True Wealth Managers," *STEP Journal*, April 2008, 29.
16. Cap-Gemini, *World Wealth Report* (Paris: Cap-Gemini, 2014).
17. 限嗣相続は制約のある土地所有の形式で、相続の条件として土地の売却や抵当権の設定を禁じている。よって、限嗣相続人は所有者というより生涯にわたる賃借人と呼ぶほうがふさわしい面がある。また、限嗣相続は土地所有を特定の人物に制限していた。通常は最初に限嗣相続した人物の直系の子孫である。直系子孫のなかでもさらに狭まり、一家の年長の男子にしか相続が認められないことが多かった。これは長子相続制と呼ばれる。さらなる考察には次を参照のこと。Jens Beckert, "The *Longue Duree* of Inheritance Law: Discourses and Institutional Development in France, Germany and the United States since 1800," *Archives of European Sociology* 48 (2007): 79–120.
18. Harrington, "Trust and Estate Planning."
19. Lawrence Friedman, *Dead Hands: A Social History of Wills, Trusts, and Inheritance Law* (Stanford, CA: Stanford University Press, 2009)〔邦訳　ローレンス・M・フリードマン『信託と相続の社会史――米国死手法の展開』新井誠監訳・紺野包子訳、日本評論社、2016年〕
20. Ronen Palan, Richard Murphy, and Christian Chavagneux, *Tax Havens: How Globalization Really Works* (Ithaca, NY: Cornell University Press, 2010)〔邦訳　ロナン・パランほか『【徹底解明】タックスヘイブン――グローバル経済の見えざる中心のメカニズムと実態』青柳伸子訳、作品社、2013年〕
21. Robert Shiller, *Finance and the Good Society* (Princeton, NJ: Princeton University Press, 2012)〔邦訳　ロバート・J・シラー『それでも金融はすばらしい――人類最強の発明で世界の難問を解く。』山形浩生・守岡桜訳、東洋経済新報社、2013年〕
22. Michael Parkinson, *Trustee Investment and Financial Appraisal*, 4th ed. (Birmingham, UK: Central Law Training, 2008), 20.
23. Michael Parkinson, *Trust Creation: Law and Practice* (Birmingham, UK: Central Law Training, 2005), 220.
24. Stephane Fitch, "Pritzker vs. Pritzker," *Forbes*, November 24, 2003.
25. Graham Moffat, *Trust Law: Text and Materials* (Cambridge, UK: Cambridge University Press, 2009), 5.
26. Remi Clignet, *Death, Deeds and Descendants* (New York: Aldine de Gruyter, 1991), 29.
27. 職業と不平等については、Laura Hansen and Siamak Movahedi, "Wall Street Scandals: The Myth of Individual Greed," *Sociological Forum* 25 (2010): 367–374を参照。次も参照。John Heinz and Edward Laumann, *Chicago Lawyers: The Social Structure of the Bar* (Evanston, IL: Northwestern University Press, 1994).「代替不能な」関係者については、次を参照。

Palan, Murphy, and Chavagneux, *Tax Havens*, 12〔邦訳　ロナン・パランほか『【徹底解明】タックスヘイブン——グローバル経済の見えざる中心のメカニズムと実態』青柳伸子訳、作品社、2013年〕

28. Karen Ho, *Liquidated: An Ethnography of Wall Street* (Durham, NC: Duke University Press, 2009). 次も参照。Mitchel Abolafi a, *Making Markets: Opportunism and Restraint on Wall Street* (Cambridge, MA: Harvard University Press, 1996).
29. Thorstein Veblen, *The Theory of the Leisure Class* (New York: Penguin, 1994 [1899])〔邦訳 T. ヴェブレン『有閑階級の理論』村井章子訳、ちくま学芸文庫、2016年〕
30. Jonathan Dunlop, "Healthy Competition," *STEP Journal*, April 2008, 31.
31. Cap-Gemini, *World Wealth Report*.
32. William Robinson, "Social Theory and Globalization: The Rise of a Transnational State," *Theory and Society* 30 (2001): 165.
33. James Davies, Rodrigo Lluberas, and Anthony Shorrocks, *Global Wealth Report* (Zurich: Credit Suisse, 2013).
34. 同上
35. Thomas Piketty, *Capital in the Twenty-first Century* (Cambridge, MA: Harvard University Press, 2014)〔邦訳　トマ・ピケティ『21世紀の資本』山形浩生・守岡桜・森本正史訳、みすず書房、2014年〕
36. Melvin Oliver and Thomas Shapiro, *Black Wealth, White Wealth: A New Perspective on Racial In equality* (New York: Routledge, 1995).
37. Palan, Murphy, and Chavagneux, *Tax Havens,* 12〔邦訳　パランほか『【徹底解明】タックスヘイブン』〕
38. 21兆ドルについては、次を参照。Heather Stewart, "Wealth Doesn't Trickle Down– It Just Floods Offshore, New Research Reveals," *The Guardian*, July 21, 2012. 税収の損失額については、次を参照。Gabriel Zucman, *The Hidden Wealth of Nations* (Chicago: University of Chicago Press, 2015)〔邦訳　ガブリエル・ズックマン『失われた国家の富——タックス・ヘイブンの経済学』林昌宏訳、エヌティティ出版、2015年〕
39. Jonathan Beaverstock, Philip Hubbard, and John Short, "Getting Away with It? Exposing the Geographies of the Super-rich," *Geoforum* 35 (2004): 401–407.
40. Nicholas Shaxson, *Treasure Islands: Tax Havens and the Men Who Stole the World* (London: Random House, 2011)〔邦訳　ニコラス・シャクソン『タックスヘイブンの闇——世界の富は盗まれている！』藤井清美訳、朝日新聞出版、2012年〕
41. Michael Cadesky, "A question of Legitimate Tax Policy," *STEP Journal*, March 2010. 次も参照。Marshall Langer, *Tax Agreements with Tax Havens and Other Small Countries* (London: STEP, 2005).
42. Gregory Jackson and Stephen Brammer, "Grey Areas: Irresponsible Corporations and Reputational Dynamics," *Socio- Economic Review* 12 (2014): 153–218.
43. Harrington, "Trust and Estate Planning."
44. Prem Sikka, "Accountants: A Threat to Democracy: The Tax Avoidance Industry Has a Veto on What Services the Government Can Provide," *The Guardian*, September 5, 2005.

45. Organisation for Economic Cooperation and Development (OECD), *Final Seoul Declaration* (Seoul, Korea: OECD, 2006), 4.
46. Carl Levin, "The US Tax Shelter Industry: The Role of Accountants, Lawyers, and Financial Professionals". 2003年11月18日に米国上院調査小委員会が開かれる前のカール・レビンの発言。
47. Dennis Jaffe and Sam Lane, "Sustaining a Family Dynasty: Key Issues Facing Multi-generational Business- and Investment- Owning Families," *Family Business Review* 17 (2004): 5-18; Fitch, "Pritzker vs. Pritzker."
48. Yoser Gadhoum, Larry Lang, and Leslie Young, "Who Controls US?" *European Journal of Financial Management* 11 (2005): 342.
49. Gerard Hanlon, "Institutional Forms and Organizational Structures: Homology, Trust and Reputational Capital in Professional Service Firms," *Organization* 11 (2004): 190.
50. Werner Conze and Jurgen Kocka, "Einleitung," in Werner Conzeand Jurgen Kocka, eds., *Bildungsburgertum im 19. jahrhundert,* vol.1: *Bildungssystem und professionalisierung in internationalen vergleichen*, 9-26 (Stuttgart, Germany: Klett-Cotta, 1985), 18.
51. Rachel Sherman, "'Time Is Our Commodity': Gender and the Struggle for Occupational Legitimacy among Personal Concierges," *Work and Occupations* 37 (2011): 81-114.
52. C. Wright Mills, *The Power Elite* (New York: Oxford University Press, 1956), 107〔邦訳　C. W. ミルズ『パワー・エリート』上下巻、鵜飼信成・綿貫譲治訳、東京大学出版会、2000年〕
53. Michael Luo and Mike McIntire, "Offshore Tactics Helped Increase Romneys' Wealth," *New York Times*, October 1, 2012.
54. Beckert, "The *Longue Duree* of Inheritance Law."
55. Talcott Parsons, *The Social System* (New York: Free Press, 1951)〔邦訳　タルコット・パーソンズ『社会体系論』佐藤勉訳、青木書店、1974年〕
56. Ian Hodder, *Çatalhöyük: The Leopard's Tale* (London: Thames and Hudson, 2006). Laurence Kotlikoff and Lawrence Summers, "The Role of Intergenerational Transfers in Aggregate Capital Accumulation," *Journal of Political Economy* 89 (1981): 706-732 も参照。
57. Karl Marx and Friedrich Engels, *The Communist Manifesto* (London: Penguin, 2004 [1848]), 222〔邦訳 『マルクス・エンゲルス　共産党宣言』大内兵衛・向坂逸郎訳、岩波書店、1971年〕
58. Jaffe and Lane, "Sustaining a Family Dynasty."
59. Timothy Colclough, "To PTC or Not to PTC," *STEP Journal*, November/ December 2009, 51-53.
60. Friedman, *Dead Hands*〔邦訳　フリードマン『信託と相続の社会史』〕
61. Jason Sharman, *Havens in a Storm: The Struggle for Global Tax Regulation* (Ithaca, NY: Cornell University Press, 2006).
62. Daniel Bell, *The Cultural Contradictions of Capitalism,* 2nd ed. (London: Heinemann Educational Books, 1976)〔邦訳　ダニエル・ベル『資本主義の文化的矛盾』上下巻、林雄二郎訳、講談社、1976年〕。次も参照。Joseph Schumpeter, "The Crisis of the Tax State,"

in Wolfgang Stolper and Richard Musgrave, eds., *International Economic Papers,* no. 4, 5–38 (New York: Macmillan, 1954 [1918]).

63. Bruce Carruthers and Terence Halliday, *Rescuing Business: The Making of Bankruptcy Law in Britain and the United States* (Oxford: Oxford University Press, 1998), 60.
64. Sigrid Quack, "Legal Professionals and Trans-national Law Making: A Case of Distributed Agency," *Organization* 14 (2007): 643–666.
65. Winters, *Oligarchy*, 222.
66. Friedman, *Dead Hands*〔邦訳　フリードマン『信託と相続の社会史』〕
67. Hughes, *Family Wealth*〔邦訳　ヒューズ『ファミリーウェルス』〕
68. Schumpeter, "The Crisis of the Tax State."
69. Beckert, "The *Longue Duree* of Inheritance Law," 85.
70. Robert Miller and Stephen McNamee, "The Inheritance of Wealth in America," in Robert Miller and Stephen McNamee, eds., *Inheritance and Wealth in America*, 1–22 (New York: Plenum Press, 1998).
71. David Cay Johnston, "Dozens of Rich Americans Join in Fight to Retain the Estate Tax," *New York Times*, February 14, 2001.
72. Shaxson, *Treasure Islands*〔邦訳　シャクソン『タックスヘイブンの闇』〕
73. Adam Hofri, "Professionals' Contribution to the Legislative Process: Between Self, Client and the Public," *Law and Social Inquiry* 39 (2014): 96–126. 次も参照。George Marcus and Peter Hall, *Lives in Trust: The Fortunes of Dynastic Families in Late Twentieth-Century America* (Boulder, CO: Westview Press, 1992).
74. Michael Gilding, "Motives of the Rich and Powerful in Doing Interviews with Social Scientists," *International Sociology* 25 (2010): 755–777.
75. Laura Nader, "Up the Anthropologist: Perspectives Gained from Studying Up," in D. Hynes, ed., *Reinventing Anthropology*, 284–311 (New York: Pantheon, 1972), 302.
76. David Cay Johnston, "Costly Questions Arise on Legal Opinions for Tax Shelters," *New York Times*, February 9, 2003.
77. Marcus, "The Fiduciary Role."
78. Sharman, *Havens in a Storm*.
79. Robin Lakoff, "*The Logic of Politeness: Or, Minding Your P's and Q's,*" *Papers from the Ninth Regional Meeting of the Chicago Linguistic Society*, 292–305 (Chicago: Chicago Linguistic Society, 1973).
80. Leah Goodman, "Inside the World's Top Offshore Tax Shelter," *Newsweek*, January 16, 2014. グッドマンの入島禁止、その後のイギリス入国禁止については、グッドマンのホームページの2013年7月18日の記事に詳述されている。"When Journalism Works," http://leahmcgrathgoodman.com/2013/07/18/when-journalism-works.
81. Brooke Harrington, "Immersion Ethnography of Elites," in K. Elsbach and R. Kramer, eds., *Handbook of Qualitative Organizational Research*, 134–142 (New York: Routledge, 2015).
82. Brooke Harrington, "The Social Psychology of Access in Ethnographic Research," *Journal of Contemporary Ethnography* 32 (2003): 592–625.

83. John van Maanen, "Observations on the Making of Policemen," *Human Organization* 32 (1973): 407-418.

84. Clifford Geertz, *The Interpretation of Cultures: Selected Essays* (New York: Basic Books, 1973)〔邦訳　C. ギアーツ『文化の解釈学』全2巻、吉田禎吾・中牧弘允・柳川啓一・板橋作美訳、岩波書店、1987年〕

85. Joseph Conti and Moira O'Neil, "Studying Power: Qualitative Methods and the Global Elite," *Qualitative Research* 7 (2007): 63-82.

86. Bourdieu, *Outline of a Theory of Practice.*

87. William Harvey, "Strategies for Conducting Elite Interviews," *Qualitative Research* 11 (2011): 431-441.

88. Philip Davies, "Spies as Informants: Triangulation and the Interpretation of Elite Interview Data in the Study of the Intelligence and Security Services," *Politics* 21 (2001): 73-80.

89. Max Weber, *Economy and Society* (New York: Bedminster Press, 1968 [1925]), 1: 4.

90. Jens Beckert and Wolfgang Streeck, "Economic Sociology and Political Economy: A Programmatic Perspective," Working Paper 08/4, 2008, Max Planck Institute for the Study of Societies, Cologne, Germany.

91. Harrington, "The Social Psychology of Access". Brooke Harrington, "Obtrusiveness as Strategy in Ethnographic Research," *Qualitative Sociology* 25 (2002): 49-61 も参照。

92.「世界政体」アプローチについては、次を参照。John Meyer, John Boli, George Thomas, and Francisco Ramirez, "World Society and the Nationstate," *American Journal of Sociology* 103 (1997): 144-181. 国家と階級のアプローチについては、次を参照。Nicos Poulantzas, *State, Power, Socialism* (London: Verso, 2000). 次も参照。Theda Skocpol, *States and Social Revolutions: A Comparative Analysis of France, Russia, and China* (Cambridge, UK: Cambridge University Press, 1979).

93. Bruce Carruthers and Terence Halliday, "Negotiating Globalization: Global Scripts and Intermediation in the Construction of Asian Insolvency Regimes," *Law and Social Inquiry* 31 (2006): 521-584.

94. David Richards, "Elite Interviews: Approaches and Pitfalls," *Politics* 16 (1996): 200.

95. Robert Mikecz, "Interviewing Elites: Addressing Methodological Issues,"*Qualitative Inquiry* 18 (2012): 483.

96. ウェルス・マネジメントの資格についてさらに詳細な情報は、米国金融取引業規制機構(FINRA) のウェブサイトで入手できる。http://apps.finra.org/DataDirectory/1/prodesignations.aspx.

97. Harrington, "Trust and Estate Planning."

98. Ann Ryen, "Ethical Issues in Qualitative Research," in Clive Seale, Giampietro Gobo, Jaber Gubrium, and David Silverman, eds., *Qualitative Research Practice*, 230-247 (Thousand Oaks, CA: Sage Publications, 2004).

99. ここでは、香港は上海と同様に、中華人民共和国に属するものとして国家の数を挙げている。一方、ジャージー島とガーンジー島は別の国家として数えている。ほぼ1000年前のノルマン征服の時代に存在した封建国家制度の「名残」としての

歴史を反映させた。James Minahan, *The Complete Guide to National Symbols and Emblems* (San Francisco: Greenwood, 2009), 419.

100. Andrew Cook, James Faulconbridge, and Daniel Muzio, "London's Legal Elite: Recruitment through Cultural Capital and the Reproduction of Social Exclusivity in City Professional Service Fields," *Environment and Planning* 44 (2012): 1744–1762.
101. Bar Council, *Statistics: Demographic Profile of the Bar* (London: Bar Council, 2010). 次も参照。American Bar Association (ABA), *The Lawyer Statistical Report* (Chicago: American Bar Association, 2012).

第2章

1. Talcott Parsons, "The Professions and Social Structure," *Social Forces* 17 (1939): 457–467.
2. Steven Brint and Jerome Karabel, *The Diverted Dream: Community Colleges and the Promise of Educational Opportunity in America, 1900–1985* (New York: Oxford University Press, 1989).
3. Steven Brint, *In an Age of Experts: The Changing Role of Professionals in Politics and Public Life* (Princeton: Princeton University Press, 1994).
4. Harlan Stone, "The Public Influence of the Bar," *Harvard Law Review* 48 (1934): 1–14.
5. Eliot Krause, *The Death of the Guilds: Professions, States and the Advance of Capitalism* (New Haven, CT: Yale University Press, 1996).
6. Stephen Haseler, *The Super- Rich: The Unjust New World of Global Capitalism* (New York: Palgrave, 2000), 72. イェンス・ベッカート（ドイツのケルンにあるマックス・プランク社会科学研究所所長）が著者との個人的会話で指摘したように、このように特徴づけるのは封建時代に対して公平を欠くかもしれない。当時の貴族は、従者に義務を負っていたのに対し、現代の豊かなエリート層は、社会経済的に低い階層にいる人々に負う義務をほとんど負っていないからである。19世紀後半から20世紀初頭にかけての金ぴか時代における野放しの搾取のほうが、比較としてはこれよりも適切かもしれない。
7. , ジャージー島とガーンジー島については、次を参照。James Minahan, *The Complete Guide to National Symbols and Emblems* (San Francisco: Greenwood, 2009), 419. リヒテンシュタインについては、次を参照。Gwillim Law, *Administrative Subdivisions of Countries: A Comprehensive World Reference 1900 through 1998* (Jefferson, NC: McFarland, 2010), 220. マルタ島その他については、次を参照。Martin Lewis, "The Knights of Malta: Sovereignty Without Territory," *Geocurrents*, March 18, 2010.
8. 数字は次より。Boston Consulting Group, *Global Wealth 2015: Winning the Growth Game* (Boston: BCG, 2015), www.bcg.it/documents/file190567.pdf. 引用は次より。Nicholas Shaxson, *Treasure Islands: Tax Havens and the Men Who Stole the World* (London: Random House, 2011)〔邦訳　ニコラス・シャクソン『タックスヘイブンの闇——世界の富は盗まれている！』藤井清美訳、朝日新聞出版、2012年〕。シャクソンはロンドン・メトロポリタン大学のモーリス・グラスマン教授の言葉を引用している。
9. George Marcus and Peter Hall, *Lives in Trust: The Fortunes of Dynastic Families in Late Twentieth-Century America* (Boulder, CO: Westview Press, 1992), 64.

10. Eliot Freidson, *Professionalism: The Third Logic* (London: Polity, 2001).
11. John Langbein, "Rise of the Management Trust," *Trusts & Estates* 142 (2004): 52–57. 次も参照。John Langbein, "The Contractarian Basis of the Law of Trusts," *Yale Law Journal* 105 (1995): 625–675.
12. Frederic Maitland, *Equity: A Course of Lectures* (Cambridge: Cambridge University Press, 2011 [1909]), 23〔邦訳　F・W・メイトランド『エクイティ』トラスト60研究叢書、トラスト60・エクイティ研究会訳、有斐閣、1991年〕
13. Thea Cervone, *Sworn Bond in Tudor England: Oaths, Vows and Covenants in Civil Life and Literature* (Jefferson, NC: McFarland, 2011).
14. A. Gurevich, "Representations of Property in the High Middle Ages," *Economy and Society* 6 (1977): 1–30.
15. Bernard Hibbitts, "Coming to Our Senses: Communication and Legal Expression in Performance Cultures," *Emory Law Journal* 41 (1992): 873–960.
16. John Austin, *Philosophical Papers* (Oxford, UK: Oxford University Press, 1961)〔邦訳　J. L. オースティン『オースティン哲学論文集』坂本百大訳、勁草書房、1991年〕; Walter Beale, *Learning from Language: Symmetry, Asymmetry, and Literary Humanism* (Pittsburgh, PA: University of Pittsburgh Press, 2009).
17. R. B. Outhwaite, *The Rise and Fall of the English Ecclesiastical Courts, 1500–1860* (Cambridge, UK: Cambridge University Press, 2006).
18. R. J. Barendse, "The Feudal Mutation: Military and Economic Transformations of the Ethnosphere in the Tenth to Thirteenth Centuries," *Journal of World History* 14 (2003): 515.
19. 同上
20. Dan Terkla, "Cut on the Norman Bias: Fabulous Borders and Visual Glosses on the Bayeux Tapestry," *Word and Image* 11 (1995): 264–290.
21. Langbein, "The Contractarian Basis."
22. George Marcus, "The Fiduciary Role in American Family Dynasties and Their Institutional Legacy," in George Marcus, ed., *Elites: Ethnographic Issues*, 221–256 (Albuquerque: University of New Mexico Press, 1983), 231.
23. 信託は、大陸法系諸国であるヨーロッパ大陸および南米と中東の大半で認められていない。だが、大陸法系諸国の市民でもコモンローの法域では信託を設立できる（また実際に設立している）。これについては第4章で掘り下げる。
24. Chantal Stebbings, "Trustees, Tribunals and Taxes: Creativity in Victorian Law," *Amicus Curiae* 70 (2007): 3.
25. Frederic Maitland, *Selected Essays*, ed. Dexter Hazeltine, Gaillard Lapsley, and Percy Winfield (Cambridge, UK: Cambridge University Press, 1936), 175.
26. Langbein, "The Contractarian Basis," 638.
27. Barendse, "The Feudal Mutation."
28. Scott Waugh, "Tenure to Contract: Lordship and Clientage in Thirteenth-Century England," *English Historical Review* 101 (1986): 811–839.
29. Jason Sharman, *Havens in a Storm: The Struggle for Global Tax Regulation* (Ithaca, NY: Cor-

nell University Press, 2006). この争いは中世以降も数世紀にわたり続いた。たとえば16世紀に、ヘンリー8世は上流階級の土地所有を絶対王政の支配下に取り戻すべく、つまり王朝の財源に組み込むべく、ユース法を制定した。現在、国際的統治主体と世界的社会経済エリートとの間に、主に金融資産に対する所有権と課税権の問題をめぐり同じような応酬が見られる。

30. Tamar Frankel, "Cross-Border Securitization: Without Law, but Not Lawless," *Duke Journal of Comparative and International Law* 8 (1998): 258.
31. 1999年6月10日に、アラン・グリーンスパンがマサチューセッツ州ケンブリッジのハーバード大学の卒業式で行った演説。www.federalreserve.gov/boarddocs/speeches/1999/199906102.htm.
32. Roscoe Pound, *An Introduction to the Philosophy of Law* (New Haven, CT: Yale University Press, 1922), 236〔邦訳　R・パウンド『法哲学入門』恒藤武二訳、ミネルヴァ書房、1957年〕
33. 中世の名残は信託の用語に今も見られる。たとえば、「証書 indenture」という考え方——領主が側近に奉仕させるための法律文書(Waugh, "Tenure to Contract")——は現在の「信託証書」として残っている。例としてアメリカの信託証書法を参照。これは債券類を保持する商事信託を対象としている。
34. Michael Parkinson, *Trust Creation: Law and Practice*, 3rd ed. (Birmingham, UK: Central Law Training, 2005).
35. Frank Easterbrook and Daniel Fischel, "Contract and Fiduciary Duty," *Journal of Law and Economics* 36 (1993): 426-427.
36. Langbein, "The Contractarian Basis."
37. Francis Sanders, *An Essay on the Nature and Laws of Uses and Trusts, Including a Treatise on Conveyances at Common Law and Those Deriving Their Effect from the Statute of Uses* (London: E. & R. Brooke, 1791), 256. 文中の強調と綴りは原文のまま。
38. 「統一プルーデント・インベスター法」(Chicago: ABA, 1994), www.law.upenn.edu/bll/archives/ulc/fnact99/1990s/upia94.pdf. 受託者の信託管理は、多数の付帯規則によって統制されている。たとえば、信託を維持または譲渡する義務、信託財産に対する損害賠償を強制または財産を守る義務、コストを最小限に抑える義務などである。
39. 広範な解釈が可能だが、規則は依然として有意義で強制力がある。それは受託者のフィデューシャリー・デューティー違反に対して多数の勝訴の実例があることからも裏づけられる。その興味深い例については次を参照のこと。John Harper, "The Ethical Trustee," *STEP Journal*, September 2010, 17.
40. Benjamin Cardozo, opinion in *Meinhard v. Salmon*, 164 N.E. 545 (N.Y. 1928), at 546.
41. Geoffrey Chaucer, *Canterbury Tales* (Mineola, NY: Dover, 1994 [1478])〔邦訳　チョーサー『完訳 カンタベリー物語』全3巻、桝井迪夫訳、岩波書店、1995年〕
42. Langbein, "The Contractarian Basis," 638.
43. Langbein, "Rise of the Management Trust," 53.
44. 1720年制定の泡沫会社禁止法は、勅許以外のジョイント・ストック・カンパニーの設立を禁止していた。これはその年の早い時期に大打撃を与えた南海泡沫事件

のような投機を防ぐことを意図していた。Brooke Harrington, "States and Financial Crises," in Benedikte Brincker, ed., *Introduction to Political Sociology*, 267-282（Copenhagen: Gyldendal Akademisk, 2013).

45. Michael Parkinson and Dai Jones, *Trust Administration and Accounts*, 4th ed.（Birmingham, UK: Central Law Training, 2008), 111.
46. 同上
47. Stebbings, "Trustees, Tribunals and Taxes."
48. Viviana Zelizer, "Payments and Social Ties," *Sociological Forum* 11（1996): 481-495.
49. Bernard Rudden, review of *The Restatement of Trusts*, *Modern Law Review* 44（1981): 610. 次も参照。John Langbein, "The Secret Life of the Trust: The Trust as an Instrument of Commerce," *Yale Law Journal* 107（1997): 165-189.
50. Peter Hall, "Family Structure and Class Consolidation among the Boston Brahmins," Ph.D. diss., State University of New York at Stony Brook, 1973, 282.
51. Stebbings, "Trustees, Tribunals and Taxes," 7.
52. この画期的な事例では、マクリーン家の信託（ハーバード大学）の受益者は、受託者（フランシス・エイモリー）が損失を出した株式に信託財産を投資し、受益者が受け取る金額を激減させたかどで受託者を訴えた。判決は、エイモリーは慎重に振る舞っていたので――信託証書に会社株式に投資するよう明確に指示されていた――投資につきものの価格変動に責任はないとして、受益者の訴えを退けた。Samuel Putnam, "Harvard College versus Amory," *Journal of Portfolio Management* 3（1976): 67-71 も参照。
53. Lawrence Friedman, *Dead Hands: A Social History of Wills, Trusts, and Inheritance Law*（Stanford, CA: Stanford University Press, 2009), 115〔邦訳　ローレンス・M・フリードマン『信託と相続の社会史――米国死手法の展開』新井誠監訳・紺野包子訳、日本評論社、2016年〕
54. Keith Macdonald, *The Sociology of the Professions*（London: Sage, 1995).
55. Marcus and Hall, *Lives in Trust*, 65.
56. Langbein, "Rise of the Management Trust."
57. Stebbings, "Trustees, Tribunals and Taxes," 4.
58. Jonathan Beaverstock, Philip Hubbard, and John Short, "Getting Away with It? Exposing the Geographies of the Super- rich," *Geoforum* 35（2004): 401-407.
59. Jeffrey Winters, *Oligarchy*（New York: Cambridge University Press, 2011), 219.
60. 同上
61. Zygmunt Bauman, *Community: Seeking Security in an Insecure World*（Cambridge, UK: Polity, 2000). 次も参照。L. Sklair, "The Transnational Capitalist Class," in James Carrier and Daniel Miller, eds., *Virtualism: A New Political Economy*, 135-159（Oxford, UK: Berg, 1997).
62. Marcus and Hall, *Lives in Trust*, 70. 次も参照。Marion Fourcade, "The Construction of a Global Profession: The Transnationalization of Economics," *American Journal of Sociology* 112（2006): 145-194.
63. STEP, *STEP: The First Fifteen Years*（London: Society of Trust and Estate Practitioners, 2006),

1.

64. 2012年５月28日に開かれたSTEP南アフリカ会議のスピーチより。

65. Scott Devine, "Revealed: Incompetence and Dishonesty of Cowboy Will Writers," news release, STEP, January 26, 2011.

66. Ronen Palan, Richard Murphy, and Christian Chavagneux, *Tax Havens: How Globalization Really Works* (Ithaca, NY: Cornell University Press, 2010)〔邦訳　ロナン・パランほか『【徹底解明】タックスヘイブン――グローバル経済の見えざる中心のメカニズムと実態』青柳伸子訳、作品社、2013年〕

67. Sharman, *Havens in a Storm.*

68. Magali Larson, *The Rise of Professionalism: A Sociological Analysis* (Berkeley: University of California Press, 1977), 50.

69. Sigrid Quack, "Legal Professionals and Trans-national Law Making: A Case of Distributed Agency," *Organization* 14 (2007): 643–666. 次も参照。Royston Greenwood, Roy Suddaby, and C. R. Hinings, "Theorizing Change: The Role of Professional Associations in the Transformation of Institutionalized Fields," *Academy of Management Journal* 45 (2002): 58–80.

70. Peter Haas, "Introduction: Epistemic Communities and International Policy Coordination," *International Organization* 46 (1992): 1–35.

71. Jane Jenson and Boaventura de Sousa Santos, "Introduction: Case Studies and Common Trends in Globalizations," in Jane Jenson and Boaventura de Sousa Santos, eds., *Globalizing Institutions: Case Studies in Regulation and Innovation*, 9–26 (Aldershot, UK: Ashgate, 2000).

72. Greenwood et al., "Theorizing Change," 59.

73. Jennifer Palmer- Violet, "Championing the Cause," *STEP Journal*, October 2012.

74. Ward L. Thomas and Leonard Henzke, "Trusts: Common Law and IRC 501(C)(3) and 4947," 2003 EO CPE Text, U.S. Internal Revenue Service, Washington, DC, 2003, www.irs.gov/pub/irs-tege/eotopica03.pdf.

75. Andrew Abbott, *The System of Professions: An Essay on the Division of Expert Labor* (Chicago: University of Chicago Press, 1988).

76. Randall Collins, *The Credential Society* (New York: Academic Press, 1979); John Heinz and Edward Laumann, *Chicago Lawyers: The Social Structure of the Bar* (Evanston, IL: Northwestern University Press, 1994).

77. David Sciulli, "Revision in Sociology of the Professions Today," *Sociologica* 3 (2008): 34.

78. Pierre Bourdieu and Loic Wacquant, *Invitation to Reflexive Sociology* (Chicago: University of Chicago Press, 1992)〔邦訳　ピエール・ブルデュー、ロイック・J・D・ヴァカン『リフレクシヴ・ソシオロジーへの招待――ブルデュー、社会学を語る』水島和則訳、藤原書店、2007年〕

79. Karen Ho, *Liquidated: An Ethnography of Wall Street* (Durham, NC: Duke University Press, 2009).

80. 米国労働統計局「その他金融投資活動」の2013年のデータ。これには、ファイナンシャル・アドバイザーとファイナンシャル・マネジャーも含まれる。www.bls.gov/oes/current/oes113031.htm.

81. Louise Story, "Executive Pay," *New York Times*, March 3, 2011.
82. Louise Story and Eric Dash, "Banks Prepare for Big Bonuses, and Public Wrath," *New York Times*, January 9, 2009.
83. Martin Williams, "Finance Industry Wages Rise Faster than Any Other Sector," *The Guardian*, February 26, 2013.
84. Philip Ruce, "Anti-Money Laundering: The Challenges of Know Your Customer Legislation for Private Bankers and the Hidden Benefits for Relationship Management ('The Bright Side of Knowing Your Customer')," *Banking Law Journal* 128 (2011): 548-564.
85. Tjun Tang, Brent Beardsley, Jorge Becerra, Bruce Holley, Daniel Kessler, Matthias Naumann, and Anna Zakrzewski, *Global Wealth 2013: Maintaining Momentum in a Complex World* (Boston: Boston Consulting Group, 2013).
86. McKinsey & Company, *Searching for Profitable Growth in Asset Management: It's about More than Investment Alpha* (New York: McKinsey, 2012).
87. Freidson, *Professionalism*, 17.
88. Michel Pinçon and Monique Pinçon-Charlot, *Grand Fortunes: Dynasties of Wealth in France*, trans. Andrea Lyn Secara (New York: Algora, 1998), 29.
89. Peer Fiss and Paul Hirsch, "The Discourse of Globalization: Framing and Sensemaking of an Emerging Concept," *American Sociological Review* 70 (2005): 29-52.
90. Patrik Aspers, *Orderly Fashion: A Sociology of Markets* (Princeton, NJ: Princeton University Press, 2010).
91. Vincent Manancourt, "Wealth Managers Are Having to Merge to Survive as Regulation Gets Tighter," *Financial Times*, September 19, 2014.
92. Deborah DeMott, "Internal Compliance Officers in Jeopardy?" *Australian Law Journal* 87 (2013): 451-454.
93. Ruce, "Anti-Money Laundering."
94. Joe Nocera, "The Good, the Bad and the Ugly of Capitalism," *New York Times*, March 16, 2012.
95. Richard Adams, "Goldman Sachs Senate Hearing: As It Happened," *The Guardian*, April 27, 2010.
96. Rudden, review of *The Restatement of Trusts*, 610.
97. Marcus and Hall, *Lives in Trust*, 71.
98. 仮に彼女がゴールドマン・サックス方式を採用していたら、顧客が投資で大損することがわかっていても止めずに手数料を受け取り、顧客とは逆に投資をして（ショート・ポジションを取って）、ウェルス・マネジメントで得られる手数料より多くを稼ぐことができただろう。これこそノセラ（本章注94の記事の執筆者）の言う「生き馬の目を抜く」資本主義だ。
99. Barbara Reskin and Patricia Roos, *Job Queues, Gender Queues* (Philadelphia: Temple University Press, 1990).
100. Paul Oyer, "The Making of an Investment Banker: Stock Market Shocks, Career Choice, and Lifetime Income," *Journal of Finance* 63 (2009): 2601-2628.

101. STEP, "What Do STEP Members Do?" www.step.org/for-the-public（2017年11月28日 アクセス）。本章を書いたあとに、上記サイトではタイトルと解説文に若干の変更が加えられているが、ファミリーに協力する姿勢が重視されていることに変わりはない。

102. Gregg Van Ryzin, "The Curious Case of the Post-9/11 Boost in Government Job Satisfaction," *American Review of Public Administration* 44（2014): 59–74.

103. Robert Frank, "Another Widening Gap: The Haves vs. the Have-Mores," *New York Times*, November 15, 2014.

104. Peter Hall and George Marcus, "Why Should Men Leave Great Fortunes to Their Children? Class, Dynasty and Inheritance in America," in Robert Miller and Stephen McNamee, eds., *Inheritance and Wealth in America*, 139–171（New York: Plenum, 1998).

105. Rachel Emma Silverman, "A Burden of Wealth: Family-Office Hunting," *Wall Street Journal,* January 3, 2008.

106. Robert Milburn,"Family Office Boom," *Barron's*, April 21, 2014.

107. 同上

108. Susan Cartwright and Nicola Holmes, "The Meaning of Work: The Challenge of Regaining Employee Engagement and Reducing Cynicism,"*Human Resource Management Review* 16（2006): 199–208.

109. Langbein, "The Contractarian Basis," 644.

110. Robert Clark, *Corporate Law*（New York: Aspen, 1986), 676.

111. Viviana Zelizer, "Circuits within Capitalism," in Richard Swedberg and Victor Nee, eds., *The Economic Sociology of Capitalism*, 289–321（Princeton, NJ: Princeton University Press, 2005).

112. Lynne Zucker, "Production of Trust: Institutional Sources of Economic Structure, 1840–1920," *Research in Organizational Behavior* 8（1986): 53–111.

113. 同上、100–101.

第3章

1. 弁護士と依頼人の関係は、継続する場合には最低でも3年は続くという結果が、最近の研究で発表された。Harris Kim, "Market Uncertainty and Socially Embedded Reputation," *American Journal of Economics and Sociology* 68（2009): 679–701. 消費者行動に関する研究では、顧客の大半(64パーセント）と投資アドバイザーの関係は6年未満という結果が出た。Barry Howcroft, Paul Hewer, and Robert Hamilton, "Consumer Decision-making Styles and the Purchase of Financial Services," *Service Industries Journal* 23（2003): 63–81.

2. John Langbein, "The Contractarian Basis of the Law of Trusts," *Yale Law Journal* 105（1995): 661.

3. James Hughes, *Family Wealth: Keeping It in the Family*（Princeton Junction, NJ: NetWrx, 1997)〔邦訳 ジェームズ・E. ヒューズ『ファミリーウェルス 三代でつぶさないファミリー経営学——ファミリーの財産を守るために』山田加奈・東あきら訳、文園社、2007年〕。George Marcus and Peter Hall, *Lives in Trust: The Fortunes of Dynastic Families in Late Twentieth-Century America*（Boulder, CO: Westview Press, 1992）も参照。

4. Max Weber, "Bureaucracy," in Hans Gerth and C. Wright Mills, eds., *From Max Weber*, 196–244 (New York: Oxford University Press, 1946 [1922]), 233〔邦訳　H・ガース、ライト・ミルズ『マックス・ウェーバー——その人と業績』山口和男・犬伏宣宏訳、ミネルヴァ書房、1962年、1967年改訂版〕
5. Jessie O'Neill, *The Golden Ghetto: The Psychology of Affluence* (Milwaukee, WI: The Affluenza Project, 1997).
6. Michel Panoff and Michel Perrin, *Dictionnaire de l'ethnologie* (Paris: Payot, 1973), 259.
7. Donald Ferrin and Nicole Gillespie, "Trust Differences across National-Societal Cultures: Much to Do, or Much Ado about Nothing?" in Mark Saunders, Denise Skinner, Graham Dietz, Nicole Gillespie, and Roy Lewicki, eds., *Organizational Trust: A Cultural Perspective*, 42–86 (Cambridge, UK: Cambridge University Press, 2010), 44.
8. Nicholas Shaxson, *Treasure Islands: Tax Havens and the Men Who Stole the World* (London: Random House, 2011), 230〔邦訳　ニコラス・シャクソン『タックスヘイブンの闇——世界の富は盗まれている！』藤井清美訳、朝日新聞出版、2012年〕
9. Langbein, "The Contractarian Basis." Michael Parkinson, *Trust Creation: Law and Practice*, 3rd ed. (Birmingham, UK: Central Law Training, 2005) も参照。
10. Alison Wylie, "The Promise and Perils of an Ethic of Stewardship," in Lynn Meskell and Peter Pells, eds., *Embedding Ethics*, 47–68 (London: Berg Press, 2005).
11. O'Neill, *The Golden Ghetto.*
12. Jeffrey Bradach and Robert Eccles, "Price, Authority, and Trust: From Ideal Types to Plural Forms," *Annual Review of Sociology* 15 (1989): 108.
13. Scott Waugh, "Tenure to Contract: Lordship and Clientage in Thirteenth-Century England," *English Historical Review* 101 (1986): 825.
14. The Trusts (Guernsey) Law, 1989, Section 18.1, http://bpt-offshore.com/downloads/offshore legislation/Guernsey/The-Trusts-%28Guernsey%29-Law1989.pdf (2017年11月28日 アクセス不可)
15. Marcus and Hall, *Lives in Trust*, 60.
16. 同上、70。強調は著者による。
17. 次を参照。Arlie Hochschild, *The Managed Heart: The Commercialization of Human Feeling* (Berkeley: University of California Press, 1983)〔邦訳　A. R. ホックシールド『管理される心——感情が商品になるとき』石川准・室伏亜希訳、世界思想社、2000年〕
18. Langbein, "The Contractarian Basis."
19. Christian Stewart, "Family Business Succession Planning: East versus West," *STEP Journal*, January 2010, 27–29.
20. Erving Goffman, *The Presentation of Self in Everyday Life* (New York: Doubleday, 1956)〔邦訳　E・ゴッフマン『行為と演技——日常生活における自己呈示』石黒毅訳、誠信書房、1974年〕
21. Gerard Hanlon, "Institutional Forms and Organizational Structures: Homology, Trust and Reputational Capital in Professional Service Firms," *Organization* 11 (2004): 205.
22. Madeline Levine, *The Price of Privilege* (New York: Harper, 2006).

23. John van Maanen and Ed Schein, “Toward a Theory of Organizational Socialization,” *Research in Organizational Behavior* 1 (1979): 226.
24. Pierre Bourdieu, “The Force of Law: Toward a Sociology of the Juridical Field,” *Hastings Law Journal* 38 (1987): 817.
25. Pierre Bourdieu, *Outline of a Theory of Practice* (Cambridge, UK: Cambridge University Press, 1977), 94. 強調は原文のまま。
26. Andrew Cook, James Faulconbridge, and Daniel Muzio, “London’s Legal Elite: Recruitment through Cultural Capital and the Reproduction of Social Exclusivity in City Professional Service Fields,” *Environment and Planning* 44 (2012): 1749.
27. Louise Ashley and Laura Empson, “Differentiation and Discrimination: Understanding Social Class and Social Exclusion in Leading Law Firms,” *Human Relations* 66 (2013): 221.
28. Kathryn Haynes, “Body Beautiful? Gender, Identity and the Body in Professional Services Firms,” *Gender, Work and Organization* 19 (2012): 490.
29. Liz McDowell, “Elites in the City of London: Some Methodological Considerations,” *Environment and Planning* 30 (1998): 2135.
30. Michael Hogg, “Social Identity and the Group Context of Trust: Managing Risk and Building Trust through Belonging,” in Michael Siegrist, Timothy Earle, and Heinz Gutscher, eds., *Trust in Cooperative Risk Management: Uncertainty and Scepticism in the Public Mind*, 51–72 (London: Earthscan, 2007).
31. Keith Macdonald, *The Sociology of the Professions* (London: Sage, 1995), 31.
32. Michael Useem, *The Inner Circle: Large Corporations and the Rise of Business Political Activity in the US and UK* (New York: Oxford University Press, 1986)〔邦訳　マイケル・ユシーム『インナー・サークル——世界を動かす陰のエリート群像』岩城博司・松井和夫訳、東洋経済新報社、1986年〕
33. Marcus and Hall, *Lives in Trust*, 66.
34. Michel Pinçon and Monique Pinçon-Charlot, *Grand Fortunes: Dynasties of Wealth in France*, trans. Andrea Lyn Secara (New York: Algora, 1998).
35. Pierre Bourdieu, *Distinction: A Social Critique of the Judgement of Taste* (Cambridge, MA: Harvard University Press, 1994), 475〔邦訳　ピエール・ブルデュー『ディスタンクシオン　社会的判断力批判』全２巻、石井洋二郎訳、藤原書店、1990年〕
36. Pete Mitchell, “Risky Business,” *STEP Journal*, August 2011.
37. James Faulconbridge, Daniel Muzio, and Andrew Cook, “Institutional Legacies in TNCs and Their Management through Training Academies: The Case of Transnational Law Firms in Italy,” *Global Networks* 12 (2012): 48–70.
38. Bourdieu, *Outline of a Theory of Practice*, 167.
39. Parkinson, *Trust Creation*, 33. 強調は筆者による。
40. Ashley and Empson, “Differentiation and Discrimination.”
41. Pierre Bourdieu, *The Logic of Practice* (Cambridge, UK: Polity, 1990)〔邦訳　ピエール・ブルデュ『実践感覚』全２巻、今村仁司・塚原史・福井憲彦・港道隆訳、みすず書房、2001年〕

42. Danny Quah, "The Global Economy's Shifting Centre of Gravity," working paper, London School of Economics, 2010, http://eprints.lse.ac.uk/37459/.
43. Suzi Dixon, "Singapore 'Could Be the World's Largest Offshore Finance Centre by 2015,'" *The Telegraph*, January 19, 2014.
44. Clifford Geertz, "The Bazaar Economy: Information and Search in Peasant Marketing," *American Economic Review* 68（1978）: 28–32.
45. John Langbein, "Questioning the Trust Law Duty of Loyalty: Sole Interest or Best Interest?" *Yale Law Journal* 114（2005）: 929–990.
46. Lusina Ho, *Trust Law in China*（Andover, UK: Sweet & Maxwell, 2003）, 67.
47. Paul Zak and Stephen Knack, "Trust and Growth," *Economic Journal* 111（2001）: 295–321.
48. Patricia Doney, Joseph Cannon, and Michael Mullen, "Understanding the Influence of National Culture on the Development of Trust," *Academy of Management Review* 23（1998）: 601–620.
49. Ferrin and Gillespie, "Trust Differences," 44.
50. Jan Delhey and Kenneth Newton, "Predicting Cross-National Levels of Social Trust: Global Pattern or Nordic Exceptionalism?"*European Sociological Review* 21（2005）: 311–327.
51. Bruce Carruthers and Terence Halliday, "Negotiating Globalization: Global Scripts and Intermediation in the Construction of Asian Insolvency Regimes," *Law & Social Inquiry* 31（2006）: 530.
52. Chanthika Pornpitakpan, "The Effect of Cultural Adaptation on Perceived Trustworthiness: Americans Adapting to Chinese Indonesians," *Asia Pacific Journal of Marketing and Logistics* 17（2005）: 70–88.
53. Sami Zubaida, "Max Weber's *The City* and the Islamic City," *Max Weber Studies* 6（2006）: 111–118.
54. Max Weber, *Economy and Society,* vol. 2（Berkeley: University of California Press, 1978）.
55. Monica Gaudiosi, "The Influence of the Islamic Law of *Waqf* on the Development of the Trust in England: The Case of Merton College,"*University of Pennsylvania Law Review* 136（1988）: 1231–1261. ここから疑問が生じる。なぜ現代のムスリムは、ウェルス・マネジメントとして信託ではなくワクフを使わないのだろうか？　ワクフで保有する財産は最終的に慈善事業に用いなくてはならないことが、理由の一つとして挙げられるだろう。信託は慈善目的だけに限らない。慈善事業に用いることもできるが、広範な用途に充てられる。そのうえ、信託のほうが世界的に認知度が高いので、現代の金融では望ましいとされるのかもしれない。
56. Max Weber, *From Max Weber: Essays in Sociology*（New York: Oxford University Press, 1946）〔邦訳　ガースほか『マックス・ウェーバー』〕
57. Cheris Chan, "Creating a Market in the Presence of Cultural Resistance: The Case of Life Insurance in China," *Theory and Society* 38（2009）: 300–301.
58. Langbein, "The Contractarian Basis."
59. Cap-Gemini, *World Wealth Report*, 2014, https://www.worldwealthreport.com/download.
60. Simon Gray, "VISTA Trusts Allow BVI to Slough off Past and Attract Global Businesses," *The*

Lawyer, January 17, 2005. 次も参照。Marcus Leese, “Settle Down,” *STEP Journal*, February 2012.

61. Geert Hofstede, *Masculinity and Femininity: The Taboo Dimension of National Cultures*（Thousand Oaks, CA: Sage Publications, 1998）.
62. Guido Molleringa, “Leaps and Lapses of Faith: Exploring the Relationship between Trust and Deception,” in Brooke Harrington, ed., *Deception: From Ancient Empires to Internet Dating*, 137–153（Stanford, CA: Stanford University Press, 2009）.
63. Chan, “Creating a Market.”
64. Haynes, “Body Beautiful?”
65. Brooke Harrington, “The Social Psychology of Access in Ethnographic Research,” *Journal of Contemporary Ethnography* 32（2003）: 592–625.
66. Macdonald, *The Sociology of the Professions*, 188.
67. Kathryn Lively, “Client Contact and Emotional Labor: Upsetting the Balance and Evening the Field,” *Work and Occupations* 29（2002）: 198- 225. 次も参照。Erving Goffman, *Asylums*（New York: Doubleday, 1961）〔邦訳　E・ゴッフマン『アサイラム——施設被収容者の日常世界』石黒毅訳、誠信書房、1984年〕
68. Rachel Sherman, “‘Time Is Our Commodity’: Gender and the Struggle for Occupational Legitimacy among Personal Concierges,” *Work and Occupations* 37（2011）: 81–114.
69. Pierre Bourdieu, *Language and Symbolic Power*（Cambridge, MA: Harvard University Press, 1999）, 234.
70. Molly George, “Interactions in Expert Service Work: Demonstrating Professionalism in Personal Training,” *Journal of Contemporary Ethnography* 37（2008）: 110.

第4章

1. Jurgen Habermas, *The Theory of Communicative Action*, vol. 2, *Lifeworld and System: A Critique of Functionalist Reason*（Boston: Beacon Press, 1985）〔邦訳　ユルゲン・ハーバーマス『コミュニケイション的行為の理論』全3巻、河上倫逸・藤沢賢一郎・丸山高司訳、未來社、1985・1986・1987年〕
2. Katherine Rehl, “Help Your Clients Preserve Values, Tell Life Stories and Share the Voice of Their Hearts through Ethical Wills,” *Journal of Practical Estate Planning* 5（2003）: 17.
3. Norman Peagam, “Nine Centres Worth Finding on the Map,” *Euromoney*, May 1989, 4–10.
4. Thorstein Veblen, *The Theory of the Leisure Class*（Oxford, UK: Oxford University Press, 2009［1899］）, 155〔邦訳　T. ヴェブレン『有閑階級の理論』村井章子訳、ちくま学芸文庫、2016年〕
5. Zygmunt Bauman, *Community: Seeking Security in an Insecure World*（Cambridge, UK: Polity, 2000）〔邦訳　ジグムント・バウマン『コミュニティ　安全と自由の戦場』奥井智之訳、筑摩書房、2008年〕
6. Greta Krippner, “The Financialization of the American Economy,” *Socio-Economic Review* 3（2005）: 173–208. 次も参照。Giovanni Arrighi, *The Long Twentieth Century*（London: Verso, 1994）.

7. Philip Genschel, "Globalization and the Transformation of the Tax State," *European Review* 13 (2005): 53–71.
8. Jonathan Beaverstock, Philip Hubbard, and John Short, "Getting Away with It? Exposing the Geographies of the Super-rich," *Geoforum* 35 (2004): 401–407.
9. Michel Pinçon and Monique Pinçon-Charlot, *Grand Fortunes: Dynasties of Wealth in France*, trans. Andrea Lyn Secara (New York: Algora, 1998).
10. Stuart Turnbull, "Swaps: A Zero-Sum Game?" *Financial Management* 16 (1987): 15–21.
11. Graham Moffat, *Trust Law: Text and Materials* (Cambridge, UK: Cambridge University Press, 2009), 113.
12. U.S. Congress Joint Committee on Taxation, *Report of Investigation of Enron Corporation and Related Entities Regarding Federal Tax and Compensation Issues, and Policy Recommendations*, Report JCS-3-03 (Washington, DC: General Printing Office, 2003), 260.
13. Peagam, "Nine Centres."
14. 同上
15. Krippner, "The Financialization of the American Economy"; Arrighi, *The Long Twentieth Century.*
16. "Trawling for Business: The Gambia Looks to Join a Beleaguered Club," *The Economist*, August 24, 2013.
17. Brent Beardsley, Jorge Becerra, Federico Burgoni, Bruce Holley, Daniel Kessler, Federico Muxi, Matthias Naumann, Tjun Tang, and Anna Zakrzewski, *Global Wealth 2014: Riding a Wave of Growth* (Boston: Boston Consulting Group, 2014). 次も参照。Jorge Becerra, Peter Damisch, Bruce Holley, Monish Kuman, Matthias Naumann, Tjun Tang, and Anna Zakrzewski, *Shaping a New Tomorrow: How to Capitalize on the Momentum of Change* (Boston: Boston Consulting Group, 2011).
18. OFC の富の分配については、Beardsley et al., *Global Wealth 2014* を参照。世界の OFC の数については、Ronan Palan, "Tax Havens and the Commercialization of State Sovereignty,"*International Organization* 56 (2002): 151–176 を参照。また次も参照。Robert Miller, "Offshore Trusts: Trends Toward 2000," *Trusts & Trustees* 1 (1995): 7–10.
19. Michael Parkinson, *Certificate in International Trust Management*, 4th ed. (Birmingham, UK: Central Law Training, 2004).
20. 同上、11.
21. Nicholas Shaxson, *Treasure Islands: Tax Havens and the Men Who Stole the World* (London: Random House, 2011), 10, 8〔邦訳　ニコラス・シャクソン『タックスヘイブンの闇――世界の富は盗まれている！』藤井清美訳、朝日新聞出版、2012年〕
22. Palan, "Tax Havens and the Commercialization of State Sovereignty."
23. Ian Fazey, "World Banking System Is 'a Money Launderer's Dream,' " *Financial Times*, May 26, 1998.
24. 当然、プラクティショナーは個人的、職業的倫理から違法な金融活動を避ける。またそれには、違法取引をすすめた場合に科せられる法定刑罰が厳格化しているという背景もある。第 5 章を参照。

25. Prem Sikka, "Accountants: A Threat to Democracy: The Tax Avoidance Industry Has a Veto on What Services the Government Can Provide," *The Guardian*, September 5, 2005.
26. Centre des Archives Economiques et Financieres, *La bourse de Paris: Origines et historique, 1826–1926* (Paris: Editions G. Gorce, 1926).
27. Alfred Fierro, *Histoire et dictionnaire de Paris* (Paris: Editions Robert Laffont, 1999)〔邦訳 アルフレッド・フィエロ『パリ歴史事典』鹿島茂監訳、白水社、2011年〕
28. Palan, "Tax Havens and the Commercialization of State Sovereignty," 159.
29. Merritt Fox, "The Legal Environment of International Finance: Thinking about Fundamentals," *Michigan Journal of International Law* 17 (1996): 729.
30. Sigrid Quack, "Legal Professionals and Trans-national Law Making: A Case of Distributed Agency," *Organization* 14 (2007): 643–666.
31. Tamar Frankel, "Cross-Border Securitization: Without Law, but Not Lawless," *Duke Journal of Comparative and International Law* 8 (1998): 255–282.
32. Richard Deeg and Mary O' Sullivan, "The Political Economy of Global Finance Capital," *World Politics* 61 (2009): 731–763.
33. 最初の引用については、Quack, "Legal Professionals," 653 を参照。次の引用については、Frankel, "Cross-Border Securitization," 255 を参照。
34. 同上
35. David Leigh, Harold Frayman, and James Ball, "Offshore Secrets: British Virgin Islands, Land of Sand, Sea and Secrecy," *The Guardian*, November 25, 2012.
36. Michael Parkinson, *Diploma in International Trust Management: Trust Creation: Law and Practice,* 3rd ed. (Birmingham, UK: Central Law Training, 2005), 277.
37. 同上、276.「没収も同然の」課税という意見については、Miller, "Offshore Trusts," 9 を参照。
38. Shaxson, *Treasure Islands*, 230〔邦訳　シャクソン『タックスヘイブンの闇』〕。強調は筆者による。
39. 同上。Jason Sharman, *Havens in a Storm: The Struggle for Global Tax Regulation* (Ithaca, NY: Cornell University Press, 2006) も参照。
40. Timothy Colclough, "To PTC or Not to PTC," *STEP Journal*, November/ December 2009.
41. Christian Stewart, "Family Business Succession Planning: East versus West," *STEP Journal*, January 2010, 27–29.
42. Rosemary Marr, "Jersey: Riding the Tides of Change," *STEP Journal*, November 2014, 75.
43. Peter Wonacott, "As Reforms Stall, Calls Rise to Seize South Africa Farms," *Wall Street Journal*, June 21, 2011.
44. Shaxson, *Treasure Islands*, 25〔邦訳　シャクソン『タックスヘイブンの闇』〕
45. Transparency International, *Corruption Perceptions Index 2014*, www.transparency.org/cpi2014/results.
46. John Letzing, "Swiss Banks Say Goodbye to a Big Chunk of Bank Secrecy," *Wall Street Journal*, July 1, 2014.
47. Beardsley et al., *Global Wealth 2014*.

48. Martin Sixsmith, *Putin's Oil: The Yukos Affair and the Struggle for Russia* (New York: Continuum, 2010).
49. Jamil Anderlini, "Flood of Rich Chinese Settle in UK," *Financial Times*, January 13, 2015.
50. Rosa Prince, "Wealthy Foreigners Trade London Homes for New York," *The Telegraph*, July 1, 2014.
51. Louise Story and Stephanie Saul, "Stream of Foreign Wealth Flows to Elite New York Real Estate," *New York Times*, February 7, 2015.
52. Nicholas Shaxson, "A Tale of Two Londons," *Vanity Fair*, April 2013.
53. 中華人民共和国商務部「対外投資および対外協力は着実で健全な発展を維持する」2014年４月30日プレスリリース。http://english.mofcom.gov.cn/article/newsrelease/significantnews/201405/20140500570450.shtml.
54. Keith Bradsher, "China to Crack Down on Tax Collection from Multinational Companies," *New York Times*, February 4, 2015.
55. Shaxson, *Treasure Islands*〔邦訳　シャクソン『タックスヘイブンの闇』〕
56. Megha Bahree and Deborah Ball, "Island Tax Haven Roils India's Ways," *Wall Street Journal*, August 29, 2012.
57. Leigh, Frayman, and Ball, "Offshore Secrets."
58. Andrey Ostroukh and Alexander Kolyandr, "Rus sians Park Money in British Virgin Islands," *Wall Street Journal*, August 16, 2013.
59. Demetri Sevastpulo, "British Virgin Islands Suffers amid Push against Money Laundering," *Financial Times*, September 16, 2014.
60. Andrew Thorp and Simon Hudd, "The BVI Company in a Russian Context," *IFC Caribbean Review*, 2012, 34–35.
61. これは次で取り上げられている。Nicholas Shaxson, "Why Do Chinese Companies Flock to the BVI?" May 23, 2011, http://treasureislands.org/why-Chinese-companies-flock-to-the-bvi/
62. Jennifer Holmes and Sheila Amin Gutierrez de Pineres, "Corruption: Is Dollarization a Solution?" in Kartik Roy and Jorn Sideras, eds., *Institutions, Globalisation and Empowerment*, 130–147 (Cheltenham, UK: Edward Elgar, 2006).
63. Nicolas Malumian, "Forced Heirship," *STEP Journal*, February 2011.
64. Robert Nozick, *Anarchy, State and Utopia* (New York: Basic Books, 1977)〔邦訳　ロバート・ノージック『アナーキー・国家・ユートピア――国家の正当性とその限界』嶋津格訳、木鐸社、1995年〕
65. David Sicular, "The New Look-Through Rule: W(h)ither Subpart F?" *Tax Notes*, April 23, 2007, www.paulweiss.com/media/104725/subpartf04-may-07.pdf.
66. Kerry Hannon, "Family Foundations Let Affluent Leave a Legacy," *New York Times*, February 10, 2014.
67. Iris Goodwin, "How the Rich Stay Rich: Using a Family Trust Company to Secure a Family Fortune," *Seton Hall Law Review* 40 (2010): 467–516.
68. Hannon, "Family Foundations."

69. "Flat- Pack Accounting," *The Economist*, May 11, 2006.
70. Mark Wilson, "IKEA Is a Nonprofit, and Yes, That's Every Bit as Fishy as It Sounds," *Fast Company*, September 15, 2014.
71. "Flat-Pack Accounting."
72. Richard Orange, "IKEA Founder Pledges ￡1bn to Charity Following Nazi Past Revelations," *The Telegraph*, September 18, 2011.
73. Adam Hofri, "The Stripping of the Trust: A Study in Legal Evolution," *University of Toronto Law Journal* 65 (2015).
74. Dhana Sabanathan and Shu-Ping Shen, "A Brush with Death Taxes," *STEP Journal*, July 2014, 69.
75. 同上
76. Parkinson, *Diploma in International Trust Management: Trust Creation*, 279.
77. Parkinson, *Certificate in International Trust Management*, 109.
78. George Marcus and Peter Hall, *Lives in Trust: The Fortunes of Dynastic Families in Late Twentieth-Century America* (Boulder, CO: Westview Press, 1992).
79. Gary Watt, *Equity and Trusts Law Directions*, 4th ed. (Oxford, UK: Oxford University Press, 2014), 139. Sir George Jessel を引用。
80. Mark Trumbull, "The Tougher Terms Now Facing the Bankrupt,"*Christian Science Monitor*, October 17, 2005.
81. Hofri, "The Stripping of the Trust," 24.
82. Leslie Wayne, "Cook Islands, a Paradise of Untouchable Assets," *New York Times*, December 15, 2013.
83. Hofri, "The Stripping of the Trust," 24.
84. Brief for Appellant Fannie Mae, *State of Minnesota v. Andrew C. Grossman*, State of Minnesota Supreme Court, dockets A10–1336 and A10–1505, 2011, http://mn.gov/law-library-stat/briefs/pdfs/a101336sca.pdf.
85. Leslie Wayne, "Unlocking the Secrets of the Cook Islands," International Consortium of Investigative Journalists, December 16, 2013, www.icij.org/blog/2013/12/unlocking-secrets-cook-islands.
86. Wayne, "Cook Islands, a Paradise of Untouchable Assets."
87. Rashneel Kumar, "Cook Islands on EU Blacklist," *Cook Islands News*, June 19, 2015, www.cookislandsnews.com/national/politics/item/52427-cook-islands-on-eu-blacklist.
88. Paul Southgate and John Lucas, *The Pearl Oyster* (Amsterdam: Elsevier, 2008), 333.
89. 同上
90. Douglas Martin, "Marc Rich, Financier and Famous Fugitive, Dies at 78," *New York Times*, June 27, 2013.
91. Cammie Fisher, "R. Allen Stanford Doesn't Face His Many Victims," *San Francisco Chronicle*, May 25, 2015.
92. Emile de Willebois, Emily Halter, Robert Harrison, Ji Won Park, and Jason Sharman, *The Puppet Masters: How the Corrupt Use Legal Structures to Hide Stolen Assets and What to Do about*

It (Washington, DC: World Bank, 2011), 45.

93. Katia Savchuk, "Jury Finds Wyly Brothers Engaged in Fraud by Hiding Trades in Offshore Trusts," *Forbes*, August 5, 2014.
94. Joseph Guinto, "Sam Wyly's $550 Million Problem," *D Magazine*, February 2013.
95. Snejana Farberov, "Dallas Billionaire Who Used to own Michaels Arts and Crafts Chain Files for Bankruptcy One Year after $400M Judgment in SEC Fraud Case," *Daily Mail*, October 20, 2014.
96. Jonathan Kandell, "Baron Thyssen-Bornemisza, Industrialist Who Built Fabled Art Collection, Dies at 81," *New York Times*, April 28, 2002.
97. Marc Weber, "The New Swiss Law on Cultural Property," *International Journal of Cultural Property* 13 (2006): 99–113.
98. Mar Cabra and Michael Hudson, "Mega-rich Use Tax Havens to Buy and Sell Masterpieces," International Consortium of Investigative Journalists, April 3, 2013, www.icij.org/investigations/offshore/mega-rich-use-tax-havens-buy-and-sell-masterpieces/.
99. George Marcus, "The Fiduciary Role in American Family Dynasties and Their Institutional Legacy," in George Marcus, ed., *Elites: Ethnographic Issues,* 221–256 (Albuquerque: University of New Mexico Press, 1983), 222.
100. 同上
101. たとえば、離婚金融アナリスト協会 the Institute for Divorce Financial Analysts という組織が参考になる。同組織のウェブサイトによれば、この組織はアメリカとカナダでこれまで5000人以上のプラクティショナーを認定している。URL は次のとおり。https://www.institutedfa.com.
102. Andrew Lynn, "Split-up Trusts," *STEP Journal*, December 2014.
103. Lorraine Wheeler, "Cases in Point," *STEP Journal*, April 2015.
104. John Heilprin, "Dmitry Rybolovlev: Most Expensive Divorce Costs Russian Billionaire £2.7bn," *The Independent*, May 20, 2014.
105. Frederic Maitland, *Selected Essays* (Cambridge, UK: Cambridge University Press, 1936), 157.
106. Francis Sanders, *An Essay on the Nature and Laws of Uses and Trusts, Including a Treatise on Conveyances at Common Law and Those Deriving Their Effect from the Statute of Uses* (London: E. & R. Brooke, 1791).
107. Joan Gunderson, "Women and Inheritance in America: Virginia and New York as a Case Study: 1700–1860," in Robert Miller and Stephen McNamee, eds., *Inheritance and Wealth in America*, 91–118 (New York: Plenum Press, 1998).
108. Adel Gonczi and Pamela Rideout, "Family Planning," *STEP Journal*, June 2013.
109. Julian Washington, "Keeping It in the Family," *STEP Journal*, April 2013.
110. Peagam, "Nine Centres" も参照。
111. Julian Washington, "Estate Planning: The New Era," *STEP Journal*, March 2014.
112. Katheryn Voyer, "Continuity the Trend Toward Equality: The Eradication of Racially and Sexually Discriminatory Provisions in Private Trusts," *William & Mary Bill of Rights Journal* 7 (1999): 944.

113. Parkinson, *Diploma in International Trust Management: Trust Creation*, 261.
114. 同上
115. Bonnie Steiner, "A Rock, a Hard Stone, and the Unknown," *STEP Journal*, December 2012.
116. 同上
117. Parkinson, *Diploma in International Trust Management: Trust Creation*.
118. 同上、336.
119. "Trawling for Business."
120. Frankel, "Cross-Border Securitization," 643.
121. Adam Hofri, "Professionals' Contribution to the Legislative Process: Between Self, Client, and the Public," *Law & Social Inquiry* 39（2014): 96–126.
122. Shaxson, *Treasure Islands*, 42〔邦訳　シャクソン『タックスヘイブンの闇』〕
123. Austin Scott, "The Trust as an Instrument of Law Reform," *Yale Law Journal* 31（1922): 457–458.
124. ニュージーランドとイスラエルを除く。Hofri, "Professionals' Contribution" を参照。
125. Parkinson, *Diploma in International Trust Management: Trust Creation*.
126. 同上。一例として、バミューダ諸島の信託の大半にある避難条項は、1973年に同島の総督暗殺が引き金となって設けられた。Keith Johnston, "A New Finance Centre Emerges," *STEP Journal*, February 2009.
127. Hofri, "The Stripping of the Trust," 25.
128. Robert Sitkoff and Max Schanzenbach, "Jurisdictional Competition for Trust Funds: An Empirical Analysis of Perpetuities and Taxes," *Yale Law Journal* 115（2005): 356–437.
129. John Langbein, "The Secret Life of the Trust: The Trust as an Instrument of Commerce," *Yale Law Journal* 107（1997): 165–189.
130. John Langbein, "The Contractarian Basis of the Law of Trusts," *Yale Law Journal* 105（1995): 627.
131. Frank Easterbrook and Daniel Fischel, "Contract and Fiduciary Duty," *Journal of Law and Economics* 36（1993): 427.
132. Hofri, "Professionals' Contribution". 次も参照。Brooke Harrington, "Going Global: Professions and the Micro-Foundations of Institutional Change," *Journal of Professions and Organizations* 2（2015): 1–19.
133. Parkinson, *Diploma in International Trust Management: Trust Creation*, 327.
134. Donald Ferrin and Nicole Gillespie, "Trust Differences across National-Societal Cultures: Much to Do, or Much Ado about Nothing?" in Mark Saunders, Denise Skinner, Graham Dietz, Nicole Gillespie, and Roy Lewicki, eds., *Organizational Trust: A Cultural Perspective*, 42–86（Cambridge, UK: Cambridge University Press, 2010).
135. Russell Clark, "Founding Father," *STEP Journal– Guernsey Supplement*, November 2012, 8–9.
136. de Willebois et al., *The Puppet Masters*, 47.
137. 同上
138. Brian McAlister and Timothy Yoder, "Advising Private Foundations," *Journal of Accounting*, April 1, 2008.

139. Richard Schmalbeck, "Avoiding Federal Wealth Transfer Taxes," in William Gale, James Hines, and James Slemrod, eds., *Rethinking Estate and Gift Taxation*, 113–163（Washington, DC: Brookings Institution, 2001).
140. William Barrett, "Controversial Charity Files for Bankruptcy," *Forbes*, January 28, 2009.
141. Parkinson, *Diploma in International Trust Management: Trust Creation*, 5.
142. de Willebois et al., *The Puppet Masters*, 167.
143. 同上
144. Langbein, "The Secret Life of the Trust," 184.
145. Brooke Harrington, "States and Financial Crises," in Benedikte Brincker, ed., *Introduction to Political Sociology*, 267–282（Copenhagen: Gyldendal, 2013).
146. Moffat, *Trust Law*.
147. Krippner, "The Financialization of the American Economy."
148. Hofri, "The Stripping of the Trust."
149. de Willebois et al., *The Puppet Masters*.
150. Michael Parkinson, *Diploma in International Trust Management: Company Law and Practice*, 5th ed.（Birmingham, UK: Central Law Training, 2006).
151. 同上、34.
152. Sicular, "The New Look- Through Rule."
153. Parkinson, *Certificate in International Trust Management*.
154. de Willebois et al., *The Puppet Masters*, 60.
155. 同上
156. Langbein, "The Secret Life of the Trust," 179.
157. de Willebois et al., *The Puppet Masters*, 88.
158. Parkinson, *Diploma in International Trust Management: Trust Creation*, 171.
159. Parkinson, *Diploma in International Trust Management: Company Law and Practice*.
160. 同上、261.
161. de Willebois et al., *The Puppet Masters*, 52.
162. Liz Moyer, "Private Trusts for the Very Rich," *Wall Street Journal*, December 14, 2014.
163. Colclough, "To PTC or Not to PTC," 51–53.
164. Goodwin, "How the Rich Stay Rich."
165. Colclough, "To PTC or Not to PTC," 53.
166. Parkinson, *Diploma in International Trust Management: Trust Creation*.
167. de Willebois et al., *The Puppet Masters*, 47.
168. Goodwin, "How the Rich Stay Rich," 468.

第5章

1. Emma Duncan, "Your Money, His Life," *Intelligent Life*（supplement to *The Economist*), September 2007, 73–79.
2. George Marcus, "The Fiduciary Role in American Family Dynasties and Their Institutional Legacy," in George Marcus, ed., *Elites: Ethnographic Issues*（Albuquerque: University of New

Mexico Press, 1983), 227.

3. Thomas Piketty, *Capital in the Twenty-First Century* (Cambridge, MA: Harvard University Press, 2014)〔邦訳　トマ・ピケティ『21世紀の資本』山形浩生・守岡桜・森本正史訳、みすず書房、2014年〕。次も参照。Arthur Kennickell, "Ponds and Streams: Wealth and Income in the US, 1989 to 2007," Federal Reserve Board Finance and Economics Discussion Series, Washington, DC, 2009, www.federalreserve.gov/pubs/feds/2009/200913/200913pap.pdf. また次も参照。Melvin Oliver and Thomas Shapiro, *Black Wealth, White Wealth: A New Perspective on Racial Inequality* (New York: Routledge, 1995)
4. Ronald Chester, *Inheritance, Wealth and Society* (Bloomington: Indiana University Press, 1982), 128.
5. Carl Levin, "The US Tax Shelter Industry: The Role of Accountants, Lawyers, and Financial Professionals," statement before U.S. Senate Permanent Subcommittee on Investigations, November 18, 2003. 次も参照。Ronen Palan, Richard Murphy, and Christian Chavagneux, *Tax Havens: How Globalization Really Works* (Ithaca, NY: Cornell University Press, 2010)〔邦訳　ロナン・パランほか『【徹底解明】タックスヘイブン——グローバル経済の見えざる中心のメカニズムと実態』青柳伸子訳、作品社、2013年〕
6. Nicholas Shaxson, *Treasure Islands: Tax Havens and the Men Who Stole the World* (London: Random House, 2011), 28〔邦訳　ニコラス・シャクソン『タックスヘイブンの闇——世界の富は盗まれている！』藤井清美訳、朝日新聞出版、2012年〕
7. Kennickell, "Ponds and Streams."
8. Wojciech Kopczuk and Emmanuel Saez, "Top Wealth Shares in the United States,1916–2000: Evidence from Estate Tax Returns," *National Tax Journal* 57 (2004): 445–487.
9. James Davies, Susanna Sandstrom, Anthony Shorrocks, and Edward Wolff, "The World Distribution of Household Wealth," World Institute for Development Economics Research, Helsinki, Discussion Paper 2008/03, 2008, 17.
10. Santiago Budria, Javier Diaz-Gimenez, Jose-Victor Rios-Rull, and Vincenzo Quadrini, "Updated Facts on the US Distributions of Earnings, Income, and Wealth," *Federal Reserve Bank of Minneapolis Quarterly Review* 26 (2002): 2–35.
11. Sheelah Kolhatkar, "Inside the Billionaire Service Industry," *The Atlantic*, September 2006. 次も参照。Barbara Demick, "The 400 Richest: Many Folks Try to Stay Off List," *Philadelphia Inquirer*, October 7, 1990.
12. Heather Stewart, "Wealth Doesn't Trickle Down — It Just Floods Offshore, New Research Reveals," *The Guardian*, July 21, 2012.
13. Michel Pinçon and Monique Pinçon-Charlot, *Grand Fortunes: Dynasties of Wealth in France*, trans. Andrea Lyn Secara (New York: Algora, 1998), 8.
14. Michael Parkinson, *Certificate in International Trust Management*, 4th ed. (Birmingham, UK: Central Law Training, 2004), 9.
15. Simon Bowers, "Luxembourg Tax Whistle blower Says He Acted Out of Conviction," *The Guardian*, December 15, 2015; David Gauthier- Villars and Deborah Ball, "Mass Leak of Client Data Rattles Swiss Banking," *Wall Street Journal*, July 8, 2010; Max Seddon, "Panama Pa-

pers: Russian Cellist at Centre of $2bn Offshore Web," *Financial Times,* April 4, 2016.

16. Pinçon. and Pinçon-Charlot, *Grand Fortunes.*
17. Blair Bowie and Adam Lioz, "Billion-Dollar Democracy: The Unprecedented Role of Money in the 2012 Elections," Demos.org, January 2013.
18. Davies et al., "The World Distribution of Household Wealth." 次も参照。Lisa Keister and Stephanie Moller, "Wealth In equality in the United States," *Annual Review of Sociology* 26 (2000): 63-81.
19. Kennickell, "Ponds and Streams."
20. Thomas Shapiro, Tatjana Meschede, and Sam Osoro, "The Roots of the Widening Racial Wealth Gap: Explaining the Black-White Economic Divide," Research and Policy Brief, Institute on Assets & Social Policy, Brandeis University, Waltham, MA, 2013.
21. Oliver and Shapiro, *Black Wealth, White Wealth,* 3.
22. Shamus Khan, *Privilege: The Making of an Adolescent Elite at St. Paul's School* (Princeton, NJ: Princeton University Press, 2012).
23. Javier Diaz-Gimenez, Jose-Victor Rios-Rull, and Andy Glover, "Facts on the Distributions of Earnings, Income, and Wealth in the United States: 2007 Update," *Federal Reserve Bank of Minneapolis Quarterly Review* 34 (2011): 2-31.
24. George Marcus and Peter Hall, *Lives in Trust: The Fortunes of Dynastic Families in Late Twentieth-Century America* (Boulder, CO: Westview Press, 1992).
25. Charles Collier, *Wealth in Families* (Cambridge, MA: Harvard University Alumni Affairs and Development Communications, 2002).
26. C. Wright Mills, *The Power Elite* (New York: Oxford University Press, 1956), 105〔邦訳　C. W. ミルズ『パワー・エリート』上下巻、鵜飼信成・綿貫譲治訳、東京大学出版会、2000年〕
27. Budria et al., "Updated Facts," 6.
28. Diaz-Gimenez, Rull, and Glover, "Facts".
29. Piketty, *Capital*, 18〔邦訳　ピケティ『21世紀の資本』〕
30. Edward Wolff, "The Asset Price Meltdown and the Wealth of the Middle Class," paper presented at the annual meeting of the Association for Public Policy Analysis and Management, Baltimore, MD, November 10, 2012. この集団の所得および富についての複数の推計値はともに大きく乖離しているが、所得と富の差の規模は推計値間で驚くほど一致している。
31. United States Census Bureau, *2009-2013 American Community Survey 5-Year Estimates* (Washington, DC: U.S. Department of Commerce, 2014); Edward Wolff, "Household Wealth Trends in the United States, 1962-2013: What Happened over the Great Recession?" NBER Working Paper 20733, 2014.
32. Wolff, "The Asset Price Meltdown."
33. Christopher Ingraham, "If You Thought Income In equality Was Bad, Get a Load of Wealth In equality," *Washington Post*, May 21, 2015.
34. Kennickell, "Ponds and Streams."

35. Jacob Davidson, "Wealth In equality Doubled over Last 10 years, Study Finds," *Money*, June 25, 2014.

36. Kerri Anne Renzulli, "Household Wealth Is the Highest Ever. Probably Not Your Household's, Though," *Money*, March 13, 2015; Jesse Bricker, Lisa Dettling, Alice Henriques, Joanne Hsu, Kevin Moore, John Sabelhaus, Jeffrey Thompson, and Richard Windle, "Changes in US Family Finances from 2010 to 2013: Evidence from the Survey of Consumer Finances," *Federal Reserve Bulletin* 100（2014）: 1–41. Cap-Gemini, *World Wealth Report*（Paris: Cap-Gemini, 2011）も参照。

37. Cap-Gemini, *World Wealth Report*（Paris: Cap-Gemini, 2015）.

38. Bricker et al., "Changes in US Family Finances from 2010 to 2013."

39. Jill Treanor, "Half of World's Wealth Now in Hands of 1% of Population–Report," *The Guardian*, October 13, 2015.

40. 個人富裕層の人数とその財産の総額については、Cap-Gemini, *World Wealth Report.* を参照。GDP については International Monetary Fund, *World Economic Outlook*（Washington, DC: IMF, 2015）を参照。

41. Lawrence Friedman, *Dead Hands: A Social History of Wills, Trusts, and Inheritance Law*（Stanford, CA: Stanford University Press, 2009）, 4〔邦訳　ローレンス・M・フリードマン『信託と相続の社会史――米国死手法の展開』新井誠監訳・紺野包子訳、日本評論社、2016年〕

42. Edward Wolff and Maury Gittleman, "Inheritances and the Distribution of Wealth: Or What ever Happened to the Great Inheritance Boom?" Bureau of Labor Statistics, Working Paper 445, 2011.

43. 同上、Table 7, section B, 35.

44. "Inherited Wealth," *Buttonwood's Notebook* blog, *The Economist*, March 18, 2014.

45. Jens Beckert, "Political and Social Interests in the Transfer of Property," *Archives of European Sociology* 46（2005）: 359–368.

46. Thomas Piketty, "On the Long-Run Evolution of Inheritance: France 1820–2050," Working Paper, Paris School of Economics, 2010.

47. Randall Morck, Daniel Wolfenzon, and Bernard Yeung, "Corporate Governance Economic Entrenchment, and Growth," *Journal of Economic Literature* 43（2005）: 655–, 720.

48. Jens Beckert, *Inherited Wealth*（Princeton, NJ: Princeton University Press, 2008）, 18.

49. Gabriel Zucman, *The Hidden Wealth of Nations*（Chicago: University of Chicago Press, 2015）, 53〔邦訳　ガブリエル・ズックマン『失われた国家の富――タックス・ヘイブンの経済学』林昌宏訳、エヌティティ出版、2015年〕

50. Federico Cingano, "Trends in Income In equality and Its Impact on Economic Growth," OECD Social, Employment and Migration Working Papers 163, 2015.

51. Deborah Hardoon, "Wealth: Having It All and Wanting More," Oxfam Issue Briefing, January 2015.

52. Friedman, *Dead Hands,* 5〔邦訳　フリードマン『信託と相続の社会史』〕

53. Piketty, *Capital*〔邦訳　ピケティ『21世紀の資本』〕。Kennickel, "Ponds and Streams" も

参照。

54. Alexis de Tocqueville, *Democracy in America* (New York: Knopf, 1945 [1835]), 1: 53〔邦訳 トクヴィル『アメリカのデモクラシー』松本礼二訳、岩波文庫、2005年・2008年〕
55. Kopczuk and Saez, "Top Wealth Shares in the United States."
56. Jean-Jacques Rousseau, *The Social Contract and Discourses* (London: J. M. Dent and Sons, 1913 [1762])〔邦訳 ジャン＝ジャック・ルソー『社会契約論』作田啓一訳、白水社、2010年〕。次も参照。Jens Beckert, "The *Longue Duree* of Inheritance Law: Discourses and Institutional Development in France, Germany and the United States since 1800," *Archives of European Sociology* 48 (2007): 79–120.
57. Karl Marx and Friedrich Engels, "Manifesto of the Communist Party," in Robert Tucker, ed., *The Marx-Engels Reader* (New York: Norton, 1978 [1848]), 499.
58. Friedman, *Dead Hands*〔邦訳 フリードマン『信託と相続の社会史』〕
59. 同上、113.
60. Sven Steinmo, "The Evolution of Policy Ideas: Tax Policy in the 20th Century," *The British Journal of Politics and International Relations* 5 (2002): 206–236.
61. John McKinnon, "House Passes Bill to Repeal Estate Tax," *Wall Street Journal*, April 16, 2015.
62. Jonathan Beaverstock, Philip Hubbard, and John Short, "Getting Away with it? Exposing the Geographies of the Super-rich," *Geoforum* 35 (2004): 402.
63. Thomas Volscho and Nathan Kelly, "The Rise of the Super-Rich: Power Resources, Taxes, Financial Markets, and the Dynamics of the Top 1 Percent, 1949 to 2008," *American Sociological Review* 77 (2012): 679–699.
64. Nicholas Confessore, Peter Lattman, and Kevin Roose, "Close Ties to Goldman Enrich Romney's Public and Private Lives," *New York Times*, January 27, 2012.
65. Mayer Zald and Michael Lounsbury, "The Wizards of Oz: Towards an Institutional Approach to Elites, Expertise and Command Posts," *Organization Studies* 31 (2010): 980.
66. Zucman, *The Hidden Wealth of Nations*, 47〔邦訳 ズックマン『失われた国家の富』〕
67. 同上、46.
68. 同上
69. Friedman, *Dead Hands*, 135〔邦訳 フリードマン『信託と相続の社会史』〕
70. Marcus and Hall, *Lives in Trust*, 233.
71. Tocqueville, *Democracy in America*, 1: 50–51〔邦訳 トクヴィル『アメリカのデモクラシー』〕
72. Marcus and Hall, *Lives in Trust*, 55, 79. 強調は著者による。
73. David Cay Johnston, "Costly Questions Arise on Legal Opinions for Tax Shelters," *New York Times*, February 9, 2003.
74. Karen Burke and Grayson McCouch, "COBRA Strikes Back: Anatomy of a Tax Shelter," *Tax Lawyer* 62 (2008): 64–65.
75. Michael Parkinson, *Trustee Investment and Financial Appraisal*, 4th ed. (Birmingham, UK: Central Law Training, 2008).「エクイティ・リスク・プレミアム」理論に影響を与えた研究については、次を参照。Franco Modigliani and Merton Miller, "The Cost of Capi-

tal, Corporation Finance and the Theory of Investment," *American Economic Review* 48 (1958): 261–297.

76. Pinçon and Pinçon-Charlot, *Grand Fortunes.*
77. David Golumbia, "High- Frequency Trading: Networks of Wealth and the Concentration of Power," *Social Semiotics* 23 (2013): 1–22. 次も参照。Mila Getmansky, "The Life Cycle of Hedge Funds: Fund Flows, Size, Competition, and Performance," *Quarterly Journal of Finance* 2 (2012): 1–53.
78. Jenny Anderson, "For Hedge Funds, Life Just Got a Bit More Complicated," *New York Times,* March 31, 2006.
79. David Rynecki, "How to Profit from Falling Prices," *Fortune*, September 15, 2003.
80. Douglass North, "Economic Performance through Time," Nobel Lecture, December 9, 1993, www.nobelprize.org/nobel_prizes/economic-sciences/laureates/1993/north-lecture.html.
81. Bricker et al., "Changes in US Family Finances," 4.
82. 同上
83. Matthew Miller and Duncan Greenberg, "The Richest People in America," *Forbes,* September 30, 2009.
84. Peter Bernstein and Annalyn Swan, *All the Money in the World: How the Forbes 400 Make– and Spend– Their Fortunes* (New York: Knopf, 2007), 14〔邦訳　ピーター・W・バーンスタイン、アナリン・スワン編『ビリオネア生活白書――超富豪たちはどう稼ぎ、どう使っているのか』河邉俊彦・田淵健太訳、早川書房、2008年〕
85. Marcus and Hall, *Lives in Trust.*
86. James Hughes Jr., *Family Wealth: Keeping It in the Family* (Princeton Junction, NJ: NetWrx, 1997)〔邦訳　ジェームズ・E. ヒューズ『ファミリーウェルス　三代でつぶさないファミリー経営学――ファミリーの財産を守るために』山田加奈・東あきら訳、文園社、2007年〕
87. Piketty, *Capital,* 26〔邦訳　ピケティ『21世紀の資本』〕
88. John Dryden, *The Dramatick Works of John Dryden, Esq., Volume the Sixth* (London: Jacob Tonson, 1717), 364.
89. Marcus, "The Fiduciary Role in American Family Dynasties."
90. Pinçon and Pinçon-Charlot, *Grand Fortunes*, 15–16.
91. Collier, *Wealth in Families.*
92. Marcus, "The Fiduciary Role in American Family Dynasties," 233. 次も参照。Friedman, *Dead Hands*〔邦訳　フリードマン『信託と相続の社会史』〕
93. Timothy Colclough, "To PTC or Not to PTC," *STEP Journal*, November/December 2009, 51–53.
94. Frederic Stimson, *My United States* (New York: Charles Scribner's Sons, 1931), 76.
95. Alvin Gouldner, "Organizational Analysis," in Robert Merton, Leonard Broom, and Leonard Cottrell, eds., *Sociology Today: Problems and Prospects* (New York: Harper, 1959), 2: 405.
96. Pinçon and Pinçon-Charlot, *Grand Fortunes,* 209.
97. Nelson Aldrich, *Old Money: The Mythology of Wealth in America* (New York: Allworth, 1997)

〔邦訳　ネルソン・W・アルドリッチ『アメリカ上流階級はこうして作られる――オールド・マネーの肖像』酒井常子訳、朝日新聞社、1995年〕。Peter Collier and David Horowitz, *The Rockefellers: An American Dynasty*（New York: Holt, Rinehart and Winston, 1976）も参照。

98. Pinçon and Pinçon-Charlot, *Grand Fortunes*, 100.
99. Max Weber, *Economy and Society*（Berkeley: University of California Press, 2013［1922］), 2: 1096–1097.
100. Timur Kuran, "Why the Middle East Is Economically Underdeveloped: Historical Mechanisms of Institutional Stagnation," *Journal of Economic Perspectives* 18（2004): 71.
101. Beckert, The *Longue Duree* of Inheritance Law.
102. Piketty, *Capital*〔邦訳　ピケティ『21世紀の資本』〕
103. Bashkar Mazumder, "The Apple Falls Even Closer to the Tree than We Thought: New and Revised Estimates of the Intergenerational Transfer of Earnings," in Samuel Bowles, Herbert Gintis, and Melissa Osborne Groves, eds., *Unequal Chances: Family Background and Economic Success*（New York: Russell Sage Foundation, 2005), 96.
104. Stephen McNamee and Robert Miller, "Inheritance of Wealth in America," in Robert Miller and Stephen McNamee, eds., *Inheritance and Wealth in America*（New York: Plenum Press, 1998), 20.
105. 米国テレビ番組「フロントライン」で2004年に放送されたドキュメンタリー *Tax Me if You Can* の文字起こし。www.pbs.org/wgbh/pages/frontline/shows/tax/etc/script.html. 次も参照。Zucman, *The Hidden Wealth of Nations*〔邦訳　ズックマン『失われた国家の富』〕
106. Austin Mitchell, Prem Sikka, John Christensen, Philip Morris, and Steven Filling, *No Accounting for Tax Havens*（Basildon, UK: Association for Accountancy & Business Affairs, 2002).
107. Friedrich Schneider, "The Shadow Economy and Shadow Economy Labor Force: What Do We（Not）Know?" Discussion Paper 5769, Institute for the Study of Labor, Bonn, Germany, 2011. 次も参照。Alain Parguez, "Modern Austerity Policies（MAP): An Analysis of the Economics of Decadence and Self Destruction."
108. Palan et al.,*Tax Havens*, 12〔邦訳　パランほか『【徹底解明】タックスヘイブン』〕
109. Thomas Piketty, "Foreword," in Gabriel Zucman, *The Hidden Wealth Of Nations*（Chicago: University of Chicago Press, 2015), viii〔邦訳書未収録〕
110. Adam Hofri, "The Stripping of the Trust: A Study in Legal Evolution,"*University of Toronto Law Journal* 65（2015): 27–28.
111. Catherine Dunn, "Widespread Costs of Predatory Lending Limit Economic Mobility: Report," *International Business Times,* June 16, 2015.
112. Iris Goodwin, "How the Rich Stay Rich: Using a Family Trust Company to Secure a Family Fortune," *Seton Hall Law Review* 40（2010): 515.
113. Simon Gray, "VISTA Trusts Allow BVI to Slough off Past and Attract Global Businesses," *The Lawyer*, January 17, 2005.
114. Goodwin, "How the Rich Stay Rich," 468.

115. Andrea Campbell, “Self-Interest, Social Security and the Distinctive Participation Patterns of Senior Citizens,” *American Political Science Review* 96 (2002): 565.
116. Volscho and Kelly, “The Rise of the Super- Rich.”
117. Bowie and Lioz, “Billion-Dollar Democracy,” 14.
118. Daron Acemoğlu and James Robinson, *Why Nations Fail: The Origins of Power, Prosperity, and Poverty* (New York: Crown, 2012), 365〔邦訳　ダロン・アセモグル、ジェイムズ・A. ロビンソン『国家はなぜ衰退するのか――権力・繁栄・貧困の起源』鬼澤忍訳、早川書房、2016年〕
119. Brooke Harrington, “Can Small Investors Survive Social Security Privatization?” in David Canon and John Coleman, eds., *Faultlines: Debating the Issues in American Politics*, 308–313 (New York: W. W. Norton, 2007). 次も参照。Brooke Harrington, “What Is Social, or Secure, about Social Security?” in Dimitri Papadimitriou, ed., *Government Spending on the Elderly*, 343–346 (New York: Palgrave, 2007).
120. Benjamin Page, Larry Bartels, and Jason Seawright, “Democracy and the Policy Preferences of Wealthy Americans,” *Perspectives on Politics* 11 (2013): 51. 次も参照。Paul Krugman, “Pension-Cutters and Privatizers, Oh My,” *New York Times*, August 19, 2015.
121. Alonso Soto, “Brazil May Tax Inheritances instead of Wealth–Minister,” Reuters, March 17, 2015.
122. Tom Phillips, “High above São Paulo’s Choked Streets, the Rich Cruise a New Highway,” *The Guardian*, June 20, 2008.
123. Goodwin, “How the Rich Stay Rich,” 516.
124. Graham Moffat, *Trust Law: Text and Materials* (Cambridge, UK: Cambridge University Press, 2009), 60.
125. Michael Norton and Dan Ariely, “Building a Better America– One Wealth Quintile at a Time,” *Perspectives on Psychological Science* 6 (2011): 9–12.
126. Michael Parkinson and Dai Jones, *Trust Administration and Accounts,* 4th ed. (Birmingham, UK: Central Law Training, 2008).
127. Michael Cadesky, “A Question of Legitimate Tax Policy,” *STEP Journal*, March 2010. 次も参照。Marshall Langer, *Tax Agreements with Tax Havens and Other Small Countries* (London: STEP, 2005).
128. Parkinson and Jones, *Trust Administration and Accounts*, 267.
129. Jason Sharman, *Havens in a Storm: The Struggle for Global Tax Regulation* (Ithaca, NY: Cornell University Press, 2006).
130. Parkinson and Jones, *Trust Administration and Accounts*, 268. 強調は著者による。
131. Michael Parkinson, *Trust Creation: Law and Practice*, 3rd ed. (Birmingham, UK: Central Law Training, 2005), 295.
132. Palan et al., *Tax Havens*, 7〔邦訳　パランほか『【徹底解明】タックスヘイブン』〕
133. Beckert, The *Longue Duree* of Inheritance Law, 6. 次も参照。Sighard Neckel, *Flucht nach vorn: Die erfolgskultur der marktgesellschaft* (Frankfurt am Main: Campus, 2008).
134. Roger Cotterrell, “Power, Property and the Law of Trusts: A Partial Agenda for Critical Legal

Scholarship," *Journal of Law and Society* 14 (1987): 77–90.

135. Gregory Jackson and Stephen Brammer, "Grey Areas: Irresponsible Corporations and Reputational Dynamics," *Socio-Economic Review* 12 (2014): 153–218.
136. Blake Ashforth and Glen Kreiner, "Dirty Work and Dirtier Work: Differences in Countering Physical, Social and Moral Stigma," *Management and Organization Review* 10 (2014): 81–108.
137. Remi Clignet, *Death, Deeds and Descendants* (New York: Aldine de Gruyter, 1991), 29.
138. Luc Boltanski and Laurent Thevenot, *On Justification: Economies of Worth* (Princeton, NJ: Princeton University Press, 2006)〔邦訳　リュック・ボルタンスキー、ローラン・テヴノー『正当化の理論——偉大さのエコノミー』三浦直希訳、新曜社、2007年〕

第6章

1. Gerard Hanlon, "Institutional Forms and Organizational Structures: Homology, Trust and Reputational Capital in Professional Service Firms," *Organization* 11 (2004): 205.
2. Eliot Freidson, *Professionalism: The Third Logic* (London: Polity, 2001), 128.
3. Doreen McBarnet, "After Enron: Corporate Governance, Creative Compliance and the Uses of Corporate Social Responsibility," in Justin O'Brien, ed., *Governing the Corporation: Regulation and Corporate Governance in an Age of Scandal and Global Markets*, 205–222 (New York: John Wiley & Sons, 2005).
4. Tim Bartley, "Institutional Emergence in an Era of Globalization: The Rise of Transnational Private Regulation of Labor and Environmental Conditions," *American Journal of Sociology* 113 (2007): 298.
5. Greta Krippner, "The Financialization of the American Economy," *Socio- Economic Review* 3 (2005): 202.
6. William Robinson, "Social Theory and Globalization: The Rise of a Transnational State," *Theory and Society* 30 (2001): 160.
7. Krippner, "The Financialization of the American Economy."
8. Richard Deeg and Mary O' Sullivan, "The Political Economy of Global Finance Capital," *World Politics* 61 (2009): 731–763.
9. Bill Maurer, "Complex Subjects: Offshore Finance, Complexity Theory, and the Dispersion of the Modern," *Socialist Review* 25 (1995): 113–145.
10. Anthony Giddens, *The Consequences of Modernity* (Stanford, CA: Stanford University Press, 1990), 21〔邦訳　アンソニー・ギデンズ『近代とはいかなる時代か？——モダニティの帰結』松尾精文・小幡正敏訳、而立書房、1993年〕
11. Michael Parkinson, *Certificate in International Trust Management*, 4th ed. (Birmingham, UK: Central Law Training, 2004), 3.
12. George Connor and Christopher Hammons, *The Constitutionalism of American States* (Columbia: University of Missouri Press, 2008).
13. マサチューセッツ州憲法第1部第7条 www.malegislature.gov/Laws/Constitution.
14. Jack Goldstone, *Revolution and Rebellion in the Early Modern World* (Berkeley: University of

California Press, 1991). 次も参照。Joseph Schumpeter, *Die Krise des Steuerstaats* (Graz, Austria: Leuschner & Lubensky, 1918)〔邦訳　シュムペーター『租税国家の危機』木村元一・小谷義次訳、岩波書店、1983年〕

15. Edmund Burke, *Reflections on the Revolution in France* (Oxford, UK: Oxford University Press, 1999 [1790])〔邦訳　エドマンド・バーク『フランス革命の省察』半沢孝麿訳、みすず書房、1997年〕
16. Philipp Genschel, "Globalization and the Transformation of the Tax State," *European Review* 13 (2005): 60.
17. Thomas Piketty, "Foreword," in Gabriel Zucman, *The Hidden Wealth of Nations* (Chicago: University of Chicago Press, 2015), xii〔邦訳書未収録〕
18. 同上。Ronen Palan, "Trying to Have Your Cake and Eating It: How and Why the State System Has Created Offshore," *International Studies Quarterly* 42 (1998): 625–644 も参照。
19. Kim Gittleson, "Where Is the Cheapest Place to Buy Citizenship?" BBC News, June 4, 2014.
20. Dan Bilefsky, "Give Malta Your Tired and Huddled, and Rich," *New York Times*, January 31, 2014.
21. Gittleson, "Where Is the Cheapest Place to Buy Citizenship?"
22. Edward Taylor, Matthias Inverardi, and Mark Hosenball, "Special Report: How Germany's Taxman Used Stolen Data to Squeeze Switzerland," Reuters, November 1, 2013. イギリスに関しては次を参照。David Jolly, "Tax-Evasion Case Spreads to U.K. from Germany," *New York Times*, February 24, 2008.
23. Sebastian Fischer, "Stolen Data Prompts Wave of Remorse: German Authorities Expect Tax Evaders to Fess Up," *Der Spiegel*, February 3, 2010.
24. Harry de Quetteville, "Liechtenstein and Europe's Tax Men," *The Telegraph*, February 27, 2008.
25. Robert Sitkoff and Max Schanzenbach, "Jurisdictional Competition for Trust Funds: An Empirical Analysis of Perpetuities and Taxes," *Yale Law Journal* 115 (2005): 356–437.
26. Ronen Palan, "Tax Havens and the Commercialization of State Sovereignty,"*International Organization* 56 (2002): 152.
27. Nicholas Shaxson, "A Tale of Two Londons," *Vanity Fair*, April 2013.
28. 同上
29. David Leigh, Harold Frayman, and James Ball, "Offshore Secrets: British Virgin Islands, Land of Sand, Sea and Secrecy," *The Guardian*, November 25, 2012.
30. Hanlon, "Institutional Forms and Organizational Structures."
31. Stephen Moss, "Special Report: An Outsider's Guide to the City of London," *The Guardian*, May 27, 2014.
32. International Monetary Fund, "Report for Selected Country Groups And Subjects," *World Economic Outlook Database, April 2015* (Washington, DC: IMF, 2015).
33. Austin Mitchell, Prem Sikka, John Christensen, Philip Morris, and Steven Filling, *No Accounting for Tax Havens* (Basildon, UK: Association for Accountancy & Business Affairs, 2002).
34. Leah Goodman, "Inside the World's Top Offshore Tax Shelter," *Newsweek*, January 16, 2014.

35. George Monbiot, "Our Economic Ruin Means Freedom for the Super-rich," *The Guardian*, July 30, 2012.
36. David Boyle, *The Little Money Book* (Bristol, UK: Alistair Sawday, 2003).
37. Oliver Bullough, "The Fall of Jersey: How a Tax Haven Goes Bust," *The Guardian*, December 8, 2015.
38. Palan, "Commercialization of State Sovereignty," 168.
39. Goodman, "Inside the World's Top Offshore Tax Shelter."
40. Bullough, "The Fall of Jersey."
41. Nicholas Shaxson, *Treasure Islands: Tax Havens and the Men Who Stole the World* (London: Random House, 2011), 5〔邦訳　ニコラス・シャクソン『タックスヘイブンの闇——世界の富は盗まれている！』藤井清美訳、朝日新聞出版、2012年〕
42. Robert Wood, "Americans Renouncing Citizenship up 221%, All Aboard the FATCA Express," *Forbes*, February 6, 2014.
43. Palan, "Commercialization of State Sovereignty," 168.
44. John McKinnon and Scott Thurm, "U.S. Firms Move Abroad to Cut Taxes," *Wall Street Journal*, August 28, 2012.
45. George Marcus and Peter Hall, *Lives in Trust: The Fortunes of Dynastic Families in Late Twentieth-Century America* (Boulder, CO: Westview Press, 1992), 78–79.
46. 同上、69.
47. Iris Goodwin, "How the Rich Stay Rich: Using a Family Trust Company to Secure a Family Fortune," *Seton Hall Law Review* 40 (2010): 467–516.
48. ベッセマー・トラストのデータについては www.bessemertrust.com/portal/site/bessemernew/menuitem.c4974f7d4e9b050ed0db70106e730a6c（2017年11月28日アクセス）。ロックフェラー・アンド・カンパニー社については www.rockco.com/our-history（2017年11月28日アクセス不可）。
49. James Hughes Jr., *Family Wealth: Keeping It in the Family* (Princeton Junction, NJ: NetWrx, 1997), 2〔邦訳　ジェームズ・E. ヒューズ『ファミリーウェルス　三代でつぶさないファミリー経営学——ファミリーの財産を守るために』山田加奈・東あきら訳、文園社、2007年〕
50. たとえば、Charles Collier, *Wealth in Families* (Cambridge, MA: Harvard University Alumni Affairs and Development Communications, 2002) を参照。
51. Hughes, *Family Wealth*, 75〔邦訳　ヒューズ『ファミリーウェルス』〕
52. 同上
53. Marco Albertini, Martin Kohli, and Claudia Vogel, "Intergenerational Transfers of Time and Money in European Families: Common Patterns– Different Regimes?" *Journal of European Social Policy* 17, no. 4 (2007): 320.
54. Marcus and Hall, *Lives in Trust,* 69.
55. Stephanie Strom, "Big Gifts, Tax Breaks and a Debate on Charity," *New York Times*, September 6, 2007.
56. Donald McNeil, "WHO Official Criticizes Gates Foundation 'Cartel' on Malaria Research,"

New York Times, February 18, 2008.

57. Genschel, "Globalization and the Transformation of the Tax State," 58.
58. Colin Riegels, "The BVI IBC Act and the Building of a Nation," *IFC Review*, March 1, 2014.
59. 40パーセントという数字は、Emile de Willebois, Emily Halter, Robert Harrison, Ji Won Park, and Jason Sharman, *The Puppet Masters: How the Corrupt Use Legal Structures to Hide Stolen Assets and What to Do about It*（Washington, DC: World Bank, 2011）より。この評価はIMFの推計に基づくものである。次も参照。International Monetary Fund, "British Virgin Islands: Financial Sector Assessment Program Update– Financial System Stability Assessment," IMF Country Report No. 10/323, 2010.
60. Natasha van der Zwan, "Making Sense of Financialization," *Socio-Economic Review* 12（2014）: 114–115. 次も参照。Deeg and O' Sullivan, "The Political Economy of Global Finance Capital," 738.
61. Robert Lee, "The Civil Law and the Common Law: A World Survey,"*Michigan Law Review* 14（1915）: 99–100.
62. Parkinson, *Certificate in International Trust Management*.
63. Emily Erikson and Peter Bearman, "Malfeasance and the Foundation for Global Trade: The Structure of English Trade in the East Indies, 1601–1833," *American Journal of Sociology* 112（2006）: 195–230.
64. Bullough, "The Fall of Jersey."
65. Norman Peagam, "Nine Centres Worth Finding on the Map," *Euromoney* 1989, 4–10.
66. U.S. Bureau of International Narcotics and Law Enforcement Affairs, "International Narcotics Control Strategy Report, Volume II: Money Laundering and Financial Crimes, Turks and Caicos," U.S. Department of State, Washington, DC, 2014.
67. Matthew Shaer, Michael Hudson, and Margot Williams, "Sun and Shadows: How an Island Paradise Became a Haven for Dirty Money," International Consortium of Investigative Journalists, Washington, DC, 2014.
68. Anthony van Fossen, "Money Laundering, Global Financial Instability, and Tax Havens in the Pacific Islands," *The Contemporary Pacific* 15（2003）: 237–275.
69. Heather Stewart, "Wealth Doesn't Trickle Down– It Just Floods Offshore, New Research Reveals," *The Guardian*, July 21, 2012.
70. CNBC Africa, "Nigerian Millionaires on the Rise," February 12, 2015.
71. Anna White, "Is the Luxury London Housing Bubble about to Burst?" *The Telegraph*, November 1, 2014. 次も参照。Rosemary Marr, "Jersey: Riding the Tides of Change," *STEP Journal*, November 2014, 75.
72. Andrew Sayer, *Why We Can't Afford the Rich*（Bristol, UK: Policy Press, 2015）, 237.
73. Shaxson, *Treasure Islands*, 10〔邦訳　シャクソン『タックスヘイブンの闇』〕
74. Sayer, *Why We Can't Afford the Rich,* 256.
75. 同上、257.
76. Maurer, "Complex Subjects."
77. Stephane Fitch, "Pritzker vs. Pritzker," *Forbes*, November 24, 2003.

78. Maurer, "Complex Subjects," 117.
79. Ed Pilkington, "Islanders Count Cost of Billionaire's Collapsed Empire," *The Guardian*, February 21, 2009.
80. Shaxson, *Treasure Islands*, 10〔邦訳　シャクソン『タックスヘイブンの闇』〕
81. Goodman, "Inside the World's Top Offshore Tax Shelter." 本書第 1 章の付録で紹介した、BVI での著者の経験も参考になる。
82. Jason Sharman, *Havens in a Storm: The Struggle for Global Tax Regulation* (Ithaca, NY: Cornell University Press, 2006).
83. Robinson, "Social Theory and Globalization," 173.
84. Riegels, "The BVI IBC Act and the Building of a Nation."
85. Harneys, "Harneys Marks BVI's Landmark IBC Act's Anniversary with New Video," press release, July 15, 2014.
86. Kris Devasabai, "Crisis Legislation Leads to Thriving Industry," *Hedge Funds Review, BVI Supplement*, Risk.net, May 4, 2009.
87. 同上
88. Jonathan Dunlop, "Healthy Competition," *STEP Journal,* April 2008, 29.
89. Riegels, "The BVI IBC Act and the Building of a Nation."
90. Ben Judah, "London's Laundry Business," *New York Times*, March 8, 2014.
91. Anne Michel, "Inside the British Virgin Islands: A Forbidden City," International Consortium of Investigative Journalists, Washington, DC, 2014.
92. 同上
93. 同上
94. 40パーセントという数字は、de Willebois et al., *The Puppet Masters* より。この評価は IMF の推計に基づくものである。次も参照。International Monetary Fund, "British Virgin Islands: Financial Sector Assessment Program Update."
95. Harneys, "Harneys Marks BVI's Landmark IBC Act's Anniversary."
96. Michel, "Inside the British Virgin Islands."
97. 同上
98. Palan, "Trying to Have Your Cake and Eating It," 635.
99. Werner Conze and Jurgen Kocka, "Einleitung," in Werner Conze and Jurgen Kocka, eds., *Bildungsburgertum im 19. jahrhundert,* vol. 1, *Bildungssystem und professionalisierung in internationalen vergleichen* (Stuttgart, Germany: Klett-Cotta, 1985), 18.
100. Stephen Brenkley, "England Tour of West Indies: Dark Shadow of Allen Stanford Grips Antigua," *The Independent*, February 28, 2014.
101. Bullough, "The Fall of Jersey."
102. Palan, "Trying to Have Your Cake and Eating It," 630.
103. Sayer, *Why We Can't Afford the Rich*, 239.
104. Charles Tilly, *From Mobilization to Revolution* (Reading, MA: Addison-Wesley, 1978)〔邦訳　C・ティリー『政治変動論』小林良彰訳、芦書房、1984年〕
105. Adam Hofri, "Professionals' Contribution to the Legislative Process: Between Self, Client, and

the Public," *Law & Social Inquiry* 39 (2014): 117.

106. Tamar Hermann, Ella Heller, Chanan Cohen, Gilad Be'ery, and Yuval Lebe, "The Israeli Democracy Index 2014," Israeli Democracy Institute, Jerusalem, 2014.

第7章

1. Joan Didion, "7000 Romaine, Los Angeles 38," *Slouching towards Bethlehem*, 67–72 (New York: Farrar, Straus, and Giroux, 1968)〔邦訳　ジョーン・ディディオン『ベツレヘムに向け、身を屈めて』青山南訳、筑摩書房、1995年。第一部「黄金の土地のライフスタイル」〕
2. 同上
3. Ronen Shamir, *Managing Legal Uncertainty: Elite Lawyers in the New Deal* (Durham, NC: Duke University Press, 1995).
4. Jeffrey Winters, *Oligarchy* (New York: Cambridge University Press, 2011), 219.
5. Jens Beckert, *Inherited Wealth* (Princeton, NJ: Princeton University Press, 2009).
6. Arthur Kennickell, "Ponds and Streams: Wealth and Income in the US, 1989 to 2007,"Finance and Economics Discussion Series, Federal Reserve Board, Washington, DC, 2009.
7. Thomas Piketty, "On the Long-Run Evolution of Inheritance: France 1820–2050," Working Paper, Paris School of Economics, 2010.
8. Santiago Budria, Javier Diaz-Gimenez, Jose-Victor Rios-Rull, and Vincenzo Quadrini, "Updated Facts on the US Distributions of Earnings, Income, and Wealth," *Federal Reserve Bank of Minneapolis Quarterly Review* 26 (2002): 2–35.
9. John Langbein, "The Secret Life of the Trust: The Trust as an Instrument of Commerce," *Yale Law Journal* 107 (1997): 165–189.
10. Thomas Piketty, *Capital in the Twenty-First Century* (Cambridge, MA: Harvard University Press, 2014)〔邦訳　トマ・ピケティ『21世紀の資本』山形浩生・守岡桜・森本正史訳、みすず書房、2014年〕
11. Holly Brewer, "Entailing Aristocracy in Colonial Virginia: 'Ancient Feudal Restraints' and Revolutionary Reform," *William and Mary Quarterly* 54 (1997): 307–346.
12. Jens Beckert, "The *Longue Duree* of Inheritance Law: Discourses and Institutional Development in France, Germany and the United States since 1800," *Archives of European Sociology* 48 (2007): 79–120.
13. Michael Parkinson, *Trust Creation: Law and Practice*, 3rd ed. (Birmingham, UK: Central Law Training, 2005).
14. Michel Pinçon and Monique Pinçon-Charlot, *Grand Fortunes: Dynasties of Wealth in France*, trans. Andrea Lyn Secara (New York: Algora, 1998), 10.
15. Annette Weiner, *Inalienable Possessions: The Paradox of Keepingwhile-Giving* (Berkeley: University of California Press, 1992). 次も参照。Ian Hodder, *Catalhoyuk: The Leopard's Tale* (London: Thames & Hudson, 2006).
16. Rogers Brubaker, *The Limits of Rationality: An Essay on the Social and Moral Thought of Max Weber* (Abingdon, UK: Routledge, 2006).

17. George Marcus and Peter Hall, *Lives in Trust: The Fortunes of Dynastic Families in Late Twentieth-Century America* (Boulder, CO: Westview Press, 1992), 242.
18. Alison Wylie, "The Promise and Perils of an Ethic of Stewardship," in Lynn Meskell and Peter Pells, eds., *Embedding Ethics*, 47–68 (London: Berg Press, 2005).
19. Helen Berry and Elizabeth Foyster, "Introduction," in Helen Berry and Elizabeth Foyster, eds., *The Family in Early Modern England*, 1–17 (New York: Cambridge University Press, 2007).
20. Brian Powell, Laura Hamilton, Bianca Manago, and Simon Cheng, "Implications of Changing Family Forms for Children," *Annual Review of Sociology* 42 (2016).
21. Marcus and Hall, *Lives in Trust*, 4.
22. 同上、15.
23. Daniel Muzio, David Brock, and Roy Suddaby, "Professions and Institutional Change: Towards an Institutionalist Sociology of the Professions,"*Journal of Management Studies* 50 (2013): 699–721.
24. Tamar Frankel, "Cross-Border Securitization: Without Law, but Not Lawless," *Duke Journal of Comparative and International Law* 8 (1998): 255–282.
25. Peer Fiss and Paul Hirsch, "The Discourse of Globalization: Framing and Sensemaking of an Emerging Concept," *American Sociological Review* 70 (2005): 29–52.
26. Bertrand Malsch and Yves Gendron, "Re-theorizing Change: Institutional Experimentation and the Struggle for Domination in the Field of Public Accounting," *Journal of Management Studies* 50 (2013): 872.
27. Marion Fourcade and Joachim Savelsberg, "Introduction: Global Processes, National Institutions, Local Bricolage: Shaping Law in an Era of Globalization," *Law & Social Inquiry* 31 (2006): 514.
28. 引用は同上516より。人間関係の無視については次を参照。Bruce Carruthers and Terence Halliday, "Negotiating Globalization: Global Scripts and Intermediation in the Construction of Asian Insolvency Regimes," *Law & Social Inquiry* 31 (2006): 521–584.
29. Muzio, Brock, and Suddaby, "Professions and Institutional Change."
30. 同上、702.
31. Carruthers and Halliday, "Negotiating Globalization."
32. Paul Boreham, "Indetermination: Professional Knowledge, Organization and Control," *Sociological Review* 31 (1983): 693–718.
33. Eliot Freidson, *Professionalism: The Third Logic* (Chicago: University of Chicago Press, 2001). 次も参照。Andrew Abbott, "The Order of the Professions: An Empirical Analysis," *Work and Occupations* 18 (1991): 355–384.
34. Michael Smets, Tim Morris, and Royston Greenwood, "From Practice to Field: A Multilevel Model of Practice-Driven Institutional Change," *Academy of Management Journal* 55 (2012): 899.
35. Mustafa Emirbayer, "Manifesto for a Relational Sociology," *American Journal of Sociology* 103 (1997): 281–317.
36. 相互作用的分析に関しては次を参照。Andrew Abbott, *The System of the Professions: An*

Essay on the Division of Expert Labor (Chicago: University of Chicago Press, 1988). ネットワーク的分析に関しては次を参照。Peter Dicken, Philip Kelly, Kris Olds, and Henry Yeung, “Chains and Networks, Territories and Scales: Towards a Relational Framework for Analyzing the Global Economy,” *Global Networks* 1 (2001): 89–112.

37. Boreham, “Indetermination.”
38. Eugene McCann and Kevin Ward, “Relationality/Territoriality: Toward a Conceptualization of Cities in the World,” *Geoforum* 41 (2010): 175–184.
39. グローバル化した現地の制度的解決については、次を参照。Boaventura Santos, *Toward a New Legal Common Sense: Law, Globalization and Emancipation* (London: Butterworths, 2002). ウォール街の法律事務所については、次を参照。Yves Dezalay, “The Big Bang and the Law,” in Mike Featherstone, ed., *Global Culture: Nationalism, Globalization and Modernity*, 279–294 (London: Sage, 1990). アングロサクソンの金融モデルについては、次を参照。Frankel, “Cross-Border Securitization.”
40. James Faulconbridge, “Relational Networks of Knowledge Production in Transnational Law Firms,” *Geoforum* 38 (2007): 926.
41. Thomas Lawrence and Roy Suddaby, “Institutions and Institutional Work,” in Stewart Clegg, Cynthia Hardy, Thomas Lawrence, and Walter Nord, eds., *The Sage Handbook of Organization Studies*, 2nd ed., 215–254 (London: Sage, 2006).
42. Michael Smets and Paula Jarzabkowski, “Reconstructing Institutional Complexity in Practice: A Relational Model of Institutional Work and Complexity,” *Human Relations* 66 (2013): 1282–1283.
43. Patricia Thornton, William Ocasio, and Michael Lounsbury, *The Institutional Logics Perspective: A New Approach to Culture, Structure and Process* (Oxford, UK: Oxford University Press, 2012). 次も参照。Giuseppe Delmestri, “Streams of Inconsistent Institutional Influences: Middle Managers as Carriers of Multiple Identities,” *Human Relations* 59 (2006): 1515–1541.
44. Ronald Jepperson, “Institutions, Institutional Effects and Institutionalism,” in Walter Powell and Paul DiMaggio, eds., *The New Institutionalism in Organizational Analysis* (Chicago: University of Chicago Press, 1991), 143.
45. Norbert Elias, *The Genesis of the Naval Profession* (Dublin: University College Dublin Press, 2007), 28.
46. 同上、27。強調は著者による。
47. 弁護士については次を参照。Abbott, *The System of the Professions.* 会計士については次を参照。Hugh Willmott, “Organising the Profession: A Theoretical and Historical Examination of the Development of the Major Accountancy Bodies in the U.K.,” *Accounting, Organizations and Society* 11 (1986): 555–580.
48. Giovanni Arrighi, *The Long Twentieth Century* (London: Verso, 1994)〔邦訳　ジョヴァンニ・アリギ『長い20世紀——資本、権力、そして現代の系譜』土佐弘之監訳、柄谷利恵子・境井孝行・永田尚見訳、作品社、2009年〕。次も参照。Greta Krippner, “The Financialization of the American Economy,” *Socio-Economic Review* 3 (2005): 173–208.
49. Brooke Harrington, “Going Global: Professionals and the Microfoundations of Institutional

Change," *Journal of Professions and Organization* 2 (2015): 1–19.

50. Grace Lees-Maffei, "Introduction: Professionalization as a Focus in Interior Design History," *Journal of Design History* 21 (2008): 1–18.
51. Francis Sanders, *An Essay on the Nature and Laws of Uses and Trusts, Including a Treatise on Conveyances at Common Law and Those Deriving Their Effect from the Statute of Uses* (London: E. & R. Brooke, 1791), 194. 強調と綴りは原文のまま。
52. Peter Hall, "Family Structure and Class Consolidation among the Boston Brahmins," Ph.D. diss., State University of New York at Stony Brook, 1973, 282.
53. 本文に関連するアメリカ統一信託法典の箇所については、第708節を参照。http://www.cobar.org/index.cfm/ID/593/subID/2551/TRUST/SECTION-708.-COMPENSATION-OF-TRUSTE（2017年11月28日アクセス不可）。2000年に成立したイギリスの受託者法の関連箇所については、第５部28節を参照。www.legislation.gov.uk/ukpga/2000/29/section/28.
54. Eugene Glader, *Amateurism and Athletics* (West Point, NY: Leisure Press 1978), 158.
55. Christoph Bertling, "The Loss of Profit? The Rise of Professionalism in the Olympic Movement and the Consequences That Arise for National Sport Systems," *Journal of Olympic History* 2 (2007): 50–59.
56. 同上
57. Mathew Dowling, Jonathon Edwards, and Marvin Washington, "Understanding the Concept of Professionalisation in Sport Management Research," *Sport Management Review* 17 (2014): 520–529.
58. Robert McGraw, "The Road to Sustainable Growth in Wealth Management: Transformation through New Operating and Service Models," KPMG, New York, 2014.
59. Keith Macdonald, *The Sociology of the Professions* (London: Sage, 1995), 31.
60. Elias, *The Genesis of the Naval Profession*, 31.
61. 同上
62. Talcott Parsons, *The Social System* (London: Routledge and Kegan Paul, 1951)〔邦訳　タルコット・パーソンズ『社会体系論』佐藤勉訳、青木書店、1974年〕。Alvin Gouldner, *The Future of Intellectuals and the Rise of a New Class* (New York: Seabury Press, 1979)〔邦訳　A・W・グールドナー『知の資本論――知識人の未来と新しい階級』原田達訳、新曜社、1988年〕も参照。
63. Ronan Palan, "Trying to Have Your Cake and Eating It: How and Why the State System Has Created Offshore," *International Studies Quarterly* 42 (1998): 630.
64. Elizabeth Paton, "Sexy Fish Caters to London's Stateless Superrich,"*New York Times*, December 11, 2015.
65. G. K. Chesterton, *The Man Who Was Thursday: A Nightmare* (Eastford, CT: Martino, 2011 [1909]), 104〔邦訳　G. K. チェスタトン『木曜の男』吉田健一訳、創元推理文庫、1960年〕
66. Stephen Moss, "Special Report: An Outsider's Guide to the City of London," *The Guardian*, May 27, 2014.

67. James March, "Bounded Rationality, Ambiguity and the Engineering of Choice," *Bell Journal of Economics* 9 (1978): 595.
68. Nelson Aldrich, *Old Money: The Mythology of America's Upper Class* (New York: Vintage Books, 1988)〔邦訳　ネルソン・W・アルドリッチ『アメリカ上流階級はこうして作られる――オールド・マネーの肖像』酒井常子訳、朝日新聞社、1995年〕
69. Eduardo Porter, "The Case for Raising Top Tax Rates," *New York Times*, March 27, 2012.
70. Robert Wood, "Citizenship Renunciation Fee Hiked 442% and You Can't Come Back," *Forbes*, January 13, 2015.
71. Richard Bellamy, review of *The Cosmopolites: The Coming of the Global Citizen*, by Atossa Araxia Abrahamian, *New York Times*, January 11, 2016.
72. Gabriel Zucman, *The Hidden Wealth of Nations* (Chicago: University of Chicago Press, 2015), 79〔邦訳　ガブリエル・ズックマン『失われた国家の富――タックス・ヘイブンの経済学』林昌宏訳、エヌティティ出版、2015年〕
73. 同上、91.
74. Oliver Bullough, "The Fall of Jersey: How a Tax Haven Goes Bust," *The Guardian*, December 8, 2015.
75. 同上
76. Zucman, *The Hidden Wealth of Nations*, 89〔邦訳　ズックマン『失われた国家の富』〕
77. Bullough, "The Fall of Jersey."
78. 同上
79. Manish Bhansali, Deepti Sharma, and Vijay Raina, "Epigastric Heteropagus Twins: 3 Case Reports with Review of Literature," *Journal of Pediatric Surgery* 40 (2015): 1204–1208.
80. Zucman, *The Hidden Wealth of Nations*, 34〔邦訳　ズックマン『失われた国家の富』〕
81. 同上、30.
82. Doreen McBarnet, "After Enron: Corporate Governance, Creative Compliance and the Uses of Corporate Social Responsibility," in Justin O'Brien, ed., *Governing the Corporation: Regulation and Corporate Governance in an Age of Scandal and Global Markets*, 205–222 (New York: John Wiley & Sons, 2005).
83. Zucman, *The Hidden Wealth of Nations*, 73〔邦訳　ズックマン『失われた国家の富』〕
84. Adam Hofri, "Professionals' Contribution to the Legislative Process: Between Self, Client, and the Public," *Law & Social Inquiry* 39 (2014): 96–126.
85. Zucman, *The Hidden Wealth of Nations*〔邦訳　ズックマン『失われた国家の富』〕
86. David Campbell, "Mining the African Frontier of Wealth Management with Aston," *Wealth Manager*, May 16, 2013.
87. Finaccord, *Global Expatriates: Size, Segmentation and Forecast for the Worldwide Market* (London: Finaccord, 2014).
88. Jason Sharman, *Havens in a Storm: The Struggle for Global Tax Regulation* (Ithaca, NY: Cornell University Press, 2006).
89. Hofri, "Professionals' Contribution."